Microsoft 365 & Teams 徹底活用ガイド

著者 天野 貴之／清水 香里

Web会議だけじゃない！

Teamsで自分もみんなも仕事がラクに！

はじめに

今日のコロナ渦において、リモートワークを余儀なくされ自宅などで仕事をされている方も多いことでしょう。そんな中で、注目を集めているのが「Microsoft 365」を活用したハイブリッドワークです。

本書では、その具体的な進め方や仕事のやり方、Microsoft 365の活用方法を紹介しています。

ハイブリッドというと、さまざまなものや場所を組み合わせて働くイメージがあると思いますが、単にリモートワークの延長ではありません。例えば、自宅だけではなくオフィス環境の改善も発生します。

本書では、マイクロソフト社のクラウドサービスである Microsoft 365を扱います。そのためには、Microsoft 365のコンセプトやMicrosoft 365を活用したハイブリッドワークという考え方がとても重要となります。

従って本書を手に取っていただいた皆さまには、最初に以下のホームページやガイドに目を通していただけたらと思います。

https://www.linkedin.com/pulse/hybrid-work-paradox-satya-nadella/
https://www.microsoft.com/ja-jp/resilience/hybrid-work-solutions

その上で、本書を読み進めていただくことでMicrosoft 365を活用したハイブリッドワークが見えてきたり、現実のものとなってきたりするのではないでしょうか。

本書は上記のホームページやガイドに準拠しました。上記のホームページにあるガイドラインの言葉を一部引用し、ハイブリッドワークのことを「誰もが自宅、オフィス、作業現場など、どこにいても活躍できるようにする働き方」と定義して執筆します。

Microsoft 365のサービスは非常に多岐にわたりますが個々のサービスではなく、やりたいことから始めていくと各サービスが連携し合い、より多くのことを達成できます。

本書では、経営者やIT担当者はもちろん、生産性を向上したい利用者向けに平易に解説しています。皆様のお仕事に少しでもお役に立てることを願ってやみません。

なお、Microsoft 365には、法人向け(商用利用という点からコマーシャル向けと呼ばれる場合があります)と個人向け(消費者という点からコンシューマー向けと呼ばれる場合があります)の2種類がありますが、本書では法人向けのMicrosoft 365を扱います。

また、本書は執筆時点の情報に基づいております。Microsoft 365はクラウドサービスであり、利用者の利便性向上やセキュリティ対応などのために、仕様が変更される場合があることにご留意ください。もう一つ、本書は著者の個人的な見解を執筆したものであり、マイクロソフト社の公式な見解ではないことをおことわりしておきます。

本書で表記されている Microsoft 365やWindowsなどの製品・サービス名などは、米国Microsoft Corporationの米国およびその他の国における登録商標です。本書には©、®、™マークは明記しておりません。

本書の執筆のためにご協力をいただきました多くの人に感謝致します。

CONTENTS

第3章 ハイブリッドワーク（活用編） 149

第1章

Microsoft 365の概要

1-1 Microsoft 365とは

「Microsoft 365とは？」と聞かれたら、皆さんはどのように答えますか？　同僚や上司、経営者、顧客、あるいは家族や知人・友人に説明することはできますか。

では、Office 365はいかがですか？　Office 365は、メールの送受信やファイルの保存などができるマイクロソフト社のクラウドサービスです。このことはご存知の方も多いでしょう。

導入するプランにより名称は変わりますが、Microsoft 365というのはOffice 365に加えてWindows 10が含まれており、さらによりセキュリティ対策を充実するためのEnterprise Mobility＋Security（以下、EMSと表記）というソリューションが含まれています。

Microsoft 365

いずれも別々に導入することができますが、それぞれのサービスは密接に連携しているので、3つセットで導入した方がより多くのことができ、コストメリットも高まります。

マイクロソフト社もMicrosoft 365というブランドで統一してメッセージを発信しています。著者の感触でも最近はOffice 365という名称を使うことは少なく、Microsoft 365という名称が定着したように思います。

中堅・中小企業様向けのプランでは、Office 365という名称ではなく、Microsoft 365 Business PremiumやMicrosoft 365 Business Standard

となっています。何年か前に変更されたMicrosoft 365 Business Premiumは、Office 365とWindows 10、EMSのサブセットが含まれていますが、Microsoft 365 Business Standardは、従来のOffice 365のサービスが中心に含まれています。

同じくマイクロソフト社の中核サービスの一つとして、Microsoft Azure（アジュール）というPaaS（Platform as a Service）やIaaS（(Infrastructure as a Service)、AI・ビッグデータなどを扱えるサービスがあります。提供された当初はWindows Azureという名称でしたが、Windowsだけではなく、Linuxなどさまざまなプラットフォームに対応するということで、Microsoft Azureという名称に変更されています。

本書は、Microsoft 365を活用したハイブリッドワークのための書籍ですが、著者の立場からMicrosoft 365を伝えるに当たって、まずマイクロソフト社の企業ミッションに触れた上で全体像及び大所高所からMicrosoft 365について伝える必要があります。

以下は、本書執筆時点の同社のWebサイト（https://news.microsoft.com/ja-jp/cp/outline/）からの引用です。

“マイクロソフトは、インテリジェントクラウド、インテリジェントエッジ時代のデジタルトランスフォーメーションを可能にします。「Empower every person and every organization on the planet to achieve more.（地球上の全ての個人と全ての組織が、より多くのことを達成できるようにする）」を企業ミッションとしています。”

かつてマイクロソフト社を創業したビル・ゲイツ氏とポール・アレン氏は、「世界中にある全ての机と家庭にコンピューターを届ける」という目標を掲げました。この目標は、数年前にほぼ達成されたのではないかと私は感じています。夢やビジョン、目標などは掲げることはできても、それを達成できる人は世の中では一握りと思われます。マイクロソフト社はその偉業を成し遂げたといえることでしょう。

本書執筆時点では、サティア・ナデラ氏がマイクロソフト社のCEO（会長職も兼務）を務めています。「地球上の全ての個人と全ての組織が、より多くのことを達成できるようにする」という企業ミッションを実現するための製品・サービス・ソリューションの一つがMicrosoft 365であるという視点を持つことで、Microsoft 365のことが理解できると思います。

次のページからは具体的にMicrosoft 365とは何かを紹介します。個別のサービスについては後述するため、あくまでも全体像や概要として捉えてください。

Microsoft 365とは
セキュリティを担保しながらハイブリッドワークを実現するツール

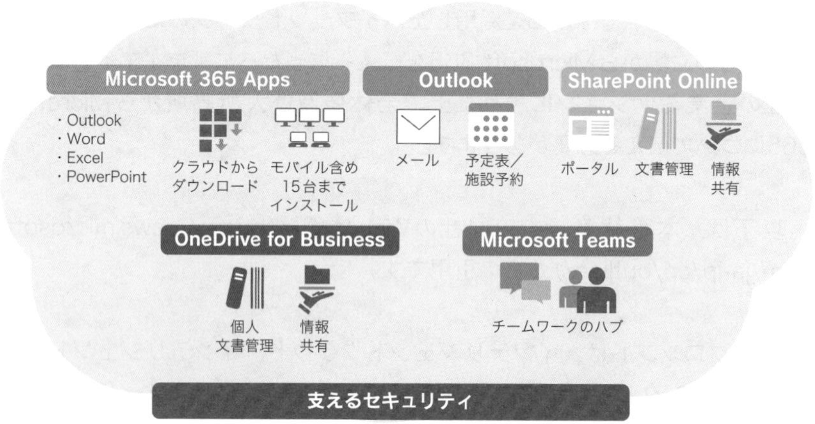

Microsoft 365とは、Officeアプリケーションを含むマイクロソフトのクラウドソリューションを利用できるサービスです。常に最新のOfficeアプリケーションが提供され、クラウドからダウンロードできたり、モバイルを含めて15台のデバイスまでインストールしたりすることが可能です。従来のOfficeでは、Office 2016やOffice 2019というようなバージョン番号が製品名に付いていますが、クラウド版のOfficeは「Microsoft 365 Apps」と呼ばれています。

代表的なものを紹介しましょう。

まず、Exchange Onlineはアプリケーションとして Outlookを使ってメールの送受信や予定の共有や施設予約などが可能です。

SharePoint Onlineは、企業内のポータルとしてニュースの発信や文書管理など情報共有などを進めていくことができます。

OneDrive for Businessと呼ばれる大容量のクラウドストレージが一人一人に提供されます。文書管理や必要に応じて組織内外のメンバーと共有ができます。

Microsoft Teamsは、チームワークを実現するハブとして、チャットベースで課題を解決したり、オンライン会議を行ったりなどハイブリッドワークには欠かせないサービスです。

セキュリティ対策では、サイバー攻撃に対する防御など幅広く対応しており、エンタープライズレベルのセキュリティで企業を守ります。

前述の各サービスはマイクロソフト社のデータセンターで稼働しています。私たち利用者は、WindowsやMacといったPCでMicrosoft 365 Appsと呼ばれるOfficeアプリケーションをインストールして使用します。例えばOutlookを使ってメールを送信すれば、マイクロソフト社のデータセンターを通過して、インターネットにメールが送信されます。

アプリケーションはPCにインストールするだけでなく、さまざまな種類のWebブラウザーを使用してブラウザー版のOutlook（Outlook on the Web）やWeb版Officeを利用することも可能です。

今日ではさまざまなモバイルデバイスが普及していますが、それぞれのストアからMicrosoft 365のアプリをダウンロードして、タブレットやスマートフォンといったモバイルデバイスからメールを送信したり、チャットを行ったり、書きかけの文章の続きを作成したりすることが可能です。

利用者はポータル画面から目的のサービスにすぐに接続できます。

Microsoft 365利用イメージ

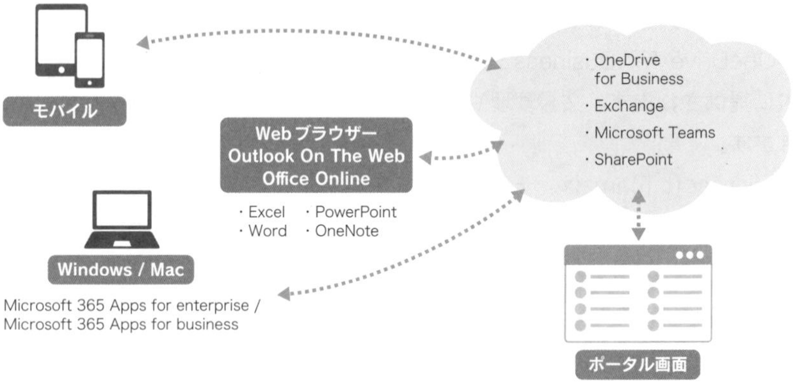

セキュリティ対策は堅牢で信頼性があり、データセンターは東日本と西日本とで冗長化されています。万が一稼働率が99.9%を下回った場合は返金する「SLA (Service Level Agreement)」という契約が結ばれます。

顧客のデータのプライバシーの保護は万全で、企業ユーザー用のデータセンターのエリアと、一般向けサービス用のデータセンターのエリアは明確に分離され、仕事中に広告が表示されることもありません。

マイクロソフト社が安心・安全をうたっているだけではなく、第三者の認定機関の認定を受けています。ISO 27018は、パブリッククラウド事業者のための個人情報保護の規範です。

多層防御で、たとえ1カ所が破られたとしても、別の層で防御する仕組みも取られています。

専用のサイトも用意されていますので確認してみてください。
https://www.microsoft.com/ja-jp/trust-center
https://www.microsoft.com/ja-jp/security/business

1-2 Microsoft 365のすばらしい世界

なぜ、Microsoft 365を導入する企業が増えているのでしょうか？

グループウェアという言葉を聞いたことがありますか？　グループウェアとは、その名の通りグループで使うソフトウェアのことで、メールの送受信やファイルの共有、掲示板などグループで情報共有を進めるための機能がまとめられた一連のソフトウェア群のことです。

マイクロソフト社の製品では、Officeアプリケーションの一つであるOutlookをクライアントソフトウェアとして利用するExchange Serverというメールサーバーや、ポータル構築やファイル共有を行うことができるSharePoint Serverというものがありました。そしてWindows Serverというサーバー製品を提供したことで、アプリケーションとしてのExchange ServerやSharePoint Serverがエンタープライズ分野へ大きくシフトしていったのです。インストール作業や高度な設定などがあるため、企業内の情報システム部門の体制が整っていたり、構築の外部発注ができたりする大企業ならではの機能が提供されておりました。

クラウドファーストが叫ばれるようになり、さまざまな会社のクラウドの製品やサービスが出そろうなか、マイクロソフト社は当時のブランド名として、Windows AzureやBPOS（Business Productivity Online Suite）を提供しました。BPOSには、Exchange OnlineやSharePoint Onlineが含まれました。このBPOSこそが、Microsoft 365の前身です。さらにさかのぼれば、Exchange ServerやSharePoint ServerがMicrosoft 365の前身ということになります。

かつて多くの大手企業が、オンプレミス環境でExchange ServerやSharePoint Serverを利用していました。そうした企業が、クラウドファーストの波に乗るためには、高度で便利な機能が搭載され、利用者も使い慣れているExchange OnlineやSharePoint Onlineを導入したい。そのように考える情報システム部門の担当者が多いのではないでしょうか。

Exchange Serverでは予定表を共有して会議を計画できる機能がありますが、当時他の人の予定を閲覧できるなど日本では想定されていない画期的な機能が当初から多数実装されていました。

Microsoft 365を導入する理由の一つとして、オンプレミスでExchange ServerやSharePoint Serverを使っていたのでクラウドでも同じものを使いたい、といったことが挙げられます。もちろん、Microsoft 365は単にオンプレミスの製品がクラウド化しただけでなく、機能面での強化も図られています。

クラウドファーストが叫ばれていても、なかなか日本の企業のクラウド化は進みませんでした。セキュリティに対する不安を含めクラウドに対する懐疑的な見方が多く存在したためでしょう。また、自社のコンピューターは自社で運用し、自社のデータは自社内に置いておきたい、といういわゆるオンプレミス安全神話のようなものがあったからかもしれません。

当時も今も、マイクロソフト社のパートナー企業に在籍している著者は、パートナー向けのイベントでBPOSについて知り衝撃を受け、提供されるや否やすぐに契約をしました。以前からExchange Serverの素晴らしさは知っていましたが、体制的にもコスト的にもExchange Serverの導入はできないでいました。それが月額で手頃なユーザーごとの利用料金、いわゆるサブスクリプションモデルが導入され、Exchange Onlineというすばらしいサービスを利用できるのは画期的だと思ったのです。また、マイクロソフト社のパートナー企業としての自社のビジネスにも大きく貢献するのではないかという予見もありました。

今日、飲食店でランチを1カ月食べ放題というようなモデルのことを「サブスク」といい、サブスクリプションというキーワードは一般化していますが、当時サブスクリプションという言葉はあまりなじみがあるものではありませんでした。その点、先んじてサブスクリプションを採用したマイクロソフト社には先見性がありました。

ただ、BPOSが提供されても、多くの企業に一気に導入が進んでいるという印象はあまりありませんでした。時は流れ、少しずつクラウドが認知されるようになってきた段階で、マイクロソフト社はBPOSというブランド名をOffice 365に変更しました。導入が進んだのはそれからのように感じています。ネーミングによってこれほどまでに認知度が変わるものかと思いました。今日では、マイクロソフト社や各パートナー企業がさまざまなイベントでMicrosoft 365の紹介セミナーを開催しています。微力ですが著者もその一助を担うことができたと思っています。

当初のOffice 365は、Exchange ServerやSharePoint Serverをクラウド化したものであったことは確かでしょう。ただし、今は全く異なります。Exchange OnlineやSharePoint Onlineが先に提供され、必要な場合はExchange ServerやSharePoint Serverの次のバージョンなどに盛り込まれていきます。次から次へと新機能が開発され、それがExchange OnlineやSharePoint Onlineなどを含んでいるMicrosoft 365に提供されているのです。

クラウドへの流れも加速し、かつてオンプレミスでExchange ServerやSharePoint Serverを導入していた大手企業は、基本的にはMicrosoft 365を導入しています。そしてその流れは、情報システム部門の体制を十分に構築することが難しい中堅中小企業にも及んでいきました。

月額で手頃なユーザーごとの利用料金ですので、従業員数が少なければそれなりのコストで済みますし、クラウドならではの簡単な設定で導入できるため、著者がすぐに契約したように数多くの中堅中小企業が導入していったのです。

さまざまな理由からMicrosoft 365以外のプラットフォームを導入した企業もあるでしょう。ですが、取引先である企業がMicrosoft 365を導入している場合も多く、共通のコラボレーション基盤構築や情報システム部門の担当者の交替などで、最近はMicrosoft 365へ移行する中堅中小企業が増えています。

Microsoft 365の導入企業が増えることで、事例が増えて、さまざまな活用方法についての情報も多く得ることができます。また、生産性向上や働き方改革、セキュリティ対策などの機能面でも優れています。

ここまでで、Microsoft 365の導入企業が増えている理由がご理解いただけたと思います。では、そのMicrosoft 365が、なぜハイブリッドワークに欠かせないプラットフォームといえるのでしょうか。以降のページで順次紹介していきましょう。

ここまで、ハイブリッド ワークを実現するために必要不可欠なツールである Microsoft Teams（以下、Teams）についてほとんど触れていませんが、本書では以降のページでチームワークのハブであるTeamsが頻繁に登場します。ここでは歴史も含めて簡単に触れます。

2017年に登場したTeamsの前身はSkype for Business Onlineであると思われる方も多いことでしょう。さらにさかのぼっていくと、Windows NetMeetingというサービスもありました。マイクロソフト社が打ち出したユニファイドコミュニケーションという概念のもと、Live Communications ServerやOffice Communications Serverなど進化を続け、Lync ServerやLync Onlineではかなりの完成度になりました。マイクロソフト社がSkype社を買収したこともあり、Lync OnlineはSkype for Business Onlineとなりさらに普及していきました。

Teamsではユニファイドコミュニケーションという概念から、人間のしたいことや行うべきことを先回りして導くAIも活用したインテリジェントコミュニケーションという概念となり、会議前・会議中・会議後と分断されることなくシームレスに仕事を進めることができるなど想像以上の進化を遂げています。

すなわち、TeamsはSkype for Business Onlineのバージョン 2ではなく、一から開発した全く新しい次世代コミュニケーション／コラボレーション基盤です。Skype for Business Onlineと比べても通話品質も比べ物にならないくらい大幅に向上しており、ハイブリッドワークにふさわしいサービスとして進化し続けているのです。

著者がTeamsで実施するオンライン研修は、その恩恵を受けています。通話品質も良く、Togetherモードなどで疲労を軽減したり、ノイズ抑制機能によって周りの雑音を取り除いたり、AIも活用して数々のかゆいところに手が届く機能を提供されているためです。

Microsoft 365を活用した新しい働き方

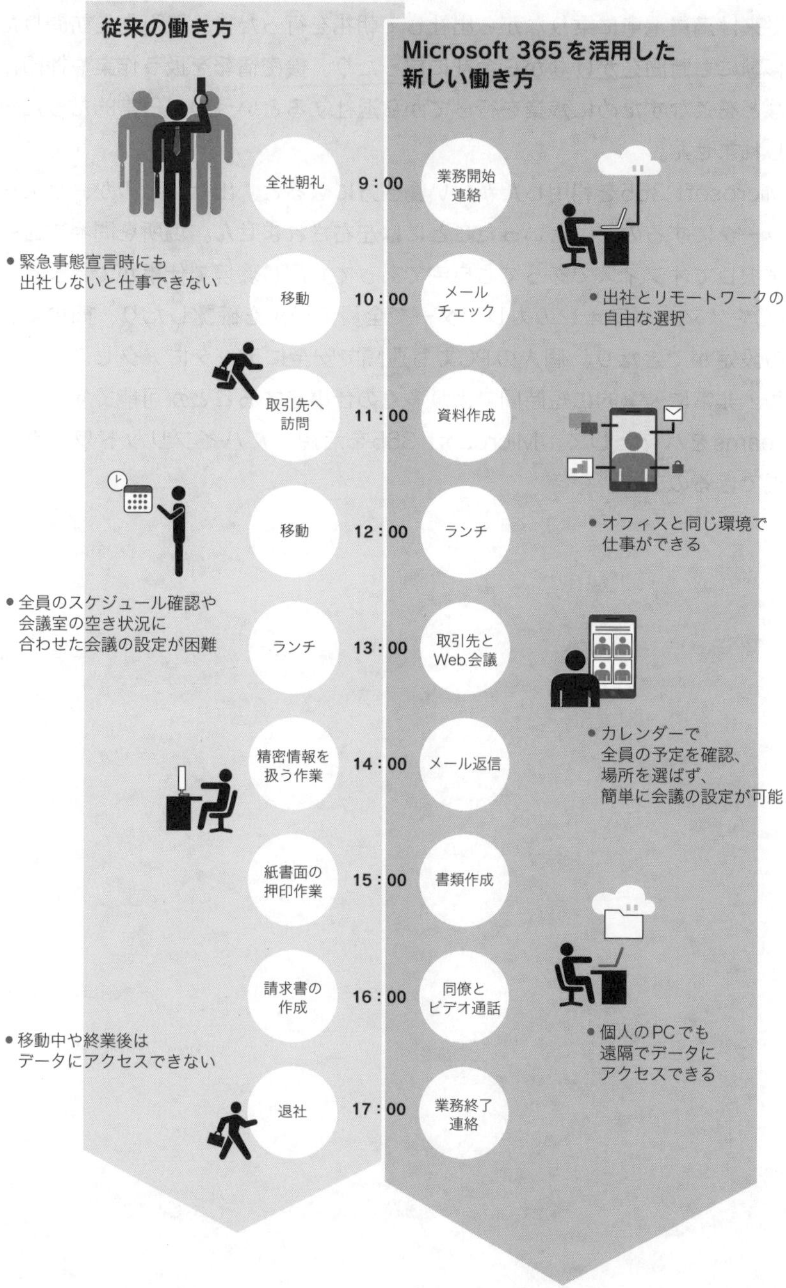

TeamsやMicrosoft 365を活用した新しい働き方も提案されています。

従来は満員電車に乗りながら出社して朝礼を行った後、取引先を訪問したり移動にも時間をかけながら会社に戻ったり、機密情報を扱う作業や押印作業などをこなすために残業を行ってから退社するというのが日常的だったかもしれません。

Microsoft 365を利用した新しい働き方になると、出社するのか、リモートワークにするのか、といったことには左右されません。場所を問わず自由に選択してオフィスであっても自宅であっても同じ環境で仕事ができます。

PCやスマートフォンのカレンダーで全員の予定を確認したり、簡単に会議の設定ができたり、個人のPCでも遠隔で安全にデータにアクセスできるため、非常に効率的に短時間でより多くの仕事をすることが可能です。

Teamsをハブとして、Microsoft 365を活用したハイブリッドワークが実現できるのです。

1-3 代表的なサービスのご紹介

ここでは、Microsoft 365の代表的なサービスについて紹介します。

最初に各サービスが含まれているプランを抜粋して紹介します（本書執筆時点）。これまでも何度かプランは変更されており、今後も柔軟に変更されることもあります。紹介するプラン以外のプランや単体サービスで提供されているものがあるので、自社のニーズに合わせて選択できます。

本書は、経営者やIT担当者、一般利用者など多くの人々が読むことを想定しており、セキュリティソリューションなど一部のキーワードは難しいと感じるかもしれません。あくまでもMicrosoft 365の全体像を理解するためのプランの紹介のため、読み飛ばしても問題ありません。

まず、大手企業向けのプランを抜粋して紹介します。

- **Microsoft 365 E3**：大手企業向けの標準的なプランです。Office 365の各サービスに加えて、Windows 10、Azure AD Premium P1、Microsoft Intuneなどのセキュリティソリューションが含まれています。
- **Microsoft 365 E5**：上記に加えてTeamsでの外線発着信電話機能や、ビジネス分析結果を共有できるPower BI Proやサイバー脅威を特定して対処するMicrosoft Cloud App Security、エンドポイントを保護するMicrosoft Defender for Endpointなどが含まれる最上位プランです。
- **Microsoft 365 F3**：いわゆるフロントラインワーカー向けのプランで、現場で必要となる機能が抜粋された安価なプランです。Microsoft 365では、フロントラインワーカーと呼んでいますが、エッセンシャルワーカーと呼ばれる人たちと同じ意味と考えてよいと思います。

なお、Office 365E1/E3/E5というプランも存在はしておりますが、今日のゼロトラストネットワークを実現するためのAzure AD Premium P1が含まれていないため、Microsoft 365にアップグレードするか、最低でもAzure AD Premium P1を単体サービスとして追加することをお薦めします。Azure AD Premium P1は、ゼロトラストネットワーク対応以外にもTeamsでチームの作成権限を特定のグループの人たちに制限したり、チームの有効期限の設定やチームの名前付け規則を適用したりするAzure ADのMicrosoft 365グループ管理機能が使えるため、大手企業にとっては必須のサービスであると考えられます。リスクのあるアカウントからのアクセスを防止したり、常時管理者権限を使うことの危険を避けたり、放置されたゲストユーザーをレビューしたりすることなどを行うには、Azure AD Premium P2を導入するかそれらを含むMicrosoft 365 E5を導入するのがよいでしょう。

また、Microsoft 365 E5に含まれているTeamsでの外線発着信電話機能やビジネス分析結果を共有できるPower BI Proなどは非常に魅力的なサービスです。導入を検討する際、その部分は除いてセキュリティ／コンプライアンス対策を行うためのMicrosoft 365 SecurityやMicrosoft 365 Complianceというプランも選択肢の一つとなります。

次に中堅中小企業向けのMicrosoft 365の代表的なプランを抜粋して紹介します。

- **Remote Work Starter Plan**：TeamsとOneDriveなどが利用でき、すぐにリモートワークを始めることができます。
- **Microsoft 365 Business Basic**：TeamsやExchange、SharePointなど従来のOffice 365に含まれる代表的なサービスやForms、Planner、Stream、Power Apps、Power Automateなど関連サービスが含まれます。
- **Microsoft 365 Business Standard**：上記に加えて、Officeアプリケーションである Microsoft 365 Appsなどが含まれます。
- **Microsoft 365 Business Premium**：上記に加えて、Windows 10、Azure AD Premium P1、Microsoft Intune、Microsoft Defender for

Office 365 Plan1などが含まれ、ゼロトラストネットワークや標的型攻撃メール対策などができます。

中堅中小企業向けのプランでは、2020年8月に新しくRemote Work Starter Plan が提供されました。これは、手頃な料金で手軽にTeamsやOneDrive for Businessが利用できる日本独自のプランです。

また、クラウドサービスが利用できるMicrosoft 365 Business BasicやOfficeアプリケーションも含まれたMicrosoft 365 Business Standardもあります。

高度なセキュリティも含まれているMicrosoft 365 Business Premiumはさらにお薦めのプランです。Microsoft 365 Business Premium にMicrosoft Business VoiceというTeamsでの外線発着信電話機能を加えることで、大企業に勝るとも劣らないハイブリッドワーク環境を整えることができると考えられます。

上記の一覧には記載していませんが、OfficeアプリケーションとしてExcelやPowerPointなどが利用できるMicrosoft 365 Apps for businessというプランも準備されています。ここではあえてOfficeアプリケーションという表現を用いていますが、クラウド版のOfficeはMicrosoft 365 Appsと呼ばれ、従来のOfficeとは区別されています。また、クラウド版ということでWebブラウザーのみで利用するものとの誤解もあるようです。もちろんWeb版OfficeということでWebブラウザーでも使えますが、PCにインストールするという点ではオンプレミス版と変わりません。リッチなユーザーインターフェースのリボンで操作を行います。Microsoft 365 Appsでは続々と新機能が提供され、さらなる生産性を向上することが可能です。また、Microsoft 365 Appsではアプリでもブラウザーでも複数名での同時編集が可能ですが、オンプレミス版のOffice 2016/2019ではExcelアプリでの同時編集はできません。

なお、上記以外にも学校向け、政府・官公庁向け、NPO向けのプランも準備されているため、あらゆる組織の人々が、Microsoft 365を活用したハイブリッドワークが実践できることになります。

なお、Microsoft 365全般ということであれば、Windows 10やEnterprise Mobility ＋ Security（EMS）の各サービスもありますが、本書の主旨から、ハイブリッドワークを行うための主たるOffice 365関連の各サービスを以降の章で抜粋して紹介します。各サービス単位で書籍が執筆できるほど伝えたいことは山ほどありますが、なるべく簡易に記述しています。

では次に、個別のサービス概要を紹介していきましょう。

Microsoft 365 生産性向上サービス抜粋

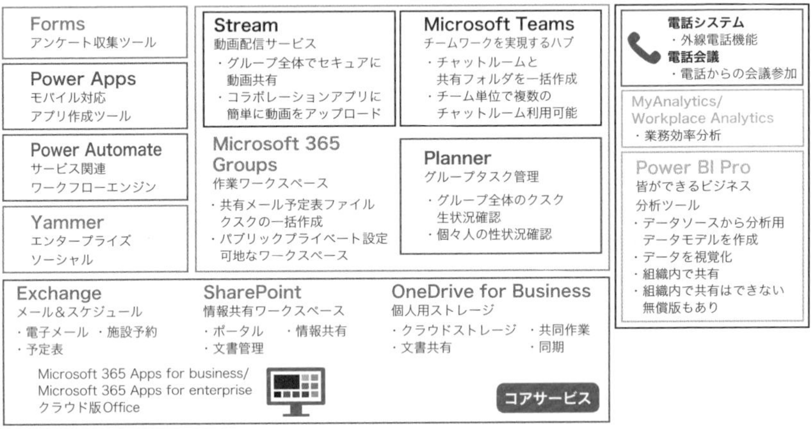

- **Teams**：チャットベースで会話しながら課題を解決したりオンライン会議を行ったり、ファイル共有や標準的なアプリや自社のアプリを接続してチームワークのハブとしてTeamsを離れることなく仕事ができるハイブリッドワークに欠かせないサービスです。参加者を募るウェビナー機能やライブイベントにも対応しています。
- **Exchange Online**：ウィルス・スパム対策が万全で大容量のメールボックスが提供されます。電子メールの送受信はもちろん、予定を登録してチームのメンバーと共有し会議の計画を行うことができるサービスです。Teamsとも強力に連携します。
- **SharePoint Online**：ニュースの発信、ドキュメントの共有などユーザー自ら積極的に閲覧したいと思うような美しく洗練されたデザインのレスポンシブな社内／部門ポータルが簡単に作成できるサービスです。アクセス権の設定も可能です。

- **OneDrive for Business**：個人のドキュメントをクラウドに安全に保存することで社内外と共有したり、誤って上書きしたドキュメントもバージョン管理機能で元に戻したり、ランサムウェア対応までも施されている最強のクラウドストレージサービスです。同期クライアントを利用することでPC内のエクスプローラーからファイルを編集できます。
- **Microsoft 365 Apps**：クラウド版のOfficeアプリケーションです。常に最新バージョンが提供され、ユーザー一人当たりモバイルを含めて15台（内PCは5台）のデバイスにインストール可能なライセンスを保有するサービスです。社内で複数のOfficeアプリケーションのバージョンが混在していたとしても、クラウド版として統一したり、Microsoft Intuneから自動的にインストールや更新管理を行ったりすることも可能です。
- **Yammer**：コミュニティにより組織を活性化する部門の壁を越えた横断的なコミュニケーションが可能な新しいユーザーインターフェースに生まれ変わった社内SNS サービスです。
- **Forms**：入力フォームを簡単に作成しスマートフォンも含めて社内外からアンケートを収集し、リアルタイムに自動集計して結果を視覚化するサービスです。クイズや小テストも可能で採点はもちろん点数まで算出してくれます。結果をExcelにエクスポートも可能です。
- **Planner**：プランを作成し、チームの身近なタスクを登録して見える化します。期限別や担当別、重要度別にグループ化してカードや一覧、ガントチャート形式など、さまざまなビューによりタスクの進捗やメンバーの負荷を調整できるタスク管理サービスです。プランをExcelにエクスポートも可能です。
- **Stream**：アクセス許可を考慮した社内動画共有サービスです。動画共有に加えて動画のトリミング、日本語での文字起こし、スポットライトやライブイベントにも対応しています。本書執筆時点では、従来からのStream（クラシック）が提供されていますが、今後SharePoint上で利用可能なStream（on SharePoint）に変わり、よりパワーアップされる予定です。
- **Power Apps**：スマートフォンやタブレットのアプリをローコードで作成し、チームのメンバーと共有できる安全なアプリを専門の担当者だけではなく、一般ユーザーも作ることができるサービスです。

- **Power Automate**：さまざまなサービスと準備されたコネクタを連携し、承認プロセスなどの自動化やスケジュールされたワークフローをマウス操作だけで作成できるサービスです。デスクトップフローを利用したRPA機能にも対応しています。
- **Power BI Pro**：データ分析の専門家でないユーザーでも、さまざまなデータソースから強力なクエリ機能により簡単にデータを取得し、Excelのピボットテーブルのような操作感でフィールドを選択するだけで、準備されたさまざまなグラフやレポートをすばやく表示できるビジネス分析サービスです。
- **電話システム**：Teamsで外線発着信や保留・転送・同時通話など多彩な機能を兼ね備えた電話システムサービスです。通話グループ機能やコールセンターにも対応可能な通話キュー機能なども含まれています。外部の通信・電話会社と連携します。
- **電話会議**：インターネット回線がない場合や十分な帯域が確保できない場合などにTeamsでのオンライン会議に電話から参加できるサービスです。オンライン会議側から会議の出席者に電話をかけて参加してもらうことも可能です。
- **MyAnalytics/Workplace Analytics**：個人の働き方や組織の働き方が適切かを AI が分析し提言してくれるサービスです。中断されない時間を確保できているのか、仕事から離れてリフレッシュできているか、などワークライフバランスも考慮されたハイブリッドワークの分析に必要な機能が提供されています。

いかがでしょうか？　とても魅力的なサービスが満載だと思いませんか？　このような多彩なサービスを全て含んだプランが、月額（または年額）手頃な利用料金すなわちサブスクリプションモデルとして提供されています。

「とても使いこなせない」と思うかもしれませんが、そんなことはありません。私たちには適応能力や学習能力があります。既に相応にMicrosoft 365を使いこなしている企業も多くあります。また、使いこなす方法をお伝えすることも本書の目的の一つです。

当初は、ほぼコアサービスからスタートしたBPOSやOffice 365でしたが、Teamsを代表とするさまざまなサービスが順次提供されることで活用の幅が大きく広がったのがMicrosoft 365です。

活用という視点のため上記一覧には記載していませんが、Microsoft 365が最も安全なSaaSサービスの一つであるといわれるゆえんが、どのサービスにアクセスする場合にも関係する Azure Active Directory (Azure AD)というMicrosoft 365の認証基盤です。

なお、大手企業向けのプランと中堅中小企業向けプランには、一部機能差があります。例えば、Microsoft 365のExchange Onlineでは大手企業向けプランではプラン2が、中堅・中小企業向けプランではプラン1が含まれており、メールボックスの容量やセキュリティ／コンプライアンス機能など一部異なります。本書では、あまり機能差を意識せずに仕事ができるシーンを中心に解説し、必要であれば補足する程度にとどめます。

そのあたりの詳細情報にご興味のある方は、下記のWebサイトをご参照ください。

https://docs.microsoft.com/ja-jp/office365/servicedescriptions/office-365-service-descriptions-technet-library

1-4 よく似たサービスの使い分け

以下の図をご覧ください。これは、Teamsが提供された2017年にマイクロソフト社のCommunity Managementで公開された考え方です。Teamsは、普段一緒に仕事をしている人同士で使いましょう、Yammerはもう少し広い範囲、組織全体のオープンなコミュニケーションに使いましょう、電子メールを送受信するOutlookは、ユビキタスなターゲットである「時間」や「場所」や「人」を選ばない会話に利用しましょう、そしてファイル共有は、あらゆる場面でSharePointを使いましょう、という意味にとらえることができます。

なお、2017年の段階ではこの考え方が長期的に成功するかどうか見分けるのは時期尚早である、とCommunity Managementに記載されています。

Teams、Yammer、Outlookの使い分け

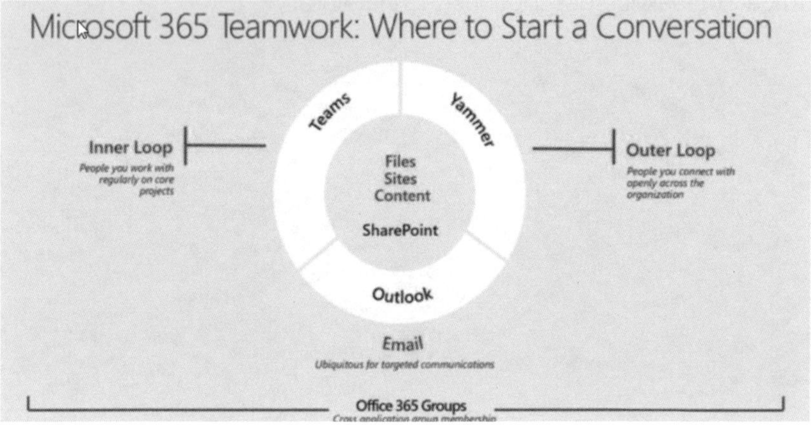

（https://techcommunity.microsoft.com/t5/community-management/we-took-the-inner-loop-and-outer-loop-visual-a-little-further/m-p/123178）（画像提供：日本マイクロソフト）

現時点で、著者は上記の考え方はほぼ成功していると考えています。著者がよく研修を行っている、Microsoft 365を積極的に活用している企業では、上記のようなすみ分けで活用しているケースがとても多いと認識しています。

さらに現時点では、上記の各サービスの中でTeamsがかなりのウエイトを占めています。やはり私たちは一緒に仕事をしている人と最も多く会話をします。結果としてTeamsを利用する時間が長くなるということです。

一方、Outlookはどうでしょうか？　社内メールは禁止という号令が出されている会社もあると聞きます。少なくとも社内では電子メールではなく、Teamsを使いましょう、Outlookは社外とのフォーマルなメールのやり取りで使いましょう、という考え方が成り立ちつつある、ということです。

それでは、Microsoft 365 各サービスはどのように使えばよいのでしょうか？

次節では、このような背景やMicrosoft 365を活用している企業の実例から導き出したベストプラクティスを考えていきます。

1-5 組織に適した活用法を検討

Microsoft 365には、さまざまなサービスが含まれています。また、それを利用する組織もグローバル企業、大手企業、中堅中小企業、学校、官公庁、NPO団体などさまざまです。したがって、その組織の業務内容や従業員のITリテラシーなども異なり、活用方法は他者から押し付けられるものではなく、その組織の人々がその組織に応じた活用方法を見出していくというのがよいでしょう。

ただ、これまで著者もさまざまな企業から、前節のよく似たサービスについて Microsoft 365のサービスをどのように使えばよいかを教えてほしいという声を数多くいただきました。

答えは企業により異なりますが、マイクロソフト社の考え方や著者がお付き合いさせていただいている企業の活用方法を集約すると、本書執筆時点では以下のような使い方がベストプラクティスと呼べるものだと考えています。ただ、Microsoft 365は今後も進化し続けるため、将来はまた異なるベストプラクティスが生まれる可能性はあります。

以下のような使い方の例を基本に、組織の状態や以降の章で解説しているさまざまなシーンに応じたハイブリッドワークの方法を参考にして自社に応じた活用方法を見出し、Microsoft 365の進化もウオッチしながらチューニングすることをお薦めします。

- Teamsをフロントエンドとし、仕事の中心とする。チャネルで課題解決やファイル共有を行う
- Teams内でポータルサイトやWebサイトを閲覧、FormsやPlanner、Streamなどを使いこなす
- 社内メールは、一斉メールなどは除きTeamsに置き換える
- Exchange Online/Outlook は、社外宛てのフォーマルなメールや部内や

部門を超えたアドホックな予定表の共有が中心とする

- 自分のドキュメントはすべてOneDrive for Businessに保存する
- ファイル共有はTeamsで行う。SharePoint Onlineはコミュニケーション サイトを社内ポータルとして、ニュースの発信や総務部からのお知らせや業務マニュアル、ITシステム操作説明書など、全社的なものや部門共通的なものを共有し、必要に応じてVivaコネクションによりTeamsで利用する
- Yammerは、社内コミュニティとして部門を超えた全社的コミュニケーションの場をTeamsに接続して使用。例えば「こんなこと知っている人いませんか？」や「新入社員の自己紹介」「今日はこんなイベントに出席しています､と写真をアップロードする」といった用途で利用する

Microsoft 365の活用例

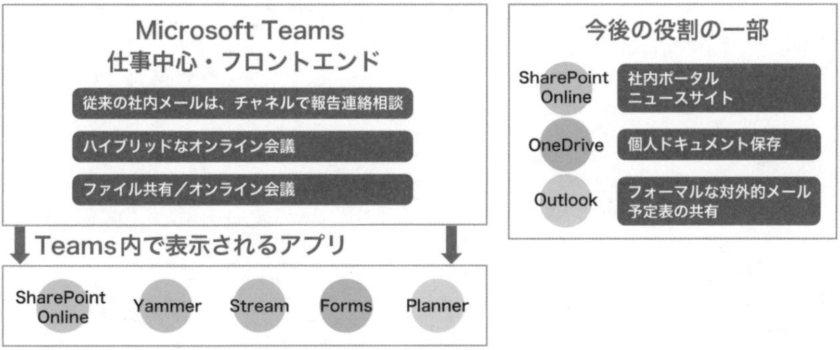

では次章からは、本章で紹介した Microsoft 365の全体像を踏まえた上で、「ハイブリッドワーク（日常編）」として、朝から仕事を行っていく一日の流れを順番に進めていきます。

第2章

ハイブリッドワーク（日常編）

2-1 朝、仕事を開始する 1

ハイブリッドワークでは、会社出勤や在宅ワークを選択することができます。ホテル、公園、喫茶店、図書館、旅先、地方移住など場所を自由に選択して仕事を行うことができるのが特徴の一つです。目的は仕事、場所は手段で、その人がクリエイティブに最も生産性が向上する場所を選択することとなります。もちろん組織としてはどこでもよいというわけにはいかず、仕事ができる場所の範囲を特定する場合もあるでしょう。例えば、場所は会社または自宅／ホテルなどの安全性の高い宅内などとする、などの一定のルールに則り、バランスを考えた上で行われるのが通例です。

ハイブリッドワークについてはIT部門だけで決められるものではありません。総務、人事、経理、営業、製造部門など全社から知恵を集めたり、コンサルタントのアドバイスを受けたり、経営者の強力なリーダーシップの下、必要に応じてマニュアルなども作成しつつ進めていくことになります。

ただ、経験がないことも多いので、最初から全ての要望に対して完全に対応するのは難しく、時間だけが経過してしまいハイブリッドワークがなかなか進まないといったこともあります。そこで、ある程度の基本的なルールができたら経営者・管理職・一般社員・アルバイトの皆で一致団結して、失敗を許容しトライアンドエラーを積み重ねながらハイブリッドワークを実践していく､すなわち行動を起こすということが大切だと考えます。

ここからは時折、著者のハイブリッドワークの実践方法も紹介していきましょう。著者は、会社や自宅、出張時のホテル、スーパーマーケット併設の喫茶店やフードコート、車のショールーム、病院のフリーゾーンなど常にPC（後でも登場するSurface）を持ち歩き、仕事をしています。オーソドックスなパターンではないでしょうか。

本書では会社または自宅でのハイブリッドワークの例として紹介します。

また本書をご覧いただいている方の中には会社ではない組織、官公庁や学校、NPO団体などにお勤めの方もいらっしゃると思いますが、本書では自宅以外の仕事場のことを会社と表現します。また会社には徒歩や自転車、バイク、自動車、電車などさまざまな通勤方法がありますが、電車で通勤していることを想定しています。

本日は自宅で仕事をすることとなりました。

会社への出勤と自宅で仕事をする場合では、最も異なるのが朝の時間帯ではないでしょうか。

従来のように毎日会社に出勤する場合は、あわただしく家を出て駅に着き、いつもと同じ時刻の満員電車に揺られながら出勤となる方も多いでしょう。行列ができているコーヒーショップでテイクアウトし、会社で一息つくうちに、既に始業時間直前。Outlookを立ち上げます。昨日の終業後に届いた大量のメールの処理に加えて同僚や上司、部下から声をかけられたり、多くのミーティングに参加したりで、メールの返信遅れや見落としなども、日常的に発生するかもしれません。いわゆる典型的なモーレツ社員のようなイメージが、毎日出勤するサラリーマン像として描かれる場合も多いのではないでしょうか。

自宅で仕事をする場合、会社に出勤する日と同じ時間に起床すれば、朝の時間は余裕を持って過ごすことができます。ゆっくり朝食をとって、新聞を読んだり、TVを見たり。何よりも新型コロナの感染リスクを抑えることができるのが大きいでしょう。

そして、余裕を持って始業時間の前にPCを立ち上げます。朝の時間の過ごし方が変わってきます。

自宅で使用するPCは、会社から提供されたものを使用する場合やご自身のPCを使用し、安全にMicrosoft 365や会社のネットワークに接続するという場合もあるでしょう。

著者は仕事柄、何台かのSurfaceを所有していますが、最近は本書執筆時点のシリーズ最新の法人モデルであるSurface Pro 7+ を使用しています。

CPUやメモリー、SSDが購入時点の最高スペックで、特にメモリーが32GBと大容量です。すぐに起動するPCで仕事に取り掛かることができるためパフォーマンスが良く、それだけでかなりの生産性が向上します。Azure ADに参加しMicrosoft Intuneにより管理されているため、ゼロトラストで安全に仕事ができエンドポイントも保護されています。小型・軽量でタブレットとしてもPCとしても、バッテリー持続時間を含めて携帯性にも優れているため、どこでも仕事ができます。Surfaceは、Microsoft 365と組み合わせて使えるハイブリッドワークにふさわしい2-in-1デバイスと呼べることでしょう。

PCにより生産性が大きく異なる場合がありますが、仕事内容によりPCのスペックを選択すべきで、必ずしも最高スペックである必要はありません。

Surfaceファミリーでは、Surface Studio 2やSurface Hub 2Sなど大型のものも含めて、シーンや仕事内容に応じてさまざまな機種が用意されています。以下のホームページなど、組織のハイブリッドワークに適切な機種やスペック選択の参考にしてください。

https://www.microsoft.com/ja-jp/surface

あらゆる業務に対応するSurfaceファミリー

（画像提供：日本マイクロソフト）

2-2 朝、仕事を開始する 2

皆さんは朝仕事を始める際、PCにサインインしたら、次に何をしますか？　Teamsのアプリ（デスクトップクライアント）は、一般に［アプリケーションの自動起動］設定になっていることが多いため、すぐに立ち上がります。また、タスクバーにOutlookのアイコンをピン留めしておけば、Outlookをワンクリックで立ち上げることができます。

OutlookやTeamsをすぐに起動

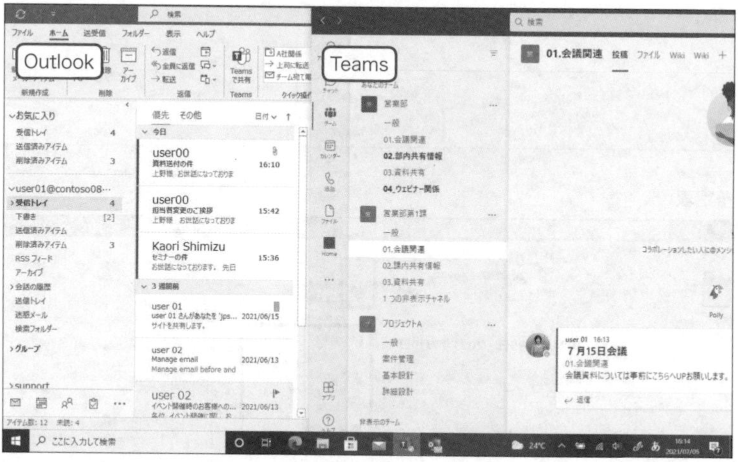

TeamsやOutlookを立ち上げると、事前に確認した予定以外にTeamsの会話が入ったり、受信メールに緊急の予定が入ったり、予定の変更があったりすることでしょう。そこで、予定を組み替えていきます。

Teamsのアプリバーの［カレンダー］では、［日］［稼働日］［週］といったビューを切り替えて予定を確認可能です。このカレンダーはOutlookの予定表と同期しています。Outlookでも［予定表］に切り替えて、［日］［稼働日］

[週] [月] という表示形式でシーンに合わせて予定を確認したり、新規登録、編集、削除をしたりすることが可能です。Outlookの予定表では、オリジナルな分類を活用した色分けをすることで、一目で予定を確認しやすくすることができます。

Teamsカレンダー

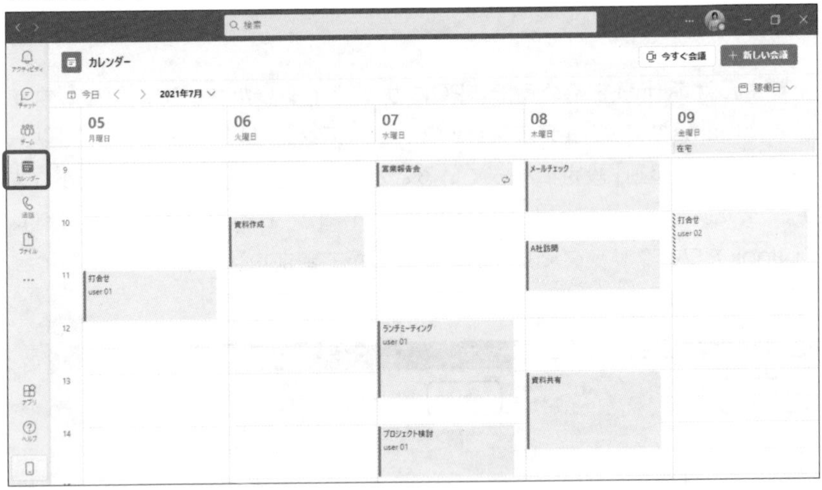

Outlook予定表

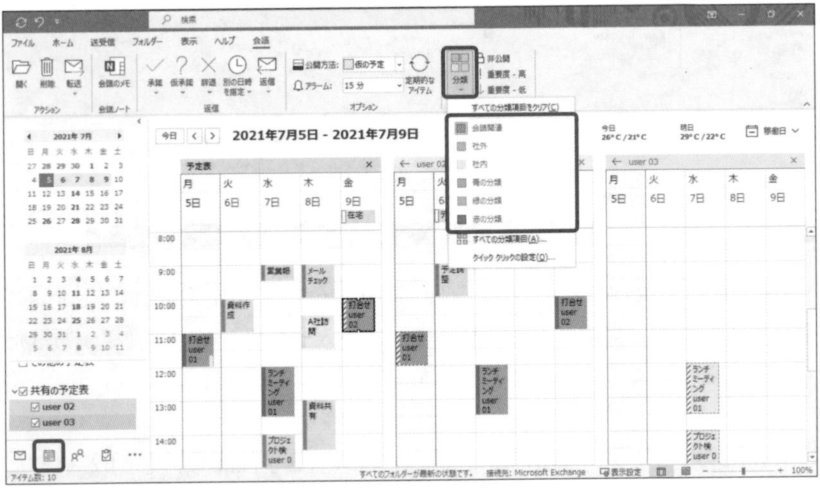

Outlook予定表　分類項目の作成

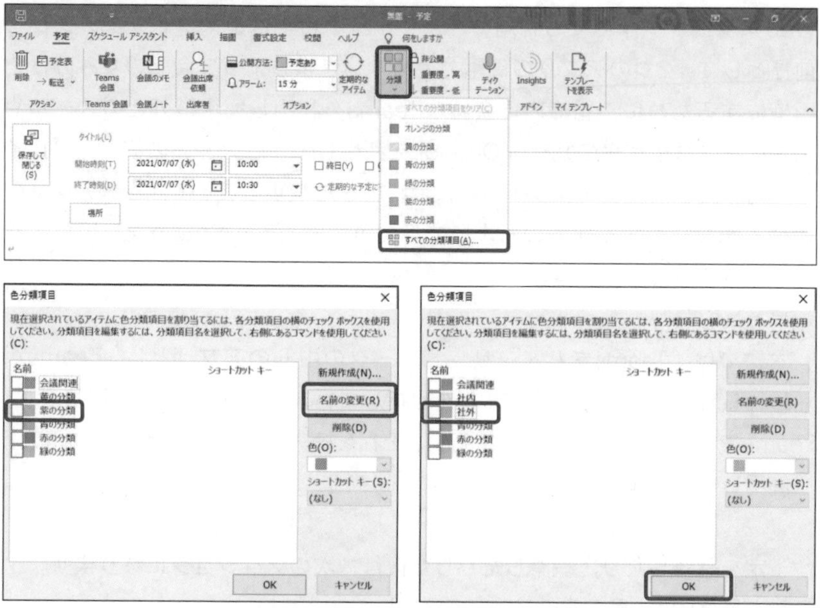

なお、Outlookを起動するとメール画面が表示されますが、[表示] タブの[To Do バー] - [予定表] からTo Doバーを表示することで、メールを閲覧しながら予定を確認することも可能です。

OutlookでTo Doバーを表示

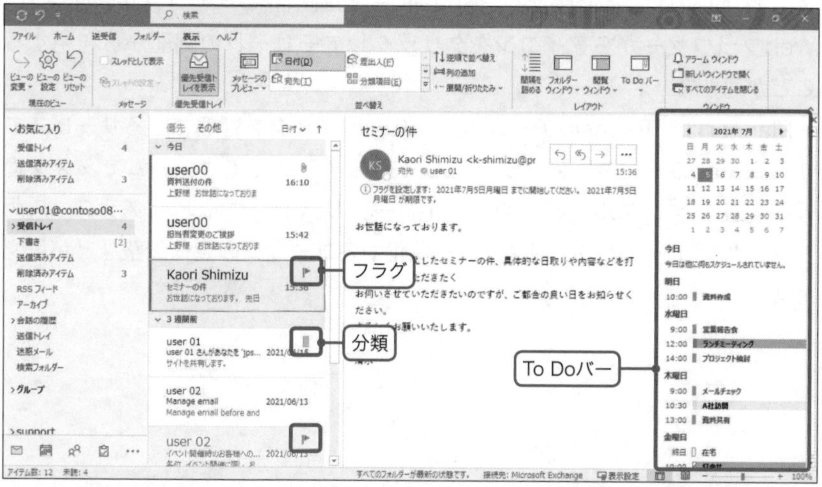

ここでは、TeamsとOutlookの2つのアプリを起動しています。いずれもWebブラウザーからでも利用できますが、本書ではデスクトップアプリを前提として、2つのアプリの併用で進めていきましょう。会話のすみ分けを明確にするために、組織内の会話はTeamsを利用し、組織外とのメールやアドホックな予定表の共有はOutlookを利用します。大きめのディスプレイを利用したり、ディスプレイを複数台利用したりすることで、複数アプリを並べて仕事しやすくするのもよいでしょう。Surface Studio 2を用意するという方法もよいですね。

本書では、Teamsをハイブリッドワークの中心のアプリとし、Teamsから離れることなく仕事をすることを目指しています。Outlookも併用します。Teamsでできることは Teamsで行い、それを補完するアプリとしてOutlookを併用していきます。

予定を確認したり、編集したりした後は、次のアクションに移ります。タスクを具体的に“見える化”していきます。

Microsoft 365では、Microsoft Planner(以下、Planner)、To Do、Outlookというサービスやアプリが連携しており、タスクを登録したり、確認したりすることが可能です。

PlannerやTo Doは、Microsoft 365で各ユーザーにライセンスが割り当てられていれば、Microsoft 365のポータル画面にアイコンが表示され、Webブラウザーからアイコンをクリックしてそれぞれの画面から利用することが可能です。

Plannerは、Teamsのチームのメンバーでタスクを管理できるサービスです。Teamsのチャネル内にタブとして追加することで、チームでタスク管理が可能です。グループ化やフィルター、リスト、ボート、グラフ、スケジュールビューにより、タスクの一覧化や各ユーザーの負荷調整などが可能です。

チャネルのタブに［PlannerおよびTo Doによるタスク］アプリを追加

グラフビュー

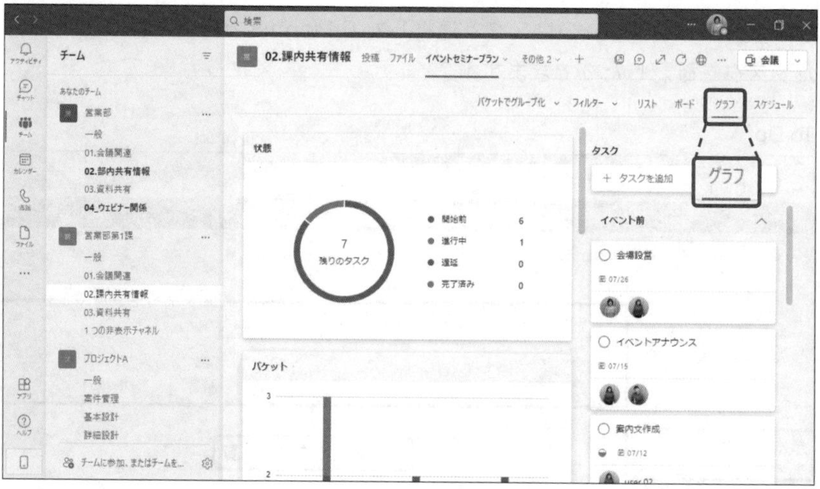

スケジュールビュー

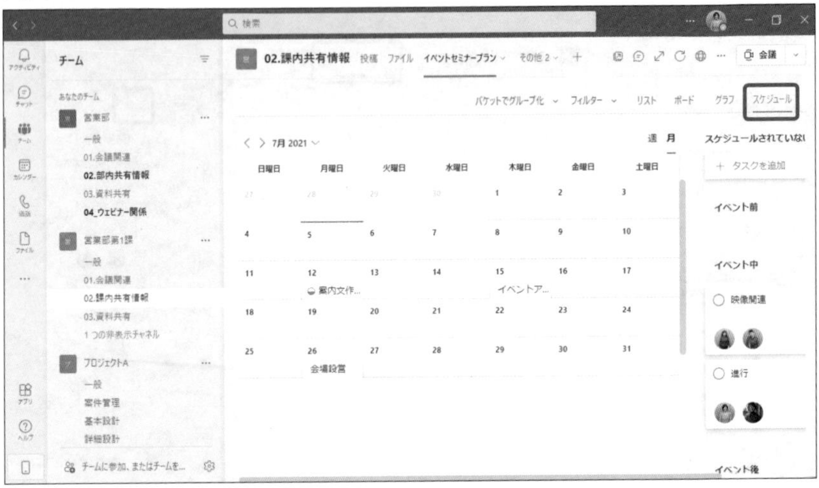

一方、To Doは、自分が行わなければならない個人のタスクを管理できるサービスで、Outlookのタスクと連携したりPlannerで自分に割り当てられたタスクを確認したりできます。

To Do

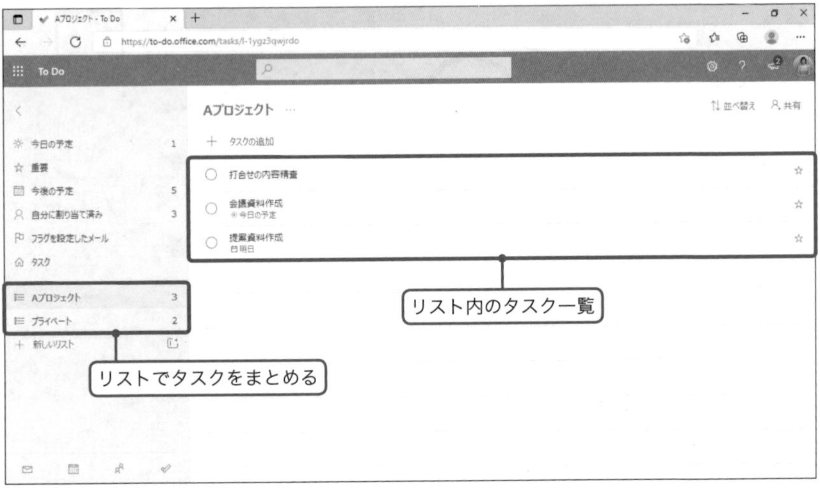

Outlookタスク

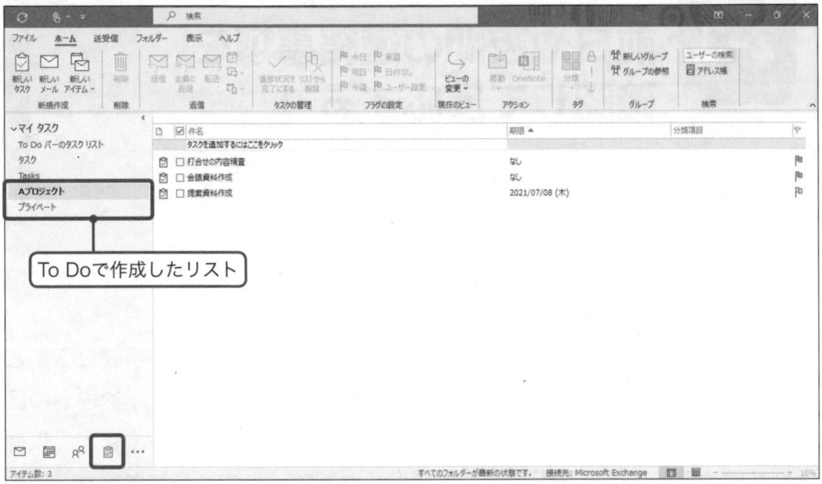

チームのタスクであれ個人のタスクであれ、自分に割り当てられているタスクを確認したいことがあります。その場合は、Teams上で［PlannerおよびTo Doによるタスク］アプリを追加し、アプリバーにピン留めしておくことで、自分のタスクが一つの画面で確認できます。優先度や期限での並べ替えやフィルター、タスクの登録も可能です。

［PlannerおよびTo Doによるタスク］でタスクを確認

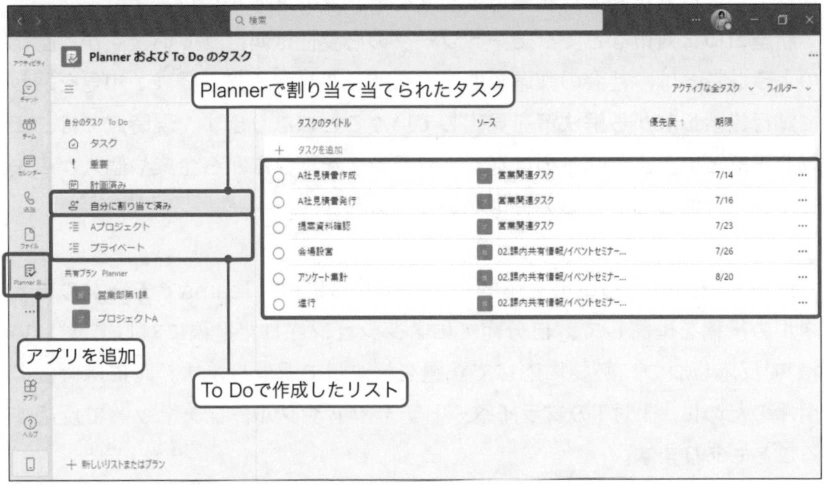

2-3 前日や夜間の連絡事項を確認して反応する 1

予定やタスクを確認し、前日や夜間にTeamsでメンションされた会話やOutlookの電子メールをチェックします。

毎日会社に出社していると、仕事時間とプライベート時間が明確に区別されることが多いですが、自宅で仕事をする場合は、仕事とプライベートの区別がなくなる、ということもよくいわれます。著者も感じていますが、以前より夜間や早朝に連絡を受けることが多くなっています。企業によっては勤務時間を厳密に規定している場合もありますが、仕事の成果を中心に考課を行い、時間の使い方を社員に任せているような企業の場合は、仕事を一時中断して用事を済ませ、仕事を再開すると、同僚や上司、取引先への連絡は夜間になることもあるでしょう。

著者の場合、以前から基本早寝早起きで、早いときは20時に就寝することもあるため、緊急CALL以外の連絡は知る余地がなく、早朝に1～2時間かけて、前日や夜間の連絡事項に対するアクションを起こします。

新型コロナ対策などでリモートワークの必要性は叫ばれていますが、上記のようなことは、社会の課題でもあります。これから先、経験・知見を通して試行錯誤しながら解決策を見出していくことになります。現時点では、これが正解というようなものはなく、バランスを取りながら企業や個人が工夫していく形になっているのではないでしょうか。

前日や夜間の連絡事項を確認して反応するには、Teamsでチームのチャネルの投稿を確認して、自分宛てにメンションされた投稿に対して、“いいね”で反応しつつ、必要に応じて課題を解決して返信します。時には個別の用件のために、1対1のプライベートチャットやグループチャットで反応することもあります。

Teamsでは、チームのメンバーのプレゼンス（在席状況）の確認が可能ですが、メンバーが在席しているのかいないのかにかかわらず、投稿しておけば、メンバーが在席したときやスマートフォンなどで確認できます。自分が対応できる時間に対応し、緊急時はプレゼンスで在席が確認できれば音声・ビデオ通話を開始することも可能です。

Teamsでチャネルを確認

では、Teamsでの会話を行ってみましょう。本書は、Teamsの操作手順書ではなく、ハイブリッドワークを実践するための手引きを書いた書籍であるため、Teamsの基本機能は省いています。Teamsの操作方法については、以下のWebサイトから無料でダウンロードできるマニュアルを参照してください。

https://www.microsoft.com/ja-jp/biz/wsi/teams

Teamsにおいて、チームのチャネルで会話をする際、大切なことがあります。それは、新しい話題を投稿する人が［新しい投稿］から［書式］をクリックして、最初に“件名”を付けることです。

チャネルの会話ではまず「件名」を付ける

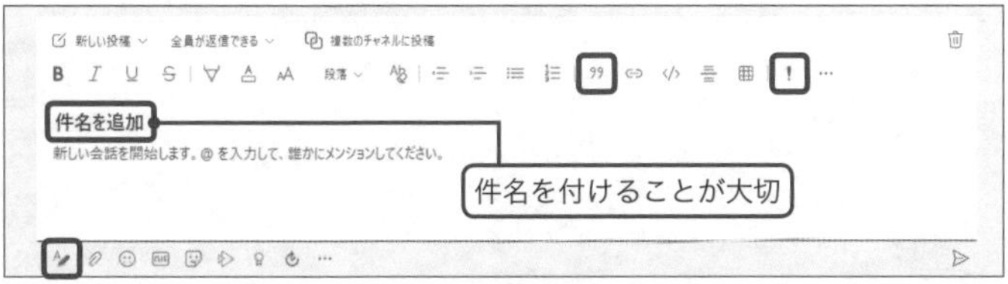

電子メールで“件名”を付けるのと同じように、「今から本件についてのスレッドを起こします」という意味になります。このスレッド化するということが、Teamsを活用し、課題を解決できる第1歩と言ってもよいでしょう。

“件名”を付ける必要がない場合もあります。それは、スレッド化して継続的な会話や課題解決を行う必要のない軽微な投稿の場合です。例えば、「明日は子供の参観日のため、午前中半休させていただきます」や、「電車が遅れているので、会社到着が10分程度遅れます」とスマホから投稿する場合などです。いずれも1つ2つの返信はあるかもしれませんが、あまり継続はしないでしょう。件名を付けてはいけない、というわけではありませんが“件名”を付ける場合と付けない場合で、会話の重要度が判断できます。

また、件名のすぐ上に書式設定ボタンが表示されるため、読み手が分かりやすいように必要に応じて書式を設定することができます。[表を挿入]で表を挿入したり、[引用]は、ほかの人の意見を引用したり、[重要としてマーク]により目立つようにしたりする工夫もできます。

なお、上部の[新しい投稿]-[アナウンス]や[全員が返信できる]からのモデレーター機能や[複数のチャネルに投稿]なども便利なため、シーンに応じて活用してください。

アナウンス、モデレーター、複数のチャネルに投稿

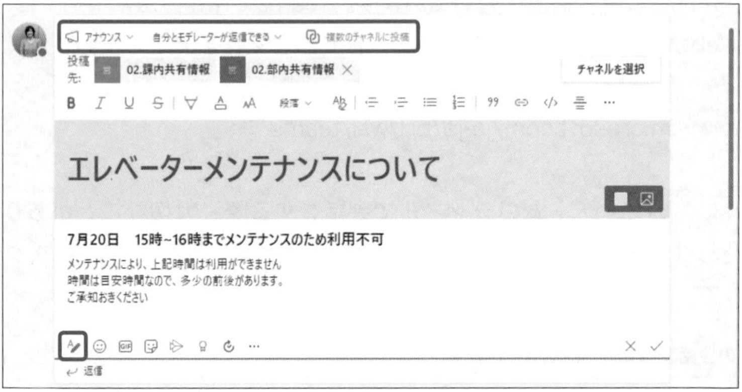

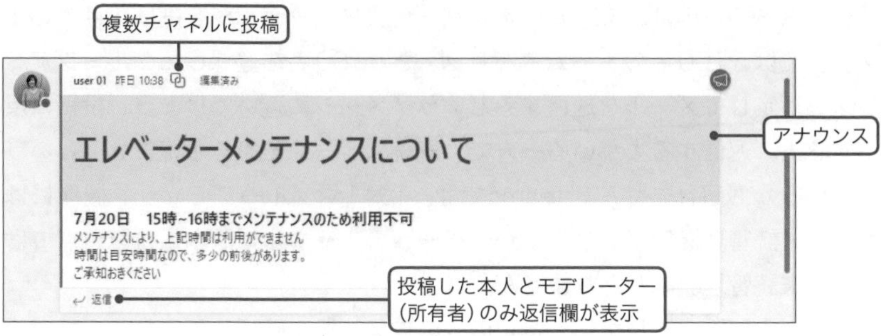

投稿を読んだメンバーは、“いいね”などのアイコンから反応します。「見たよ」という意思表示にもなるので有効ですが、全ての投稿に「いいね」をしていくのは現実的ではないため、自分に関係するものなどに対して反応します。

その投稿に関して意見がある場合は、[返信] ボックスから返信します。これには [新しい投稿] は使いません。ここで [新しい投稿] をしてしまうとスレッドが分割されてしまい、後で話が分かりにくくなります。

その後、さまざまな人が [返信] していくことでスレッド化され、スレッドの1つのブロックができます。

[返信] することでスレッド化する

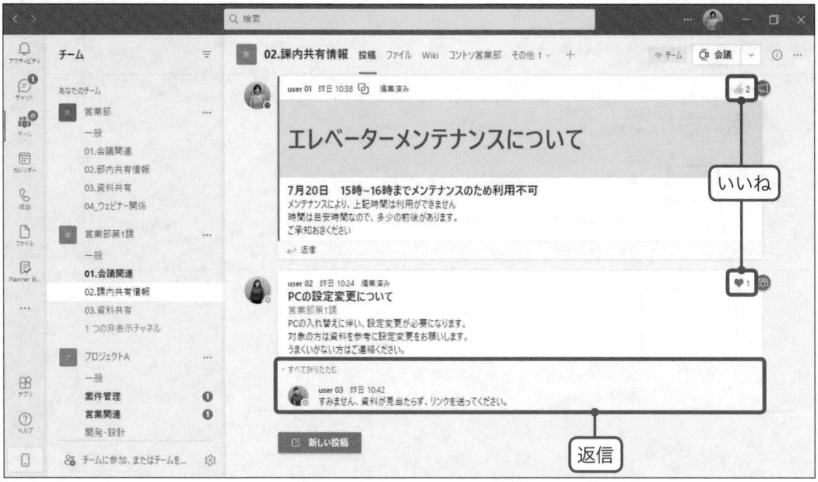

チームへの投稿は、チームのメンバー全員にメッセージを投げかけています。例えば、100名のチームであれば、その100名を登録したグループアドレスを指定してメールを送信するというイメージに近いでしょう。投稿に反応する人、返信する人がいる一方で、既読スルーやそもそも読まないという人もいるかもしれません。Teamsでは、1対1やグループチャット機能には既読・未読管理機能がありますが、チームのチャネルには本書執筆時点では既読・未読管理機能がありません。

特定の人に質問をしたい、特定の人の作業状況を確認したいなど、特定の人を指定したいことがあります。その際に用いる機能がメンションです。“@”を入力後、メンションしたい人の名前（表示名）またはメールアドレスを直接入力するか候補から指定し、入力された表示名の後に伝えたいことを入力して投稿します。メンションされた人は、PCの右下に紫色のバナーで通知されたり、自分の名前が赤字となったり、右側にメンションされたことがわかる“@”が表示されるため気付きやすくなります。新しい投稿時でも返信時でもメンションはできます。名前の後ろに“さん”を付けるかどうかは、組織やチームで決めるとよいでしょう。

メンション

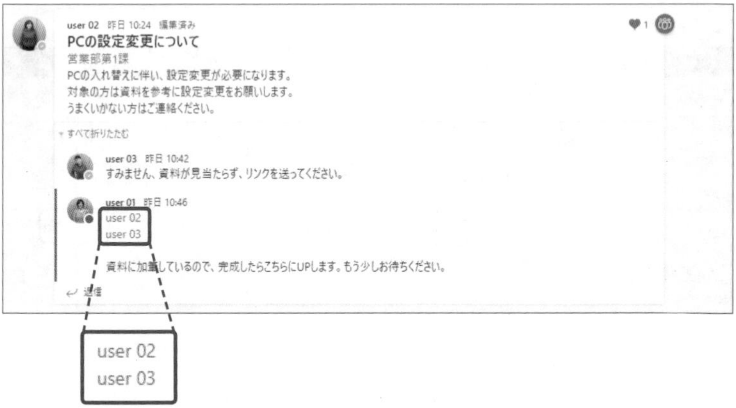
user 02　昨日 10:24　編集済み
PCの設定変更について
営業部第1課
PCの入れ替えに伴い、設定変更が必要になります。
対象の方は資料を参考に設定変更をお願いします。
うまくいかない方はご連絡ください。
すべて折りたたむ
user 03　昨日 10:42
すみません、資料が見当たらず、リンクを送ってください。
user 01　昨日 10:46
user 02
user 03
資料に加筆しているので、完成したらこちらにUPします。もう少しお待ちください。
返信
user 02
user 03

メンションされた場合

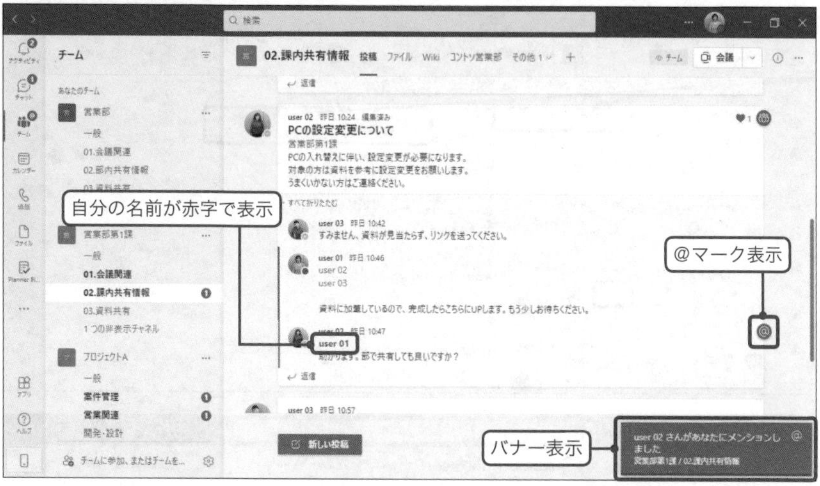

メンションはTeamsで課題解決を行っていく上で、最も効果的な機能であるともいわれます。相手から見ると、メンションは自分宛ての投稿であるということです。受信したメールの宛先にグループアドレスが指定された場合、積極的に返信することは少ないのではないでしょうか？　では、宛先に自分が指定されCCにグループアドレスが指定されていたらどうでしょうか？　これには返信するのではないでしょうか。メンションされた人は自分宛てのため、“いいね”をしたり、返信をしたりなど、次のアクションに結び付くことが多いと思います。

チームやチャネルの数が増えてくると、メール同様全ての投稿に目を通すことは、物理的に難しくなります。読み手の立場に立てば、メンションされたものは読み、メンションされていないものは読まない、という傾向が高まります。また、チーム内の重要なチャネルを上部に固定したり、チャネルの通知を設定したりすることで、メンションされなくとも常にウオッチすることもできます。

チャネルの固定

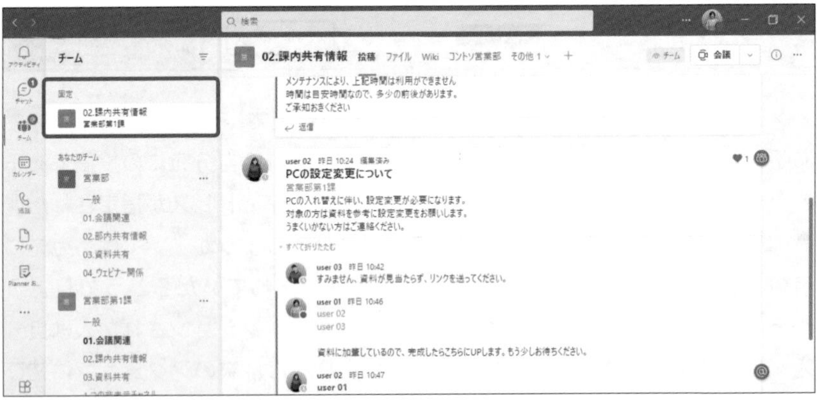

チャネルの通知設定

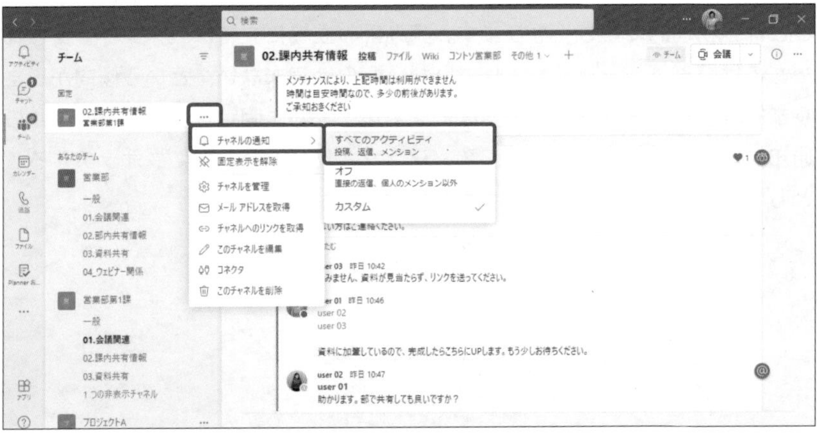

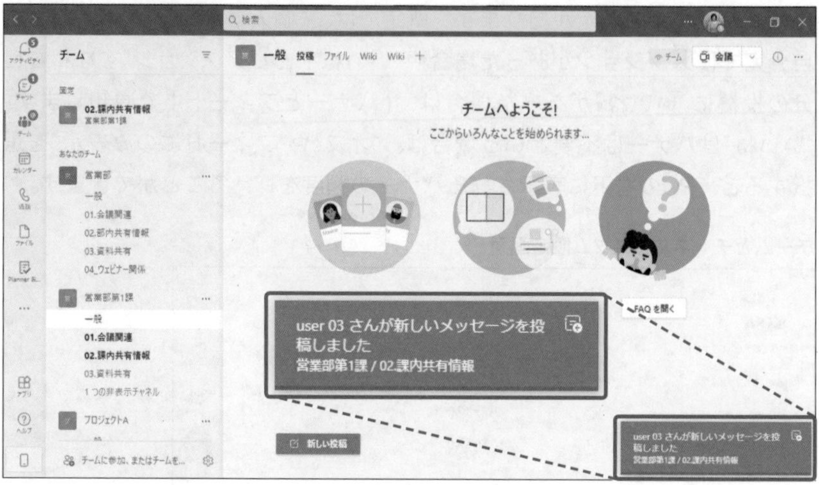

通知の既定の設定では、メンションされる以外にも自分の投稿に“いいね”された場合や、返信の際に通知が届くため、通知という点ではメンションをしなくてもよい場合もあります。ただし、相手が既定の通知設定を変更することもあります。また、細かくルール化してしまうと、考えながら投稿する必要があるため考えるという時間が生まれ、生産性が低下する可能性があります。

投稿の中身に集中することもできるため、特定の人宛てのメッセージは、原則単純に必ずメンションするということがよいと思います。

ちなみに、“@”の後、“t”と入力するとチーム名が候補に表示されます。チーム名を選択するとチーム全体にメンションが可能です。また、“@”の後、“c”と入力して候補からチャネル名を選択するとチャネルにメンションが可能です。[重要としてマーク]などとすみ分けながらシーンに応じて使い分けをします。これは、チャネルを非表示にした場合や、プライベートチャネルを作成した場合などに影響しますので、チーム全体にメンションすることとチャネル全体にメンションすることの違いは確認しておきましょう。

チームやチャネルの数が増えてくるとメンションされることも多くなり、PCでは右下にバナーが頻繁に表示され、気が散ることもあります。そこで、通知の設定を見ておきましょう。チームとチャネルの通知設定の[カスタム]

には、いくつかの設定があります。既定では、“個人@メンション”すなわち自分宛てにメンションがあった場合や“いいね！とリアクション”すなわち自分の投稿に“いいね”があった場合は、［バナーとフィード］で通知します。“いいね”はバナーは不要という場合は、“オフ”や“フィードにのみ表示”を選択すると、PCの右下に表示されるバナーの頻度を抑えることができます。

チームとチャネルカスタム設定画面

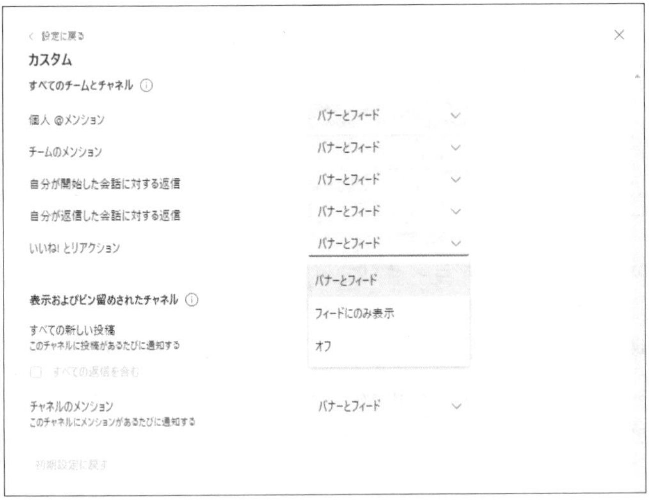

“フィードにのみ表示”の“フィード”とは何でしょうか？　この“フィード”という概念はとても大切です。

しばらく席を外していた、休暇を取っていて終日PCを起動していない、などのシーンを想定してください。席に戻る、またはPCを立ち上げると、多くのチームやチャネルに投稿されていることが、チャネルが太字になっていたり、通知が何件あるのかが表示されていたりなどで確認できます。

しばらく離れて、戻ってきてみると……

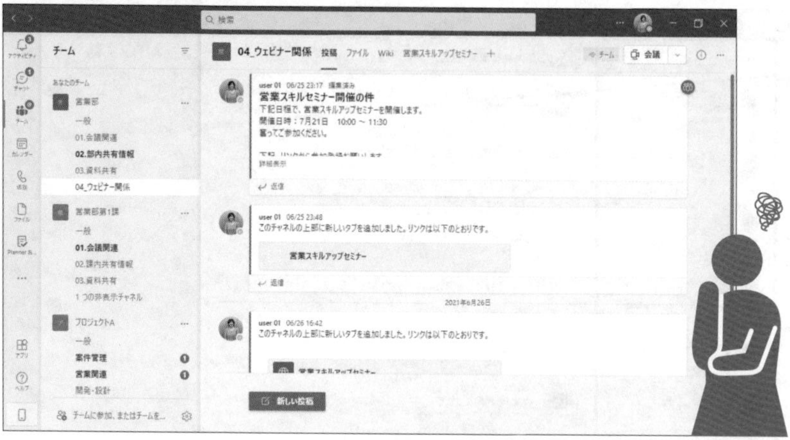

投稿を確認するのに、全てのチームやチャネルをクリックして順番に読んでいくのは現実的ではありません。同じチャネルに複数の投稿があった場合に、最下段の投稿のみを読んで少し上部にある投稿を読み漏らす可能性もあります。

“最後の既読”という線により未読のものは分かりますが、詳しく読む前にさらに投稿があると読み漏らしが起こる場合があります。

また、せっかく読んだにもかかわらず自分にはあまり関係がなく、時間をロスしてしまうこともあるかもしれません。

自分に関係する投稿を漏れなく確認できる場所が、“フィード”です。“フィード”は、アプリバーの最上部の［アクティビティ］をクリックします。ここでは、自分宛に通知があったものが時系列に表示され、クリックすれば目的の投稿にすぐにジャンプすることが可能です。また、フィルター機能により、［未読］［返信］［メンション］などで絞り込むことが可能です。仕事を終了するときや仕事を始めるときに、フィードを確認するとよいでしょう。

アクティビティのフィード

なお、［マイ アクティビティ］に切り替えると、自分が起こしたアクションが表示されます。自分の投稿に対して、チームのメンバーが反応しているかどうかなどをまとめて確認したい場合に利用できます。

アクティビティのマイ アクティビティ

ここまで紹介した中で、チームのチャネルでのコミュニケーションにおいて大切なことをまとめてみましょう。振り返ってみてください。以下は、

Teamsのチャネル活用5カ条と言ってもよいでしょう。

- “件名”を付けて投稿する
- “いいね” などで反応する
- 同じ件名の話題は、[新しい投稿] からではなく返信し、スレッド化する
- 特定の人へ向けては、メンションする
- [アクティビティ] から自分に関する投稿を見つける

Teamsは、上記の機能でかなり生産性が向上するといわれているため、さまざまな企業で導入が加速しています。また、いち早く導入した企業においては、既に定着フェーズに入り、よりチームワークを実現するためのハブとしての活用方法を模索していることと思います。

しかしTeamsは、万能ツールではないかもしれません。すなわち、不得意分野があると思います。Teamsのどのような部分が不得意だと思いますか？　それはTeams上にある過去の投稿を読む、ということではないでしょうか。

Teamsのチャネルでは、新しい投稿や返信などやり取りがあった場合は、常にそのチャネルの最下段やそれに近い位置に投稿が存在し、常に目にすることができます。やり取りがなくなったものは、どんどん上部に移動していきます。例えば、1カ月後に行われるイベントの案内が投稿されたとします。チームのメンバーは、“いいね”をしたり、“参加しま〜す。”などと投稿したり、2、3日はやり取りの動きがあるでしょう。その後その会話でのやり取りがなくなると、その会話は流れていきます。イベントが近づき、投稿者が意図的にリマインダーとして返信をしない限り、イベントの場所や集合時間、会費などをTeams上で確認しようと思っても、その時にその投稿にたどりつくにはかなりスクロールをすることになり、生産性の低下を招く結果になりかねません。

やり取りのなくなった項目を探すのは大変

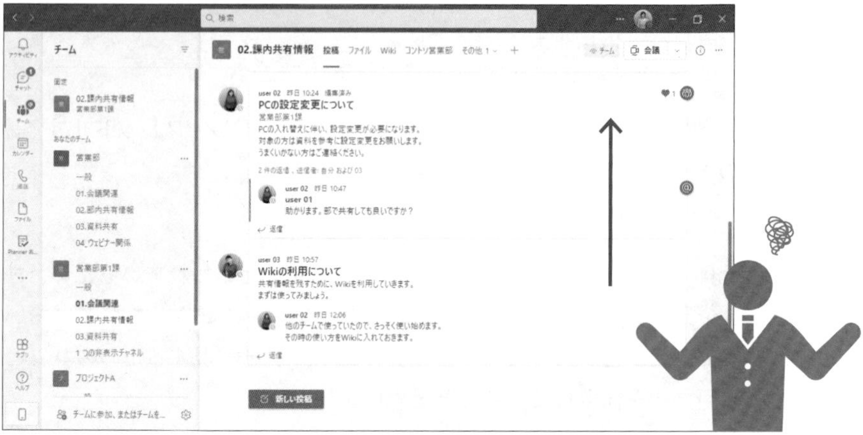

著者がトレーニングで伺った企業のIT担当者の方が、「Teamsは今を共有するツールだよね」と語られていて、Teamsを端的に表しているな、と思いました。すなわち、Teamsは今を共有することが得意であり、過去を共有することは不得意といえるのです。

では、ここからはTeamsが不得意とする「過去の投稿を読む」ということを少しでも解決に導く機能をいくつか紹介します。

チームのメンバー全員が重要であると認識しておかなければならない投稿は固定をします。

投稿をポイントして表示されるアイコン群の右端の［…］から［固定］をクリックすると、投稿の右端に押しピンのアイコンが表示されピン留めされます。これはチームのメンバー全員に影響する共通の設定です。設定しても、日がたつにつれて上部に移動していきます。ではどのように確認すればよいのでしょうか？

チャネルの右上にあるⓘのアイコンをクリックします。［チャネル情報パネル］が表示され、各メンバーの状態やチャネルの情報が表示されます。最下部にピン留めされた投稿が表示されるため、そこからすぐに目的の投稿を確認することが可能です。

会話の固定

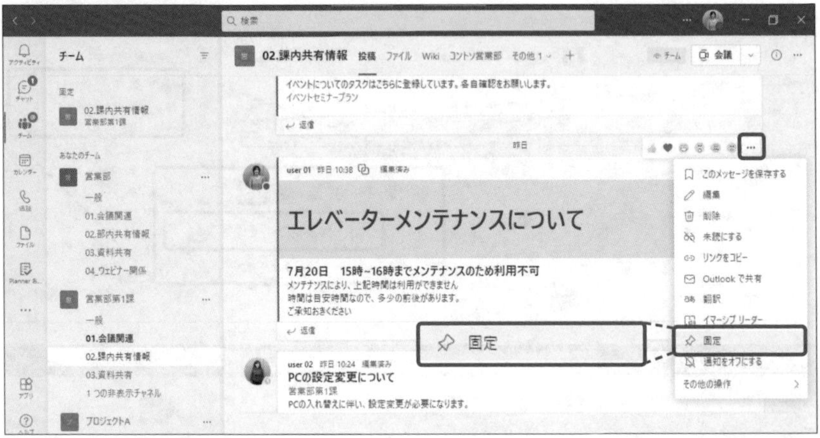

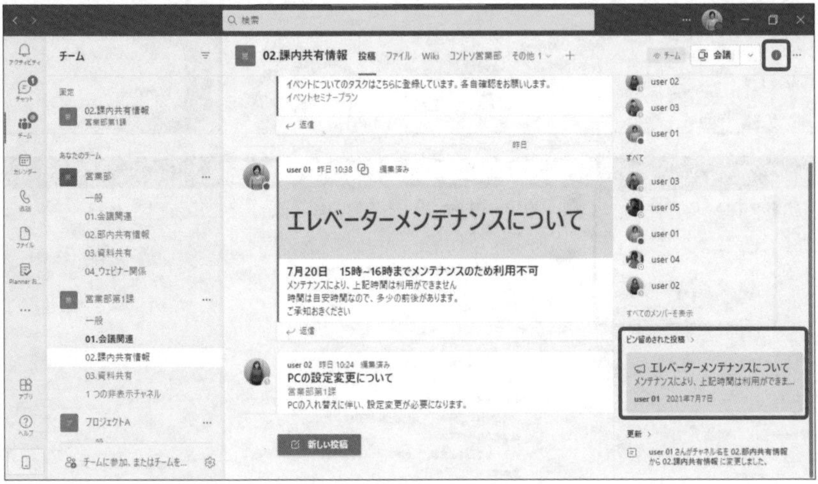

次に、チームメンバー全員ではなく、自分だけが覚えておきたい投稿については保存をします。[…]から[このメッセージを保存する]をクリックします。顔写真のアイコンをクリックし、[保存済み]をクリックすると、画面左側に保存された投稿の一覧が表示され、すぐに目的の投稿を確認できます。インターネットでホームページをお気に入りに保存しておくイメージに近いかもしれません。

メッセージの保存

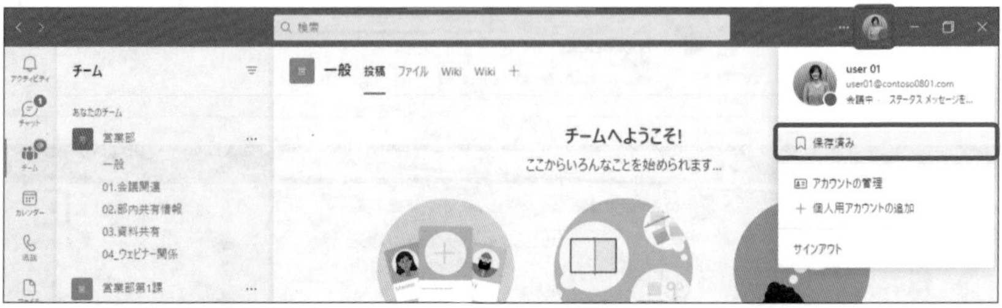

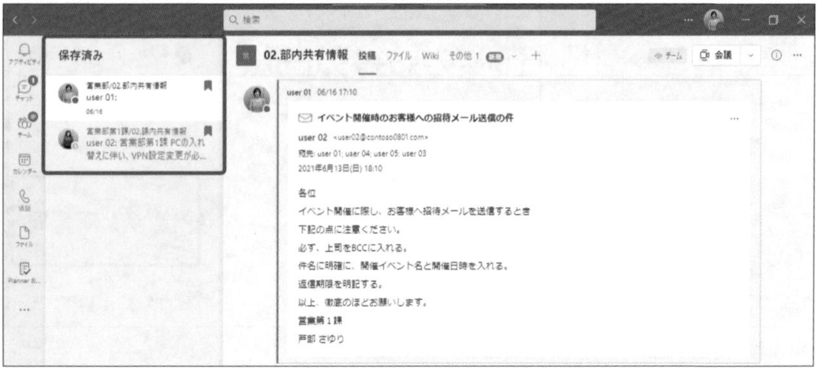

固定もメッセージの保存もしていなかった過去の投稿を閲覧したい場合は、どのようにすればよいでしょうか。最上部の［検索］ボックスから検索します。Teamsでの検索は、検索ボックスにキーワードを入力して［Enter］キーを押します。画面左側に検索された投稿の一覧が表示されるため、すぐに目的の投稿を確認できます。検索結果が多い場合は、上部にあるフィルターで絞り込みが可能です。

検索

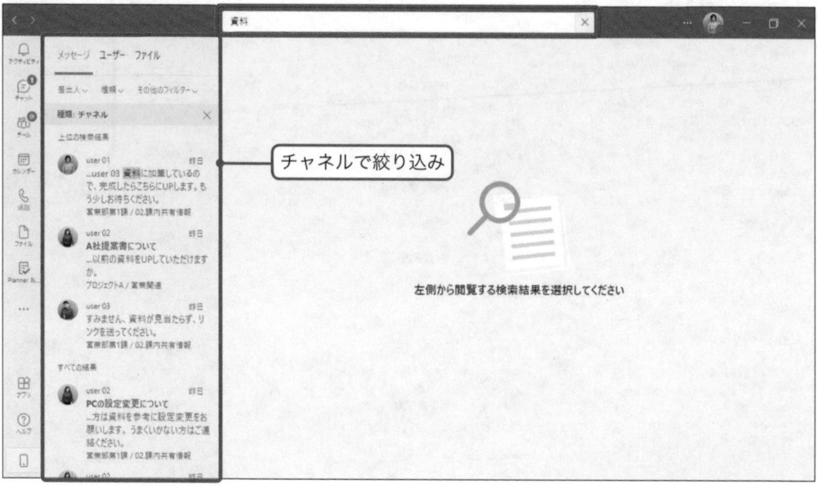

Teamsでの検索は、キーワードを入力して、その後絞り込む、という癖を付けるのがよいでしょう。ちなみに［検索］ボックス内に“/”を入力すると、いくつかのコマンドが表示されます。例えば、“/keys”で、Teamsのショートカットキーの確認が可能です。

Teamsのショートカットキーを検索

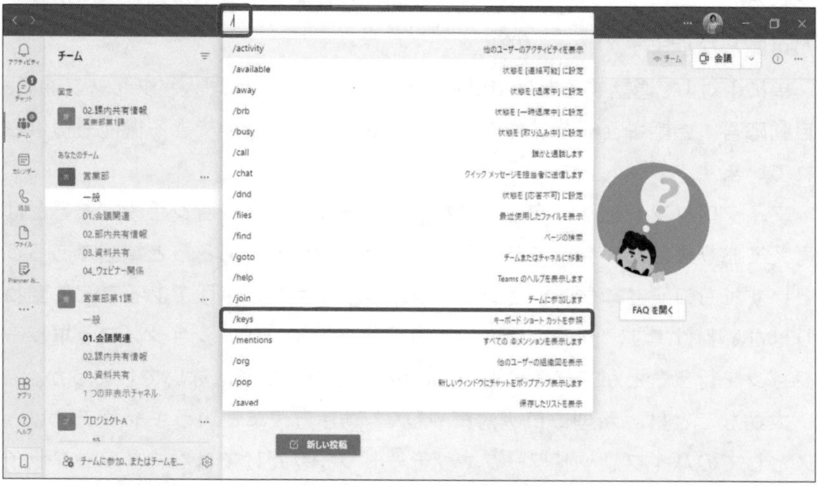

Microsoft 365 E5では、Teamsで電話機能が利用可能です。アドオンとして、下位のプランに電話システムのライセンスを追加できますし、中堅中小企業向けのプランには、Business Voiceというアドオンも準備されています。そのようなライセンスに加えて、日本では通信会社と契約したり、オンプレミスにSBC（Session Border Controller）という装置を設置するダイレクトルーティングという方式を準備したりすることで外線発着信の電話が可能となります。

単に1対1で通話するだけではなく、転送や保留、代理人、グループ通話、自動応答、通話キューなど含めてコールセンターで利用できる機能も提供されています。

マイクロソフト社は、電話だけが別のコミュニケーション手段であるとは考えておりません。会話であろうとオンライン会議であろうと電話であろうといずれもコミュニケーションやコラボレーションの手段であることに変わりはないわけです。シーンに応じて最適なコミュニケーション／コラボレーションを行うことができるのもTeamsの特徴の一つではないでしょうか。

大切なことは、新型コロナ対策やDX・働き方改革というキャッチフレーズとしてのハイブリッドワークやリモートワークだけではなく、ワークライフバランスも考慮しながら生産性を向上し、より多くのことを達成し、これまでにない新しい価値を生み出していくかということではないかと思います。

Teamsでも電話機能が利用可能

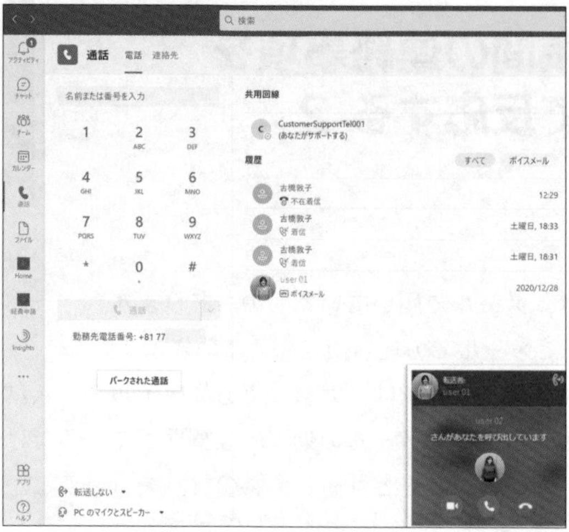

2-4 前日や夜間の連絡事項を確認して反応する 2

前日や夜間の連絡事項には、メールで届いているものもあります。ここでは、Outlookを活用したメールでの仕事術を考えていきます。

Microsoft 365として利用するOutlookは、大容量でありウイルス・スパム対策が万全で、電子メールの送受信やメールの効率的な整理ができるだけでなく、予定を登録してチームのメンバーと共有し会議の計画を行うことができるアプリです。Teamsとも強力に連携します。上位プランやアドオンの導入が必要な場合もありますが、Microsoft 365では、未知のウイルスや標的型攻撃メール対策、メール本文に対する不正なリンクへの誘導などの防御も可能で、安全・安心にメールの送受信が可能です。

私たちユーザーは、Outlookを利用しますが、マイクロソフト社のデータセンターではExchange Onlineというサービスが稼働しており、Outlookはクライアント側のアプリとして利用します。Outlook単体で利用する場合と比べてExchange Onlineの各サービスと連携できるため、より多くのことができます。

メールは、非常に重要なコミュニケーション手段であり、組織内・組織外ともにメールを送受信しメールを起点として仕事が始まることが多かったと思います。今日では、企業によってはOutlookに加えてTeamsを起点として仕事が始まる場合も少なくありません。組織内のやり取りは、メールではなくTeamsを使いましょう、としている企業もあります。また、組織外のユーザーでもプロジェクトのチームにゲストとして参加しTeamsでやり取りすることも増えています。ただし、メールを送受信することがないわけではなく、組織内での一斉メールやTeamsにおいてチームを作成する前の組織外とのフォーマルなやり取りなどはメールを利用することがあります。

組織内でTeamsを中心に使うと決めた場合、原則はチームに参加しているメンバー同士が、チームのチャネルでやり取りをします。すなわち、日常的に一緒に仕事をしている人同士のやり取りになります。時には、限定的に全く別の部署の人と会話をする場合もあります。では、チームに参加していない人とはどのようにしたらよいのでしょうか。その場合、メールを送信するのではなくTeamsのチャット機能を使った1対1のコミュニケーションが可能です。メールでは自分や相手の上司にもCCを付ける場合があります。Teamsでは、グループチャットを作ることができるため、相手の上司や自分の上司もグループチャットのメンバーに加えて、Teamsでコミュニケーションが可能です。

その際、便利な機能がチャットにある［組織］タブです。組織であらかじめ設定することで、相手とのチャット上の［組織］タブから上司や部下が一目で分かるため、上司や部下をすぐにグループチャットに加えることができます。ただし、1対1のプライベートチャットやグループチャットでのやり取りは、一時的な会話とすることをお勧めします。現時点でチャットでは、書式の設定はできますが件名を付けたりスレッド化したりすることができません。複数の話題があった場合やチャットで投稿や返信をした場合、どの話題に対するものかが分かりにくくなります。継続的にそのメンバーで会話する場合は、そのメンバーが参加するチームを作成しチャネルで会話するのがよいでしょう。

組織タブ

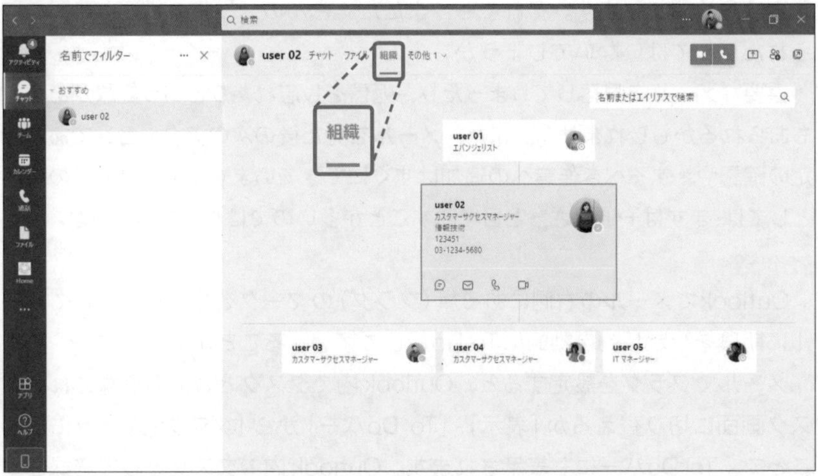

グループチャット

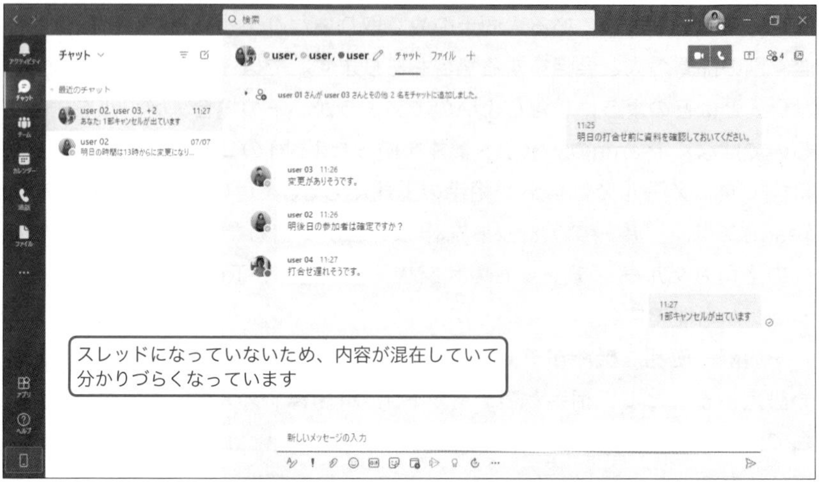
検索
チャット
最近のチャット
user 02, user 03, +2 11:27
あなた: 1部キャンセルが出ています
user 02 07/07
明日の時間は13時からに変更になり...
user, user, user
チャット ファイル
user 01 さんが user 03 さんとその他 2 名をチャットに追加しました。
11:25
明日の打合せ前に資料を確認しておいてください。
user 03 11:26
変更がありそうです。
user 02 11:26
明後日の参加者は確定ですか？
user 04 11:27
打合せ遅れそうです。
11:27
1部キャンセルが出ています
スレッドになっていないため、内容が混在していて
分かりづらくなっています
新しいメッセージの入力

ここまででOutlookを利用するシーンは、組織内の一斉メールと社外とのフォーマルなやり取りと後述する予定表の利用ということになります。ではメールでの仕事術に移ります。

前提としてOutlookは、単なるメールアプリではなくTeams同様、仕事の起点となるアプリであることに変わりはないと思います。ここではメールについて掘り下げていきます。

Teamsの利用により、目に見えてメールの数が少なくなったというような声は多く聞かれます。それでも、まだたくさんのメールの処理に時間を取られたりしてはいないでしょうか。

重要なメールを見落してしまったり、返信をし忘れたりという経験がある方もおられるかもしれません。また、メールを見た後の次のアクションである予定の確認や、するべき作業への追加はすぐにできていますか？　メールの処理としては、まずは一通りざっと目を通すことが多いのではないでしょうか。

Outlookでメールの右側にある旗（フラグ）のマークを右クリックしてメールに期日を設定し、自動的にTo Doとして管理することができます。

メールでフラグを設定すると、Outlook内でタスクとしても登録され、タスク画面に切り替えるか［表示］-［To Doバー］から［タスク］をオンにすることで、To Doバーにも表示されます。Outlook内でタスクとして登録され

たものは、Microsoft 365のサービスのひとつであるTo Doと連携することも可能です。

フラグ付きのメールをフィルターしたり、フラグの状態ごとに並べ替えたりも可能です。

フラグとTo Doバー

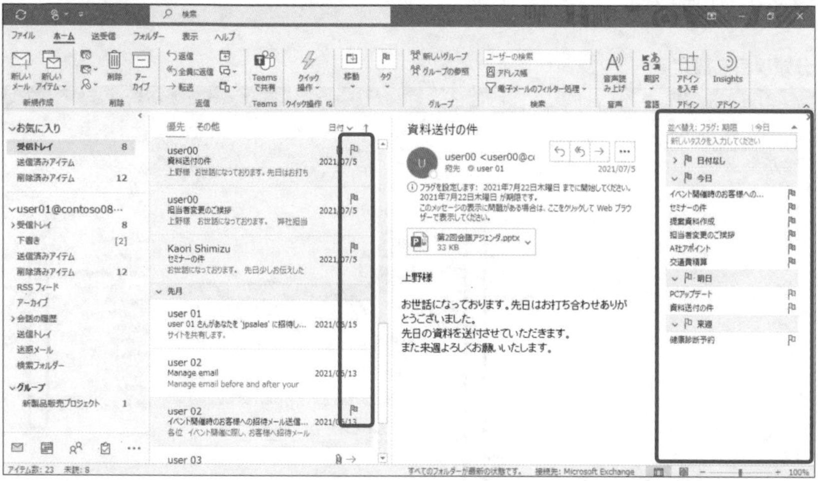

Outlookタスク

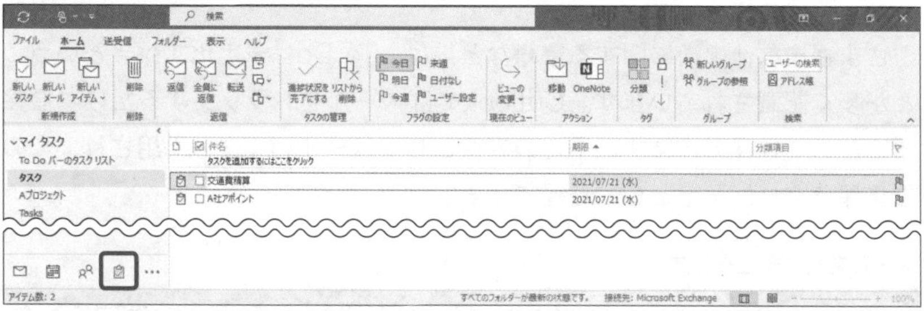

Microsoft To Do

次は、メールの分類です。Outlookではメールを受信した際、「上司からの指示」「セミナー、イベント関連」など受信メールの差出人や内容などに応じて色分けした分類項目を付与できます。こうしておくと、一目で仕事の内容を判別できるようになります。

分類項目は、用途に応じて複数作成でき、分類項目名なども自由にカスタマイズが可能です。

分類項目を設定

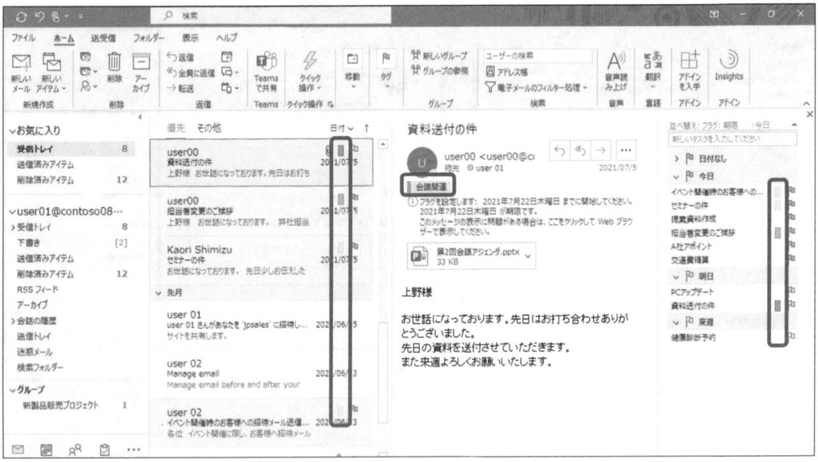

さまざまな仕事術に関する書籍などには、To Doは予定化すべきということが多く記載されています。Outlookではメールをドラッグするだけで直接予定として登録できます。予定の内容としてメールの本文も引用され、このまま保存すれば予定として登録できます。

メールを基に予定を作成

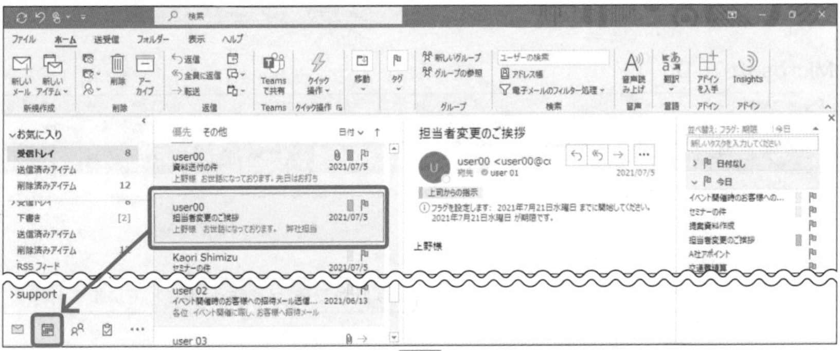

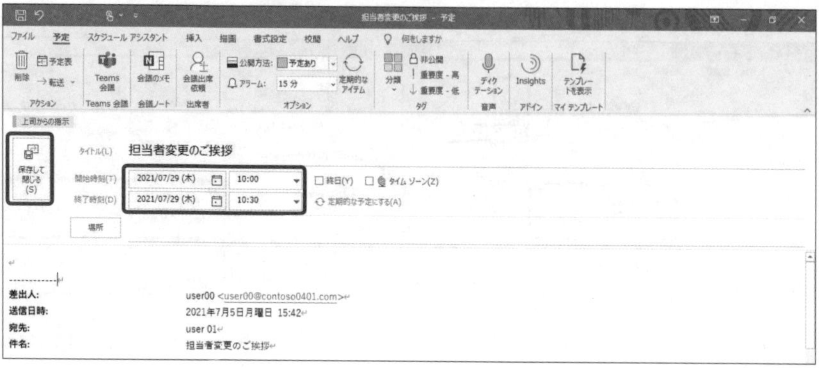

フラグや分類項目はまとめて設定することもできます。「今日・上司からの指示」などOutlookではワンクリックで設定できます。これはクイック操作というものです。

クイック操作の作成

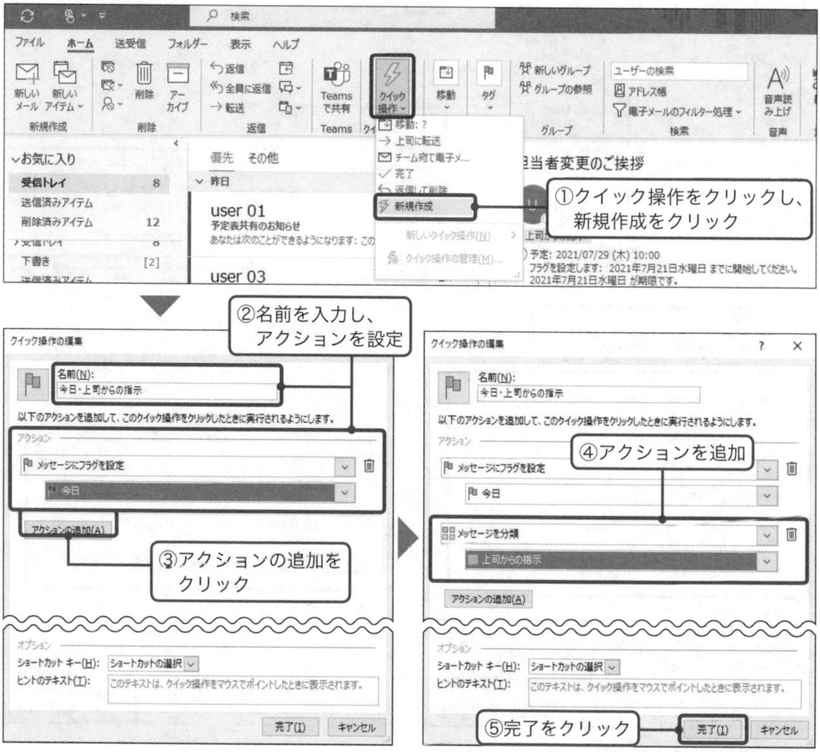

クイック操作の設定

他のクイック操作の例として、フラグや分類が設定されている前提で「○○さんに転送」を作成してみます。

「メールの転送」のクイック操作を作成

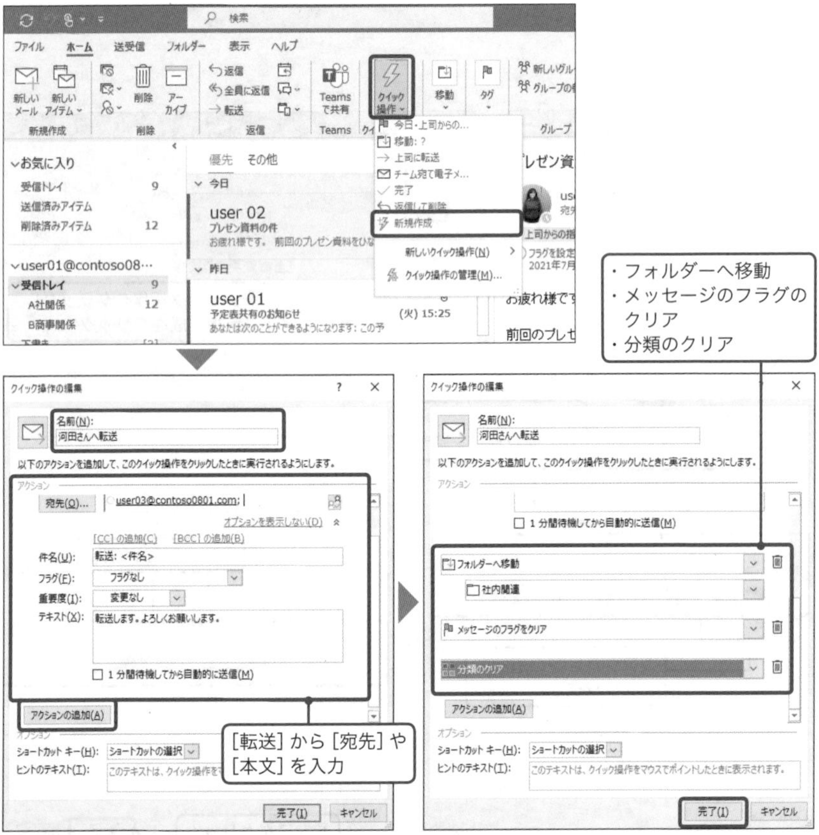

複数のアクションを登録しておくことで、ワンクリックで転送できます。その他のアクションの例：

- **フォルダーへ移動**：実行時にフォルダーを選択する（仕訳ルールを設定していない場合に有効）
- **新しい会議**：メールの画面から会議を設定する
- **メッセージのテキストを追加した予定を作成**：ドラッグに加えて、メールの画面から予定を登録する
- このスレッドのメッセージを自動的に移動

その他のアクションの例

ここで共有メールボックスを紹介します。共有メールボックスとは、ユーザーのメールボックスとは別に作成可能なライセンス不要のメールボックスです。以下のような用途や特徴があります。

- 会社の代表アドレスやサポート窓口などとして利用する
- メンバーが共有メールボックスの「受信トレイ」で同じメールを確認する
- メンバーの誰かが共有メールボックスの「受信トレイ」のメールを閲覧すると既読になる
- 送信するメールの差出人名を共有メールボックス名にする
- 送信したメールは、共有メールボックスの送信済アイテムにも保存される（組織で設定していた場合）

なお本書では、メールにファイルを添付することは推奨しておりません。容量の制約があることに加えて、ファイルはTeamsやSharePoint Onlineで共有することが、バージョン管理を含めて効率的であると思われるからです。添付ファイルをzip化して後からパスワードを送信する方式は、「セキュリティ上望ましくない」とほとんどのセキュリティの専門家が唱えています。また誤送信防止のために、何回かクリックする必要がある仕組みを導入した場合、操作ミスを誘発するかもしれません。

Outlookでメールにファイルを添付したい場合は、［添付ファイル］ボタンからOneDriveで共有することができます。またファイルに対するアクセス権も設定できるため、この方法がよいでしょう。

メールに OneDrive ファイルを添付

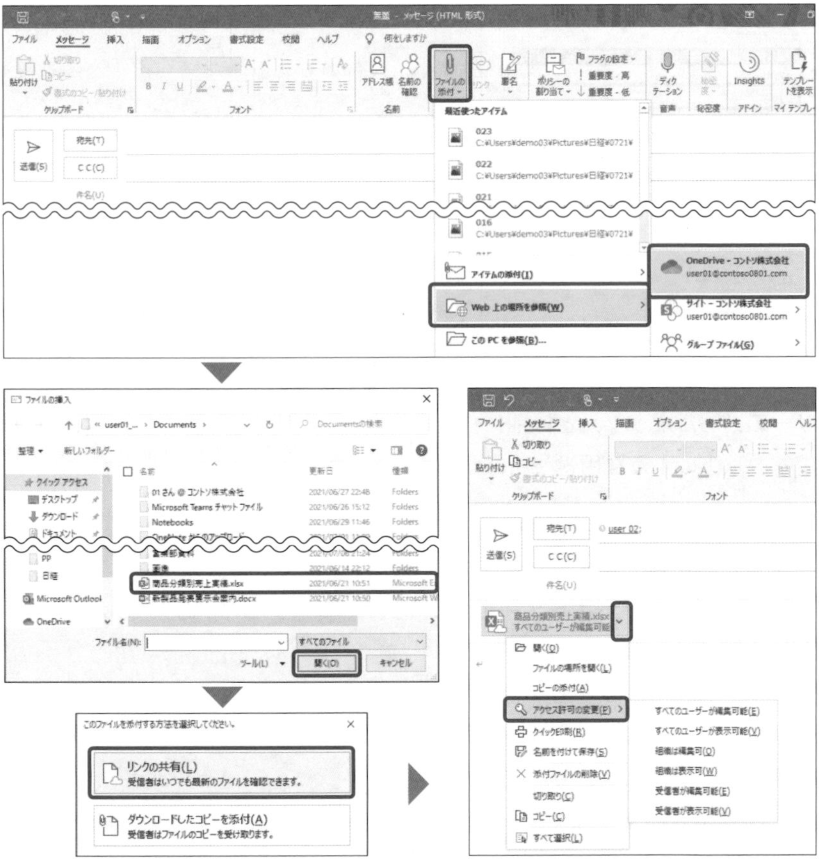

なお、メールや添付ファイルを暗号化したい場合は、Microsoft 365のプランにもよりますが、秘密度ラベルを利用したラベリングが望ましいと思われます。ファイルにアクセス可能な利用者のIDがあってはじめて復号化できるため、今日のトレンドであるIDベースのセキュリティを実装できるからです。これらは組織内での利用が一般的ですが、組織外宛てのメールを暗号化する場合は、Office 365 Message Encryption（OME）機能の導入をお薦めします。

ここからはTipsとしてOutlookの便利な機能を紹介します。なお予定表や会議の計画については、後続の節で扱います。

Teamsでの情報共有が中心である場合、メールで届いた内容をTeamsのチームのチャネルに共有したいという場合もあるでしょう。メールを選択後、［Teamsで共有］を利用して、Teamsに共有することが可能です。

Teamsでメールを共有

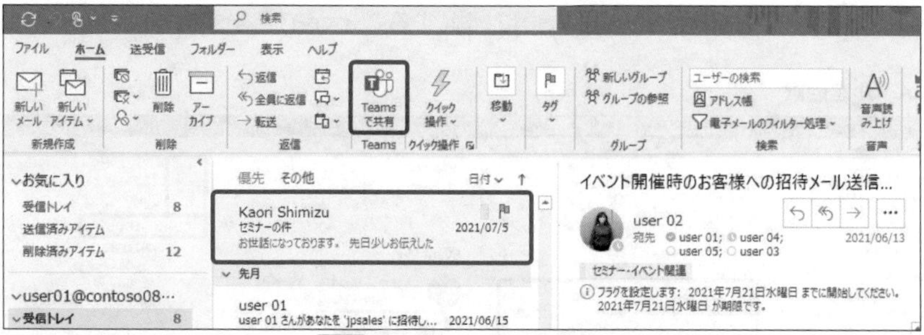

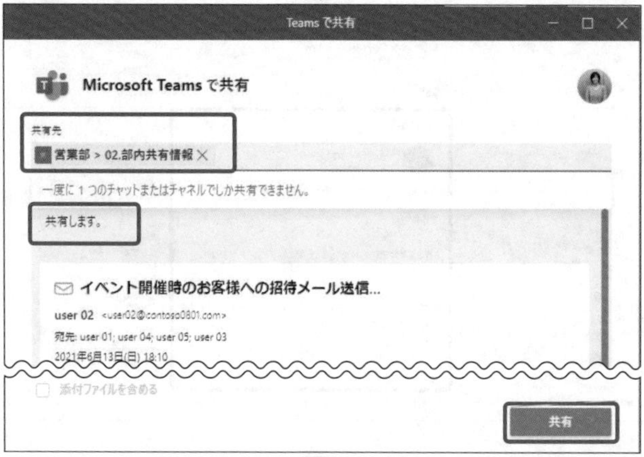

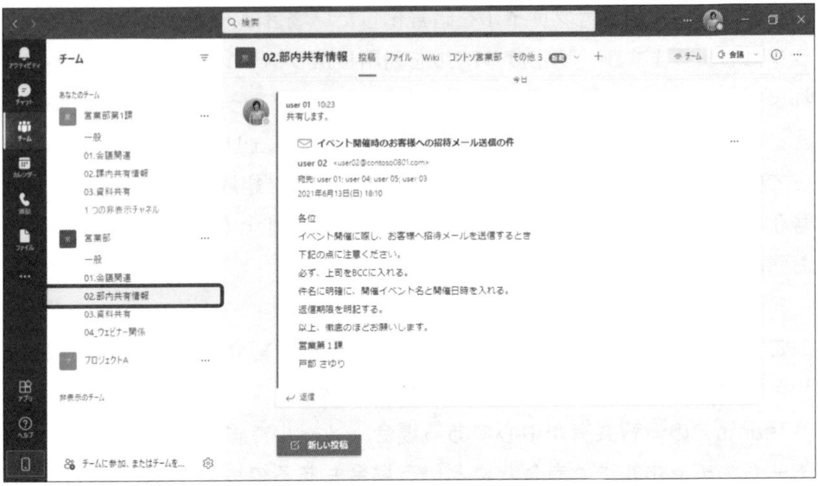

海外からのメールを受信した際、日本語に翻訳することが可能です。メール本文すぐ左上の［メッセージを日本語に翻訳する］またはリボンの［翻訳］-［メッセージを翻訳］から日本語に翻訳することができます。

メールを翻訳

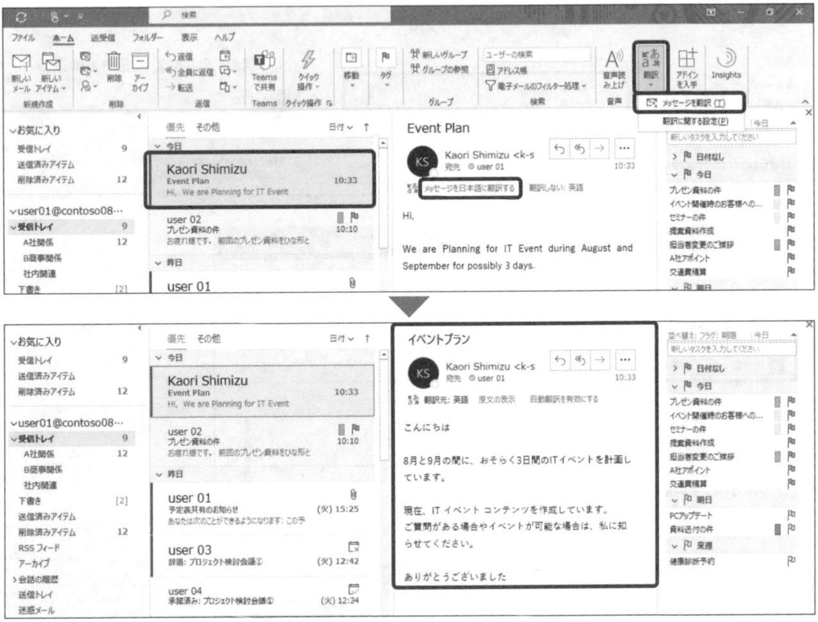

リモートワークでは、長時間働いてしまった、など勤怠管理も難しくなります。[Insight] を確認すると、業務に関する分析情報などが表示されます。

業務に関する分析もできる

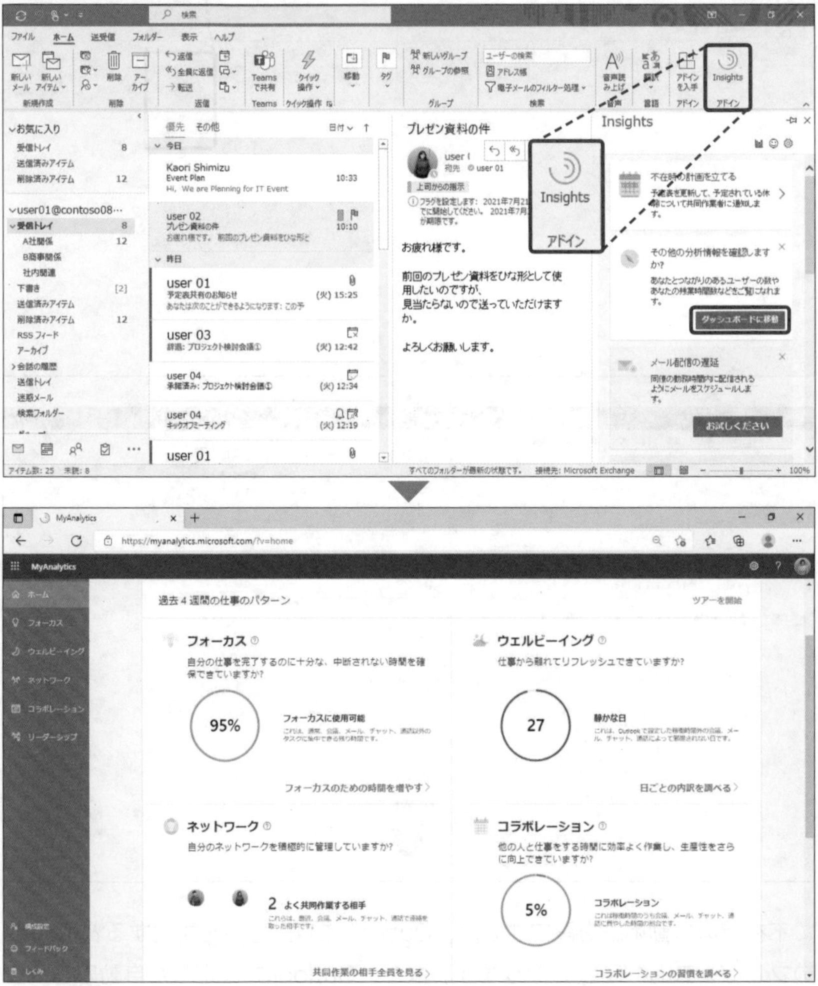

このほか、Outlookでは、音声入力ができる［ディクテーション］機能を使用して、素早くメールを作成することができます。

音声入力でメールを作成

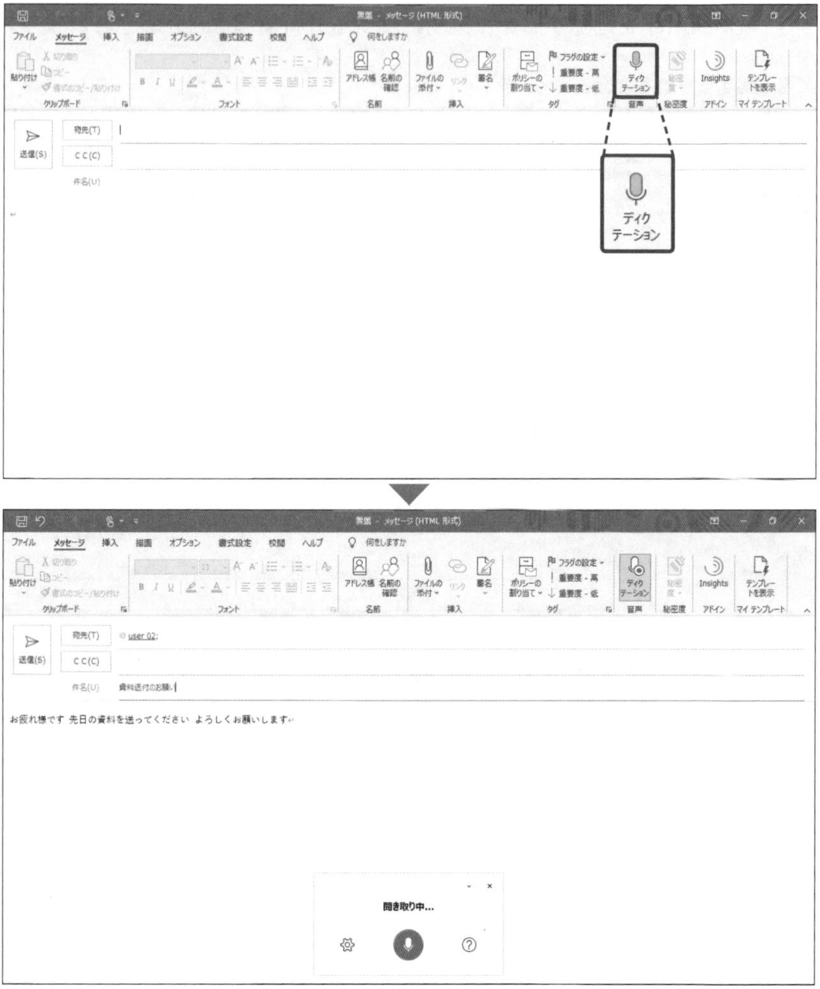

不在時の自動応答を設定する際、Outlookで自動応答を設定するとTeamsのプレゼンスも“不在”となります。また、Outlookで設定した自動応答メッセージが、Teamsの「ステータスメッセージ」に設定されます。

Outlookの自動応答

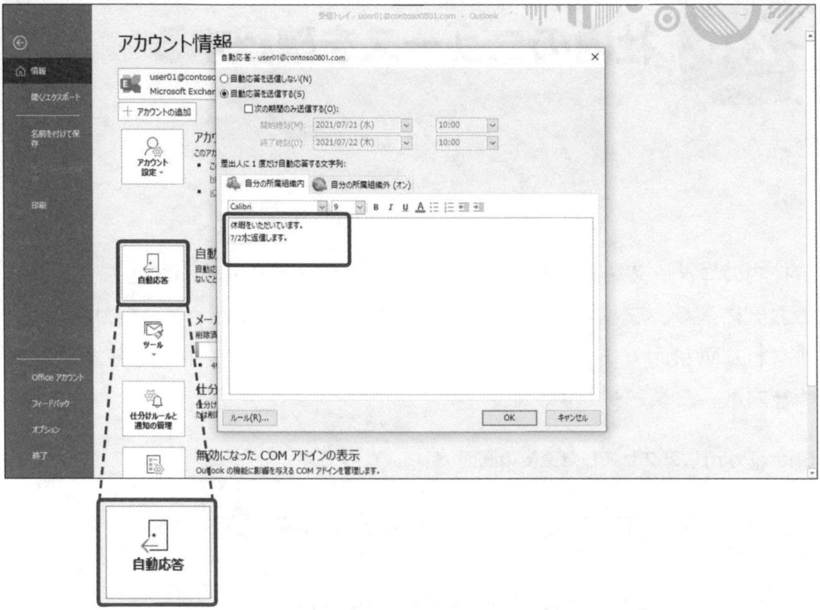

Teamsのステータスメッセージ

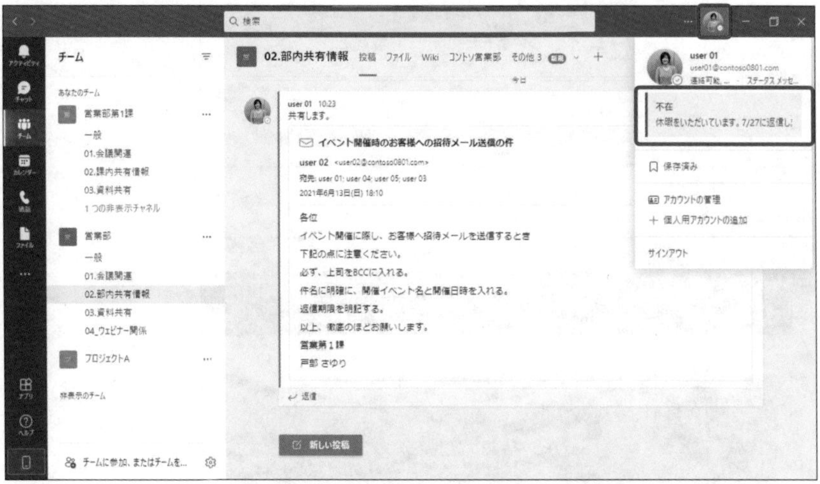

2-5 社内のニュースを確認する

社内のニュースを確認するには、Microsoft 365のホーム画面や登録済みのお気に入り、ブックマークなどからSharePoint Onlineというサービス、すなわちWebサイトを閲覧します。いわゆる社内のイントラネットサイトや社内ホームページです。

SharePointにアクセスした直後の画面

ホームサイト

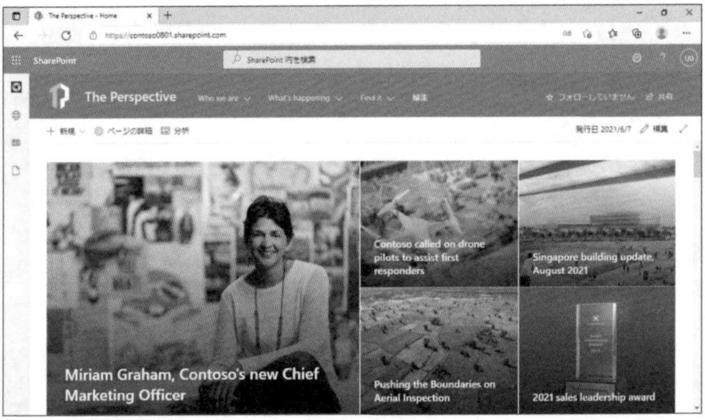

また、ニュースサイトの設定により複数の部門サイトのニュースがまとめられた形で閲覧も可能です。

ニュースサイト

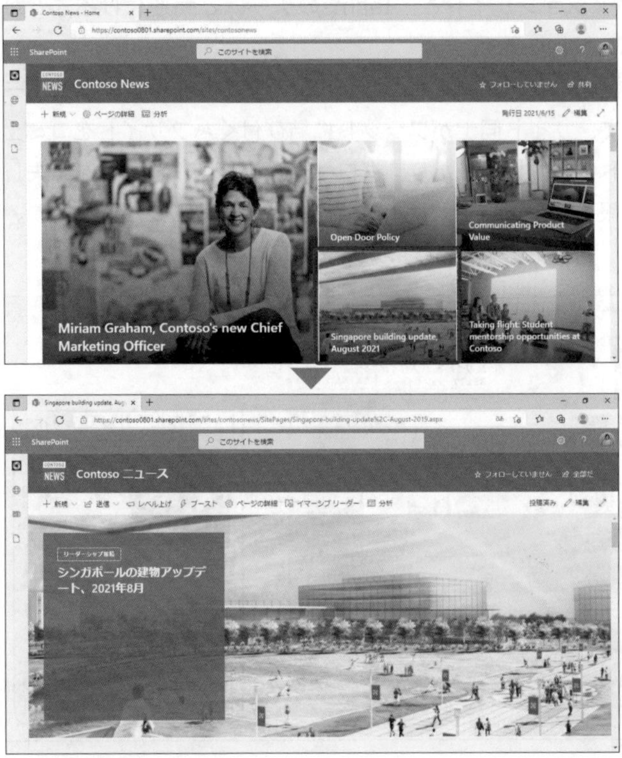

このSharePoint OnlineもExchange Onlineと同様に、昔からあるサービスです。当初はオンプレミスのSharePoint Serverから発展してきましたが、現時点ではニュースの発信やドキュメントの共有など、ユーザー自ら積極的に閲覧したいと思う美しく洗練されたデザインのレスポンシブな社内／部門ポータルが簡単に作成できるサービスです。もちろんアクセス権の設定も可能です。

コンセプトが素晴らしいだけに、以前のクラシックサイトと呼ばれる考え方や構築方法などの理解は少し難しい面もありました。時代とともにユーザーニーズに合わせて改善が繰り返され、現時点ではモダンユーザーインタフェースとも呼ばれ完成度が高まり、簡単に構築できるようになっています。デザインセンスに自信がなくても、HTMLやJavaScriptを知らないという人でも、美しいビジュアルのサイトがGUIのみで作成できます。

モダンユーザーインタフェースでは、組織のイントラネットサイトを構築できるコミュニケーションサイトと、Teamsのチームと関連付けることができるチームサイトがあります。

現時点では、上記のニュースサイトのほかに、組織のルートサイトやホームサイトを定義して、サイト同士がフラットに結び付くハブサイトをコミュニケーションサイト中心に構成したり、グローバルナビゲーションを工夫したりすることで情報を入手しやすいサイトに仕上げていくことが必要です。

サイト構成例

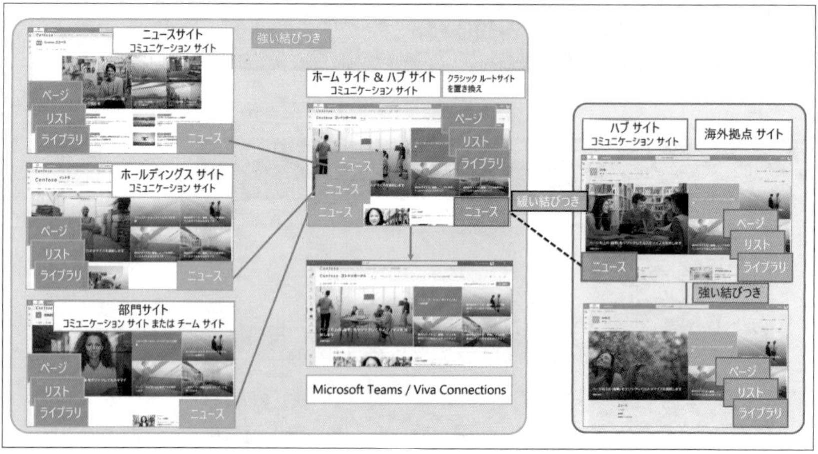

サイトとは、SharePoint Onlineのコンテンツであるページやリスト、ライブラリなどの集合体のことです。

各サイトのページでは、「ニュース」に加えて、「ヒーロー」、「クイックリンク」「イベント」などのWebパーツという部品が多数準備されており、それらの部品を挿入して誰でも簡単にページを構成できます。動画やリスト・ライブラリもWebパーツとして掲示可能です。

本節では、作成済みのSharePointサイトを閲覧することを前提に社内のニュースを確認します。また、本書では全般にわたり構築方法についてあまり触れておりませんが、SharePoint Onlineでの構築方法に関しては、本書執筆時点で考慮すべき点を簡単に触れておきます。SharePoint Onlineの構築はせず、利用するのみという人でも、SharePoint Onlineがどのような考え方で作成されているのかを確認していただければと思います。

Microsoft 365を導入する場合は、IT部門に加えて、総務部門や各業務部門のメンバーを加えたプロジェクトチームを立ち上げることが一般的であり、プロジェクトでのディスカッションの中にSharePoint Onlineのサイト構成をどのようにするのかが含まれるでしょう。特に各業務部門のサイト管理者として、自部門のSharePointサイトを作成・運用を行っていくためには、SharePoint Onlineの仕組みや考え方についての理解はとても重要です。

まず考慮すべきは上図のようなサイト構成を検討することです。

Microsoft 365を導入すると、ルートサイトと呼ばれる既定のサイトが以下のURLで準備されています。

https://（組織のドメイン）.sharepoint.com/

本サイトを組織のトップページとして位置付けることは可能です。最近のテナントでは、モダンユーザーインタフェースのコミュニケーションサイトがルートサイトとなっていますが、以前からSharePoint Onlineを利用している場合は、クラシックサイトになっています。この既定のサイトを利用するのか、または上記URLを指定した際に別のサイトを表示するのかを検討し、後者である場合は、別のサイトが完成した時点でIT管理者がアクセス可能なSharePoint管理センターから元のルートサイトを別のサイトに置き換える設定を行うことができます。

また、SharePoint Onlineでは組織のトップページをホームサイトと呼び、ホームサイトの設定を行うことができます。従って、既定のサイトかルートサイトを置き換えて別のサイトをホームサイトとして設定するとよいでしょう。ホームサイトとして設定することで、ホームサイトの［設定］メニューからSharePointアプリバー、すなわちグローバルナビゲーションを構成することができます。

組織のサイト構成を検討するにあたって、情報入手のしやすさに影響するためグローバルナビゲーションはとても重要です。

グローバルナビゲーション

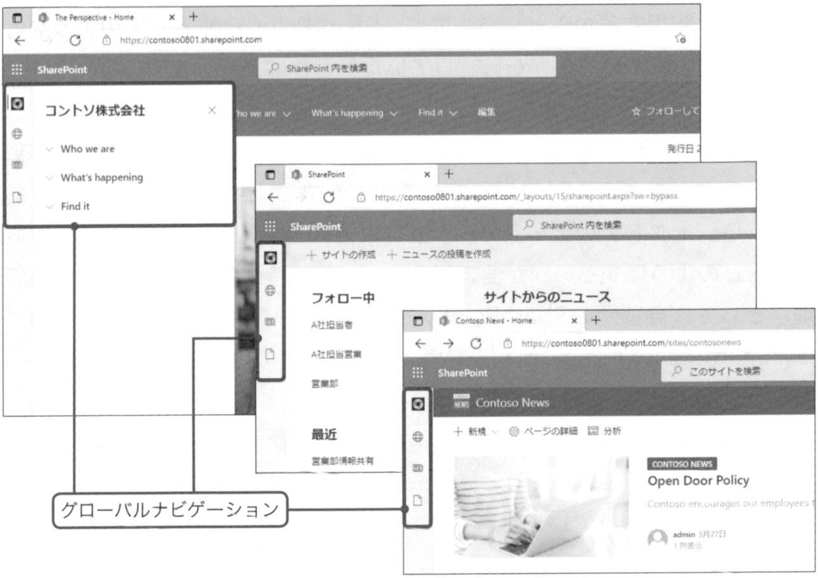

Teamsを積極的に利用している場合、Teamsから離れることなくホームサイトをTeams内から閲覧できるViva Connectionという仕組みを利用することも可能です。

Teams内からSharePointサイトを閲覧

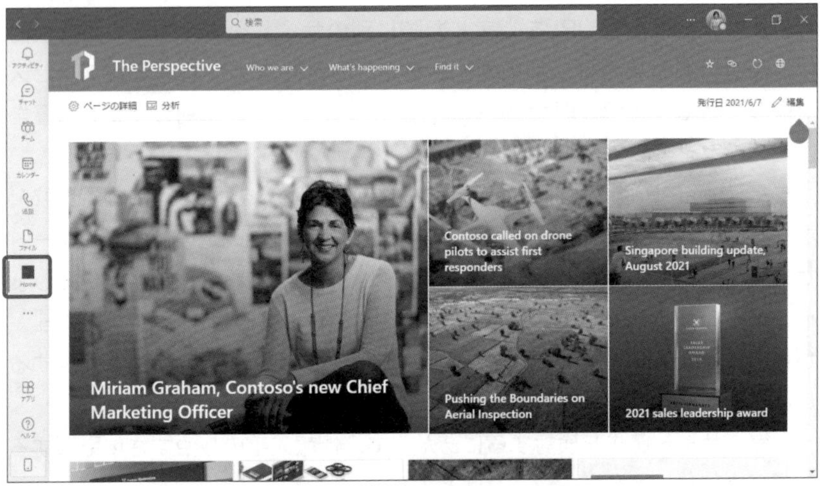

ルートサイトやホームサイトを位置付けたら、ニュースサイトやハブサイトを並行して検討します。

ニュースサイトとは、組織のニュースやお知らせなどを掲示するサイトです。組織のニュースにもホールディングス会社から発信するものや各業務部門でのニュースなど、さまざまなものがあります。それらのニュースは、どの部門の利用者が閲覧できればよいのかという問題もあります。ニュースWebパーツでは、当該サイトのニュースをどのサイトから掲示するのかを掲示順を含めて指定することができます（手動・自動）。対象ユーザー設定を有効化することで、特定の利用者のみに閲覧してもらうことも可能です。

また、組織のニュースサイトとしてマークすることで、掲示されるニュースに組織のニュースであることを視覚的に訴えることができるカラーブロックが表示されます。

ニュースサイト

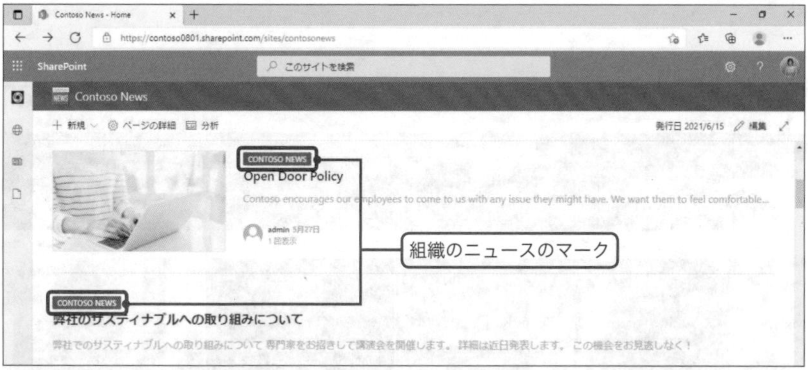

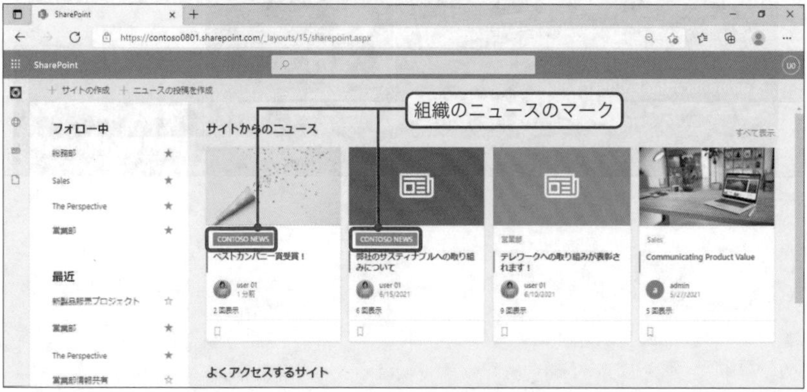

従来のクラシックサイトでは、親サイトの下にサブサイトを作成する階層構造でサイトを作成することが一般的でした。モダンユーザーインタフェースではサブサイトの作成は可能ですが、各サイトを独立して作成するのが一般的で、ホームサイトやホールディングス会社などのサイトをハブサイトとして設定して、他のサイトをハブサイトに関連付けることができます。サイト同士は独立しているもののハブサイトに関連付けることで親子関係のような構造にすることが可能です。ハブサイトに関連付けることでハブサイトの外観が継承されるため、親子関係として統一したデザインにすることができます。各サイトは独立しているため、ハブサイトに関連付けたサイトを別のハブサイトに関連付けを変更することも容易であり、組織変更にも柔軟に対応できます。また、ハブサイトとハブサイトに関連付けたサイトのアクセス権限の関係性も一切なく、それぞれ独立したアクセス権限で運用することになります。なお、ハブサイトのナビゲーションも十分に検討する必要があります。

ハブサイト

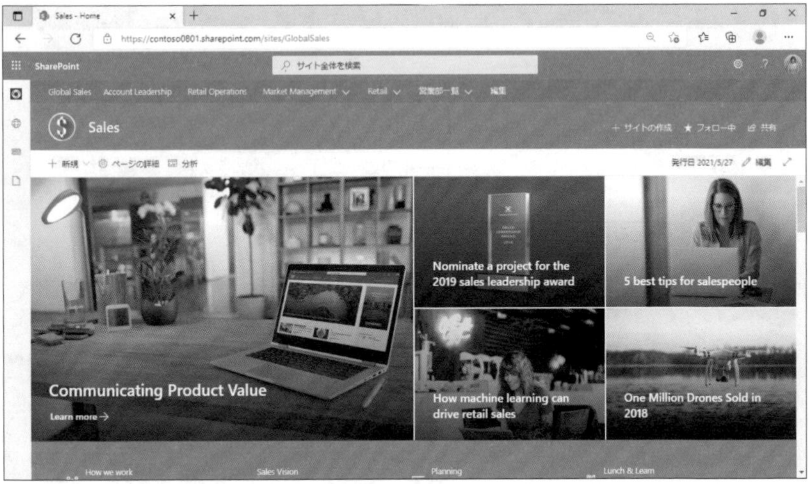

ハブサイトに関連付けたサイト

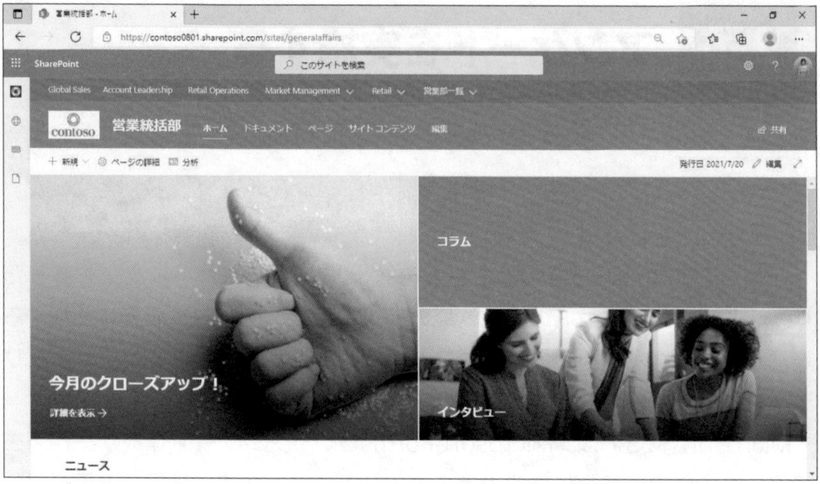

　ここまでで、サイト構成を検討することの重要性を簡単にお伝えしました。ルートサイト、ホームサイト、ニュースサイト、ハブサイトといったSharePoint Onlineのサイトの考え方を理解し、適切なサイト構成を検討してください。

2-6 アンケートを実施する

仕事を進めるにあたって、チームのメンバーや関係者から意見を募ったり、セミナーやイベントの実施結果の感想などアンケートを収集したりする際、インターネット上のフリーのアンケートツールを利用すると、セキュリティや個人情報漏洩など心配材料は多いでしょう。

Microsoft 365では、Microsoft Formsというアンケート作成サービスを利用して、誰でも簡単に作成できます。クイズにも対応し正解・不正解の判断や採点も可能なため、学校での小テストなどでも利用可能です。

アンケート結果は、すぐに集計され視覚的に分かりやすく表示されます。

アンケート作成画面

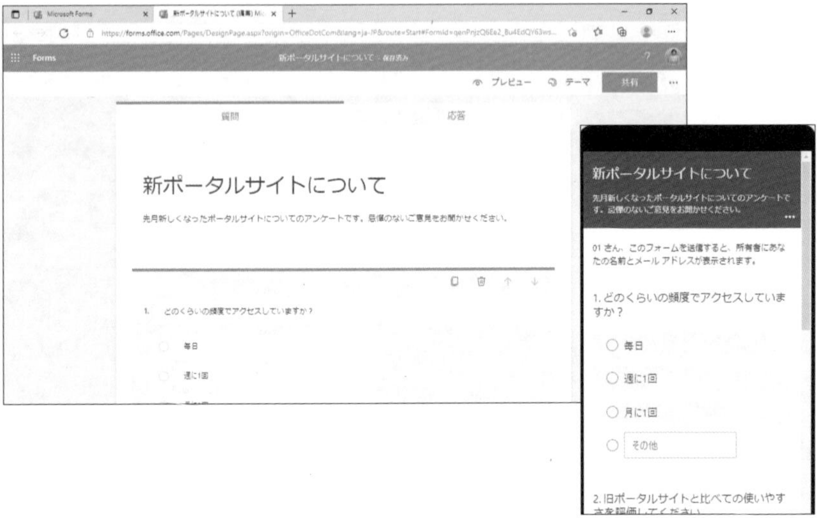

結果画面

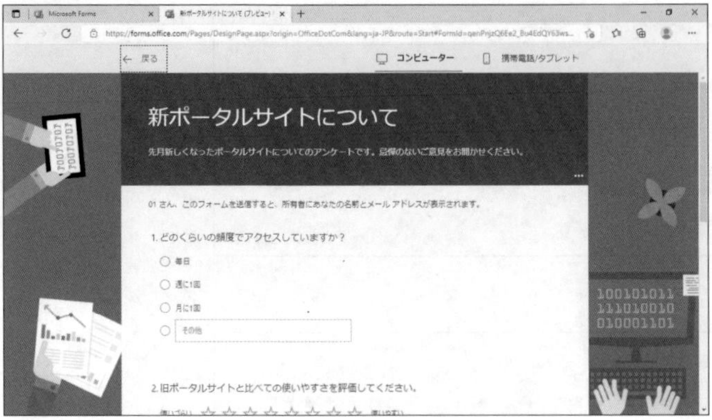

作成できるアンケート項目としては、「選択肢」や文字入力する「テキスト」、☆の数や数値で表す「評価」、カレンダーから選択できる「日付」などの代表的なものに加えて、「ランキング」や「リッカート」「ファイルのアップロード」「Net Promoter Score」（顧客ロイヤルティを測る指標）など、高度なアンケート項目にも対応しています。

同種のアンケート項目ごとに区切るセクションや、選択された回答により異なるアンケート項目に誘導する分岐など非常に柔軟な設定が可能です。

また、アンケート全体にアンケート内容にふさわしいテーマというデザインや図を挿入して、回答意欲を高める工夫もできます。

選択肢や評価など、アンケート項目は豊富

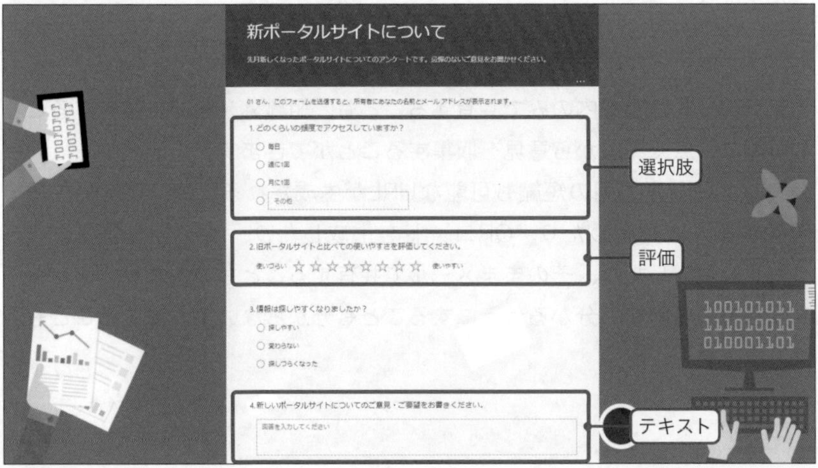

ランキング

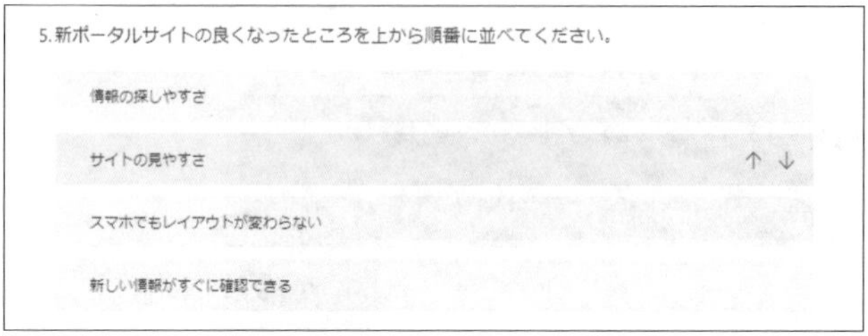

リッカート

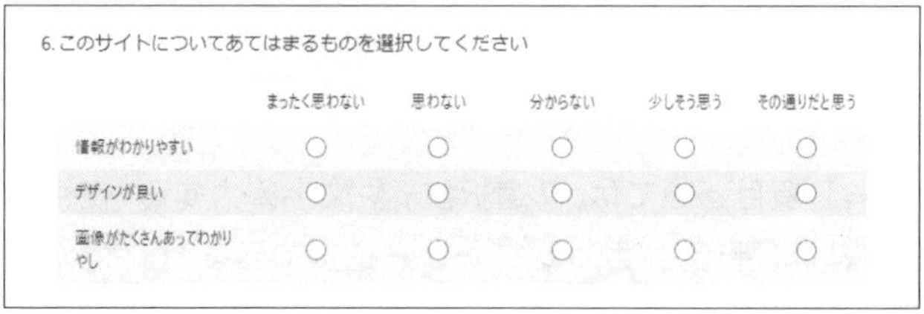

ファイルのアップロード

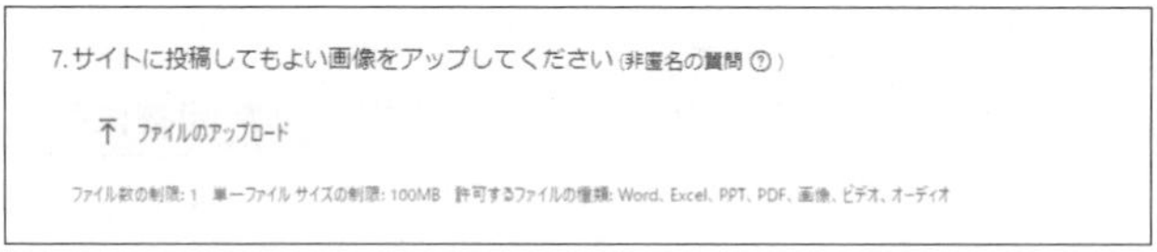

Net Promoter Score

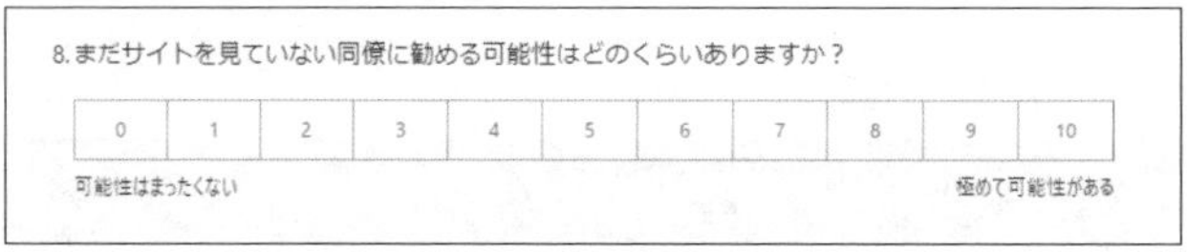

アンケートは組織内のみで共有することも、組織外を含めて共有することも可能で、広く一般から意見を収集することができます。

アンケート入力用の短縮も可能なURLが生成されるため、Teamsなどで回答する人に共有したり、QRコードを生成したり、サイトへの埋め込みコードを生成したり、そのままメールで共有することもできます。アンケート回答者の名前を、分かるようにすることも分からないようにすることも選択可能です。

URLやQRコード、埋め込みコードの生成も可能

アンケートの回答期間のオン／オフの切り替えやアンケートの開始日と終了日を指定することもでき、時間も指定できるためクイズやテストにも応用可能です。

質問をシャッフルしたり、進行状況を表示してアンケート回答者のストレスを感じにくくしたりすることもできます。受信確認やアンケート回答後のお礼のメッセージまでカスタマイズできるため、かゆい所に手が届くサービスともいえることでしょう。

また、あらかじめ回答用紙を印刷しておくことができるため、従来のような紙のアンケート用紙を配布するパターンにも対応しています。

豊富な回答オプション

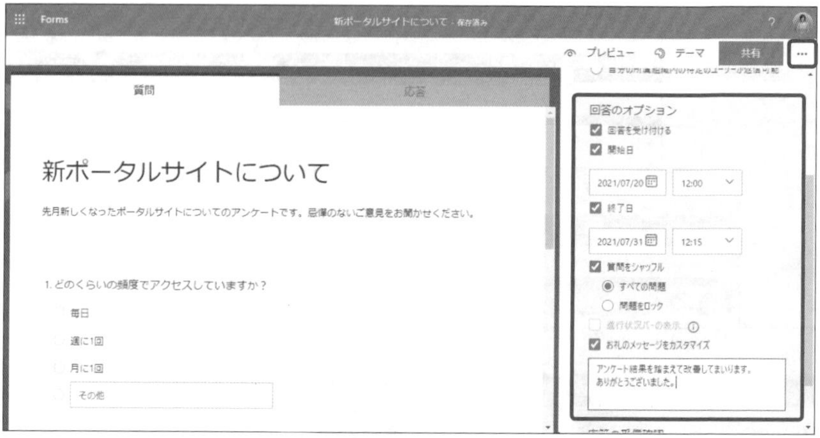

結果の集計画面では、質問ごとにグラフ表示したり、回答にかかった時間やアンケートを個別に表示したり、印刷したりできます。Excelにエクスポートできるため、必要に応じて自分で詳細な集計を行うことも可能です。

集計結果をExcelにエクスポート

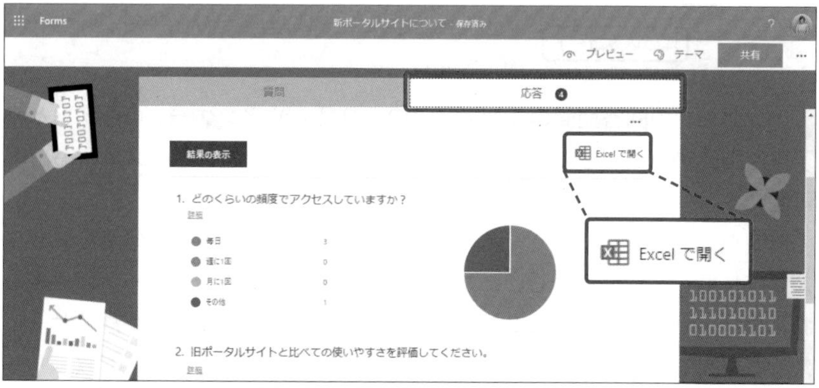

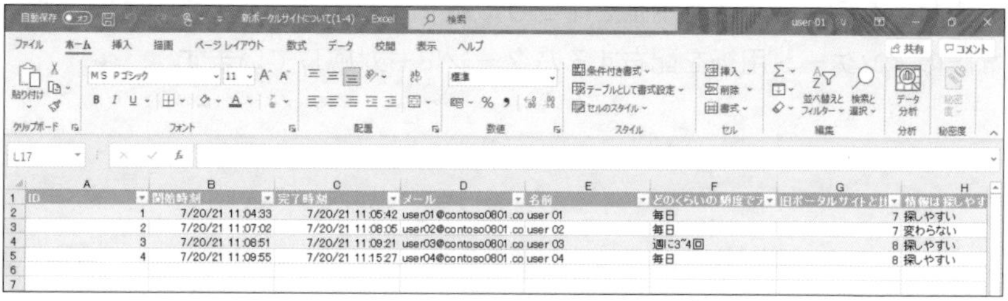

Teamsのチャネルのタブに追加すれば、Teamsから離れることなく、アンケート入力から結果確認までシームレスに実施することができます。

Teamsで確認できる

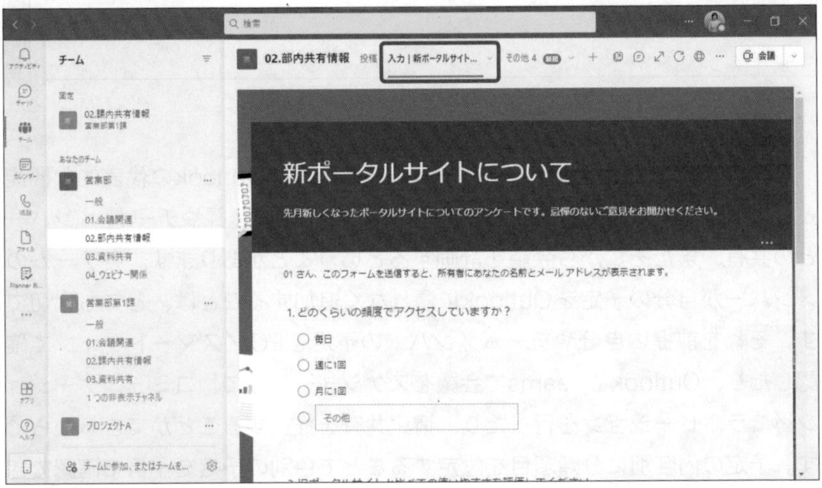

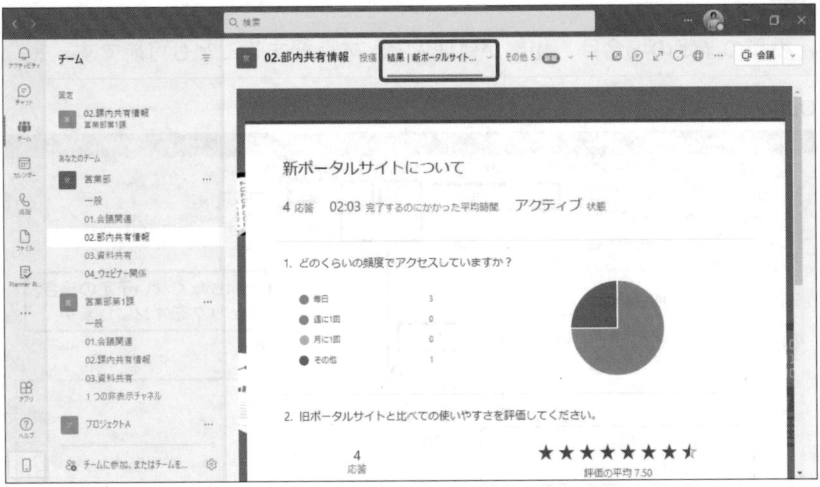

2-7 予定を登録する

自分の予定をOutlookから都度登録しましょう。Outlookの代表的な機能として、メールの送受信に加えて、予定表にて予定の登録やチーム メンバーとの共有、またそこから会議を計画するということがあります。各チームのメンバーが自分の予定をOutlookに漏れなく追加することは、とても大切です。それを前提に自分やチームメンバーの予定をPC／スマートフォンで確認したり、OutlookやTeamsで会議をスケジュールして、コミュニケーション／コラボレーションを行ったり、情報共有を推進することができるからです。予定の内容別に分類項目を設定することで色別の予定を一目で確認できます。

役員の予定の場合は、秘書が代理人として登録することも可能です。

Outlookで予定を登録

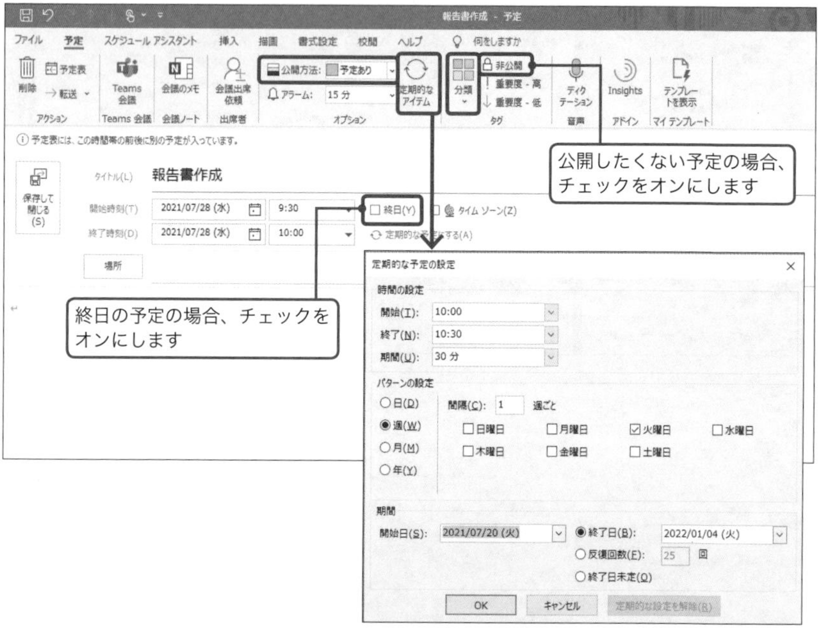

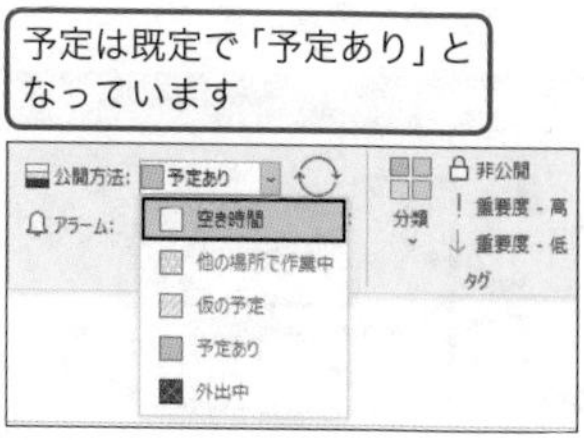

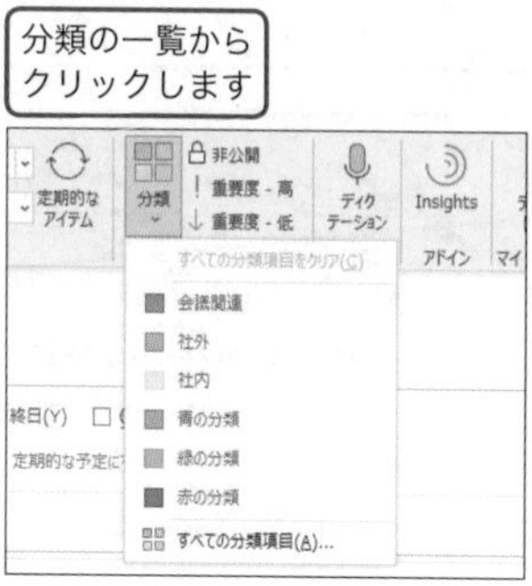

予定表では、予定の登録状況に合わせて、[日] [稼働日] [週] [月] など表示形式を任意に変更することが可能です。

予定表の表示形式

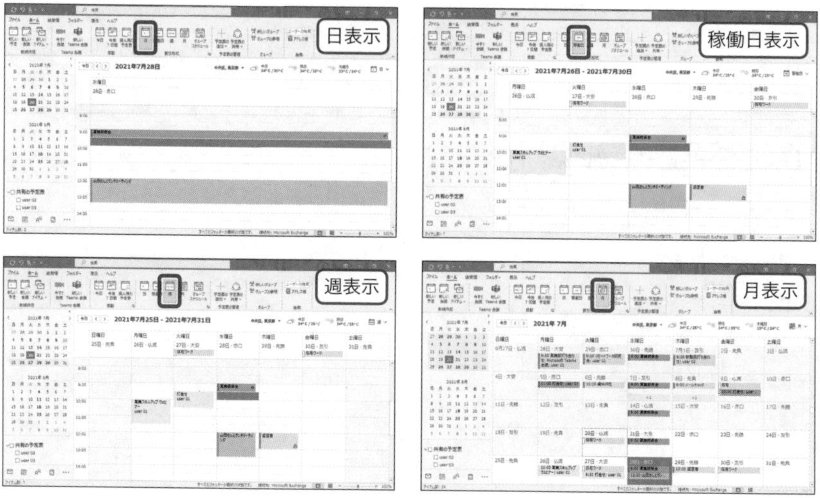

また予定表は組織の他のユーザーに共有されます。そのため、予定に登録されている件名などの情報を、どこまで詳細に相手に対して公開するのかを設定できます。これはIT管理者の方で一括設定もできますが、個々のユーザーが自分で設定や変更することが可能です。組織の状態に応じて設定しましょう。

予定表の公開先を設定

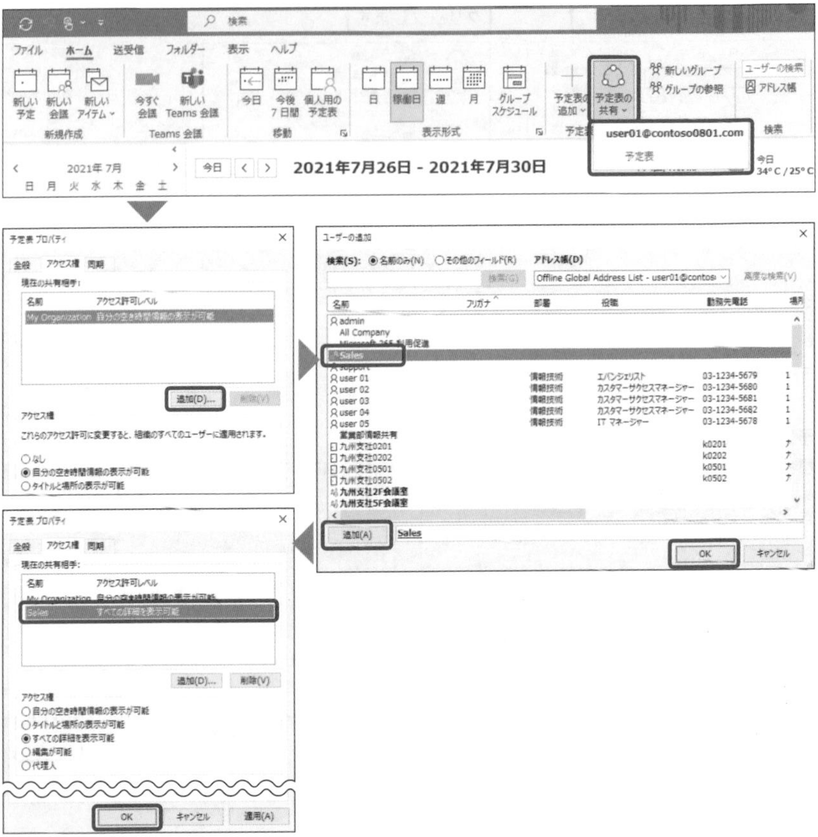

検索
ファイル
ホーム
送受信
フォルダー
表示
ヘルプ
新しい予定
新しい会議
新しいアイテム
新規作成
今すぐ会議
新しい Teams 会議
Teams 会議
今日
今後7日間
個人用の予定表
移動
日
稼働日
週
月
グループスケジュール
表示形式
予定表の追加
予定表の共有
新しいグループ
グループの参照
ユーザーの検索
アドレス帳
検索
user01@contoso0801.com
予定表
2021年 7月
日 月 火 水 木 金 土
今日
2021年7月26日 - 2021年7月30日
予定表 プロパティ
全般
アクセス権
同期
現在の共有相手:
名前
アクセス許可レベル
My Organization
自分の空き時間情報の表示が可能
追加(D)...
削除(V)
アクセス権
これらのアクセス許可に変更すると、組織のすべてのユーザーに適用されます。
なし
自分の空き時間情報の表示が可能
タイトルと場所の表示が可能
ユーザーの追加
検索(S):
名前のみ(N)
その他のフィールド(R)
アドレス帳(D)
検索(G)
Offline Global Address List - user01@contos
高度な検索(V)
名前
フリガナ
部署
役職
勤務先電話
admin
All Company
Sales
user 01
user 02
user 03
user 04
user 05
情報技術
エバンジェリスト
カスタマーサクセスマネージャー
IT マネージャー
03-1234-5679
03-1234-5680
03-1234-5681
03-1234-5682
03-1234-5678
営業部情報共有
九州支社0201
九州支社0202
九州支社0501
九州支社0502
k0201
k0202
k0501
k0502
九州支社2F会議室
九州支社5F会議室
追加(A)
Sales
OK
キャンセル
予定表 プロパティ
全般
アクセス権
同期
現在の共有相手:
名前
アクセス許可レベル
Sales
すべての詳細を表示可能
追加(D)...
削除(V)
アクセス権
自分の空き時間情報の表示が可能
タイトルと場所の表示が可能
すべての詳細を表示可能
編集が可能
代理人
OK
キャンセル
適用(A)

2-8 ハイブリッド会議を計画する 1

会議の計画は大変ではありませんか？　出席者の予定を確認して会議室を押さえたり、予定が変更になったけれども会議室が空いていなかったり、といった経験がある人は多いのではないでしょうか。

OutlookまたはTeamsでハイブリッド会議（会場で実際に会議に参加する人と、オンラインで参加する人をインターネットでつないで行う会議）を計画すれば、手間いらずです。

初めにOutlookでチームメンバーの予定表を共有し、会議の計画を行う方法を紹介します。

Outlookの予定表は、Teamsのカレンダーとも同期していますので、Outlookで計画した会議は、Teamsでも確認できます。

Outlookでは、自分の予定表画面でチームメンバーの予定表を開き、並べて表示することができます。並べて表示することで、チームメンバーが日々どのような活動を行っているのかが一目で分かります。また、重ねて表示することで、チームメンバーの共通の空き時間を調べることなどが可能です。グループスケジュールは、横並びのスケジュールです。上部の青い帯が途切れているところが、チームメンバーの共有の空き時間となります。

並べて表示

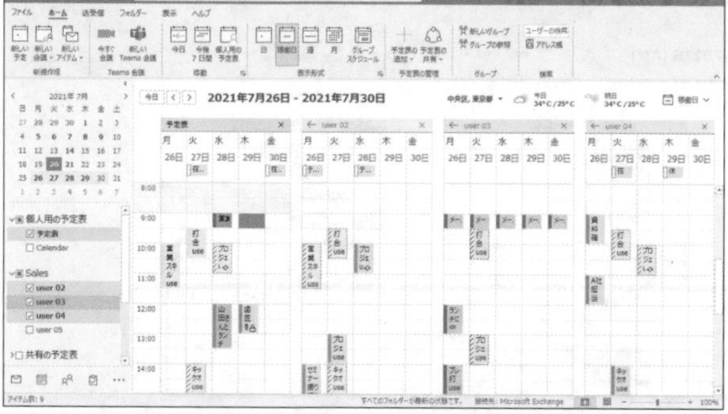

重ねて表示

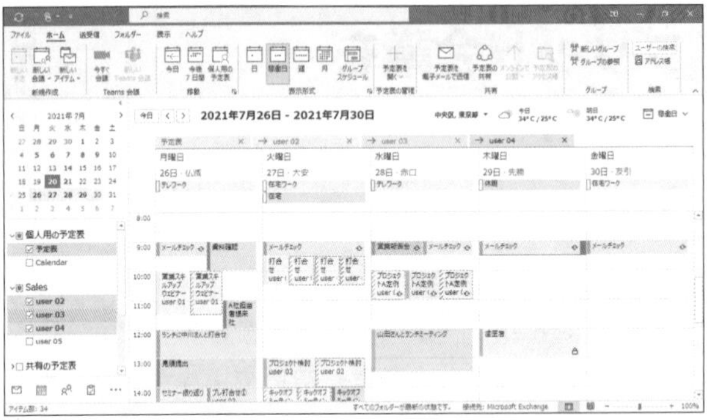

グループスケジュール

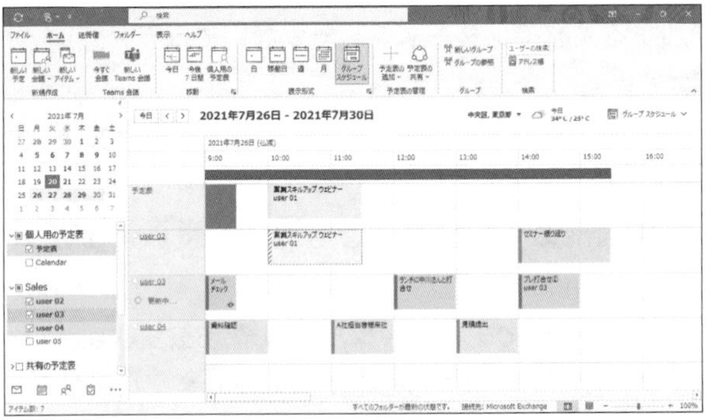

また、会議室やプロジェクターなどの備品の予定を表示しておくと、それらの空き状況も確認することができます。

空き状況を確認

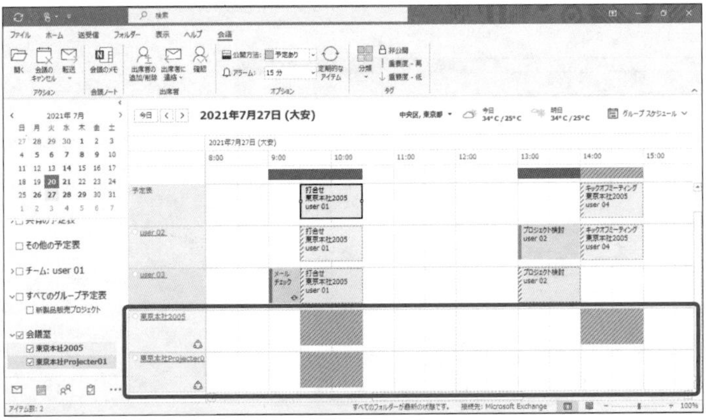

次に、グループスケジュールを使って会議を計画する手順を確認します。共通の空き時間から［全員で新しい会議］にて必要項目を指定します。ハイブリッド会議を行う場合は会議室が必要です。そこで［会議室検索］を利用しましょう。必要な機材をフィルターして検索することができます。

会議室検索

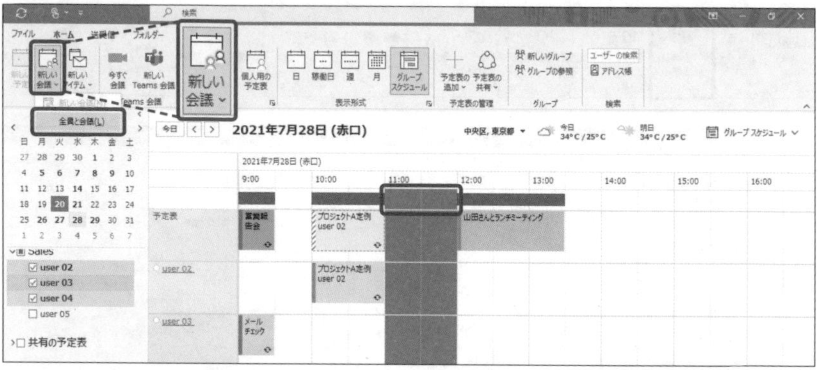

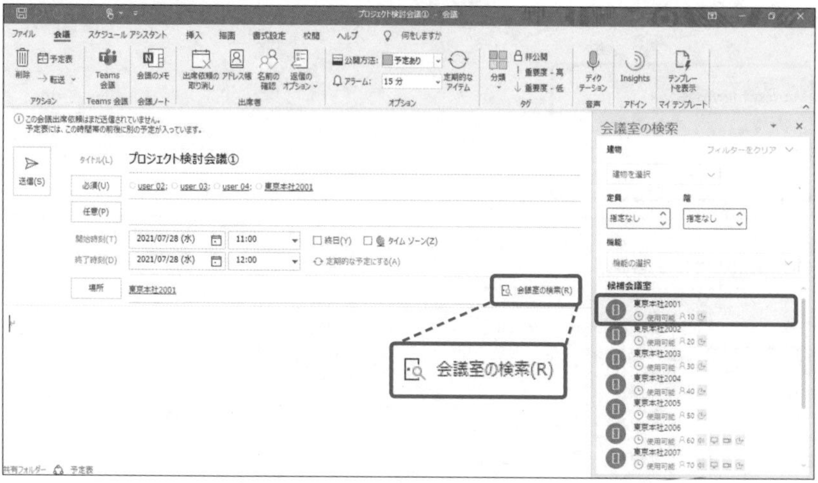

また、［Teams会議］をクリックするだけで、Teams会議に参加するためのURLが本文に挿入されます。Outlookの［オプション］-［予定表］から［すべての会議にオンライン会議を追加］をオンにします。これをしておくと、既定でTeams会議のURLが本文に挿入されるようになるので、Teams会議のURLをスムーズに準備できます。また［予定と会議を短くする］で［早く

終了]にして、できるだけ会議時間を短くするようにします。今日では、会議時間は30分以内と決めている企業もあるようです。[送信]すれば、会議室や各メンバーに会議開催通知が送信されます。

Outlookの予定表にTeamsのURLを追加

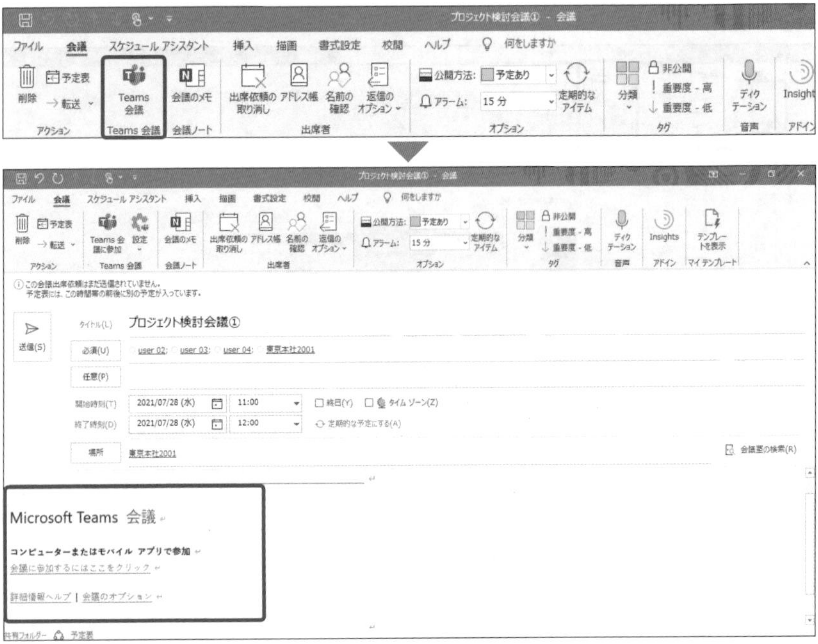

Outlookのオプション

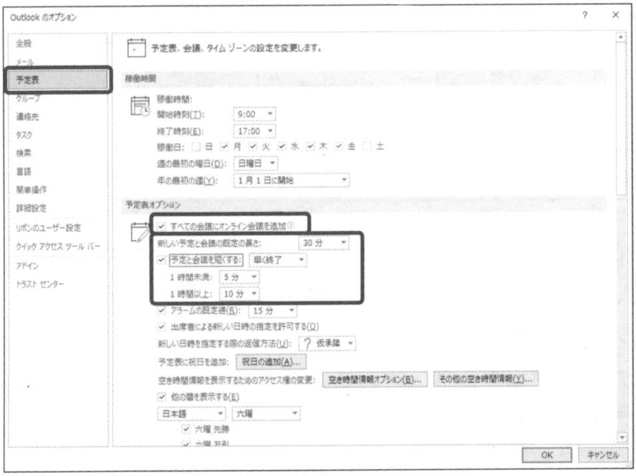

この時点では、メンバーの出欠をまだ確認できていないため、グループスケジュールでは予定の左側に斜線が表示され仮の予定として登録されています。会議室や備品については、既定では自動承諾となるため予定として決定しその旨のメールも届きます。

会議を設定すると“仮登録”

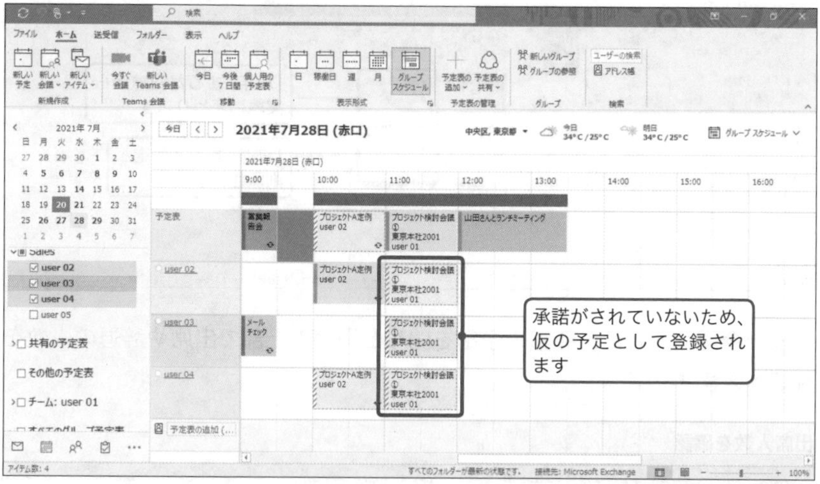

一方、各メンバーに届いている会議開催通知からは、[承諾] や [辞退]、[新しい日時を指定] などが選択でき、出欠の意思表示が可能です。

メンバーは届いたメールで承諾

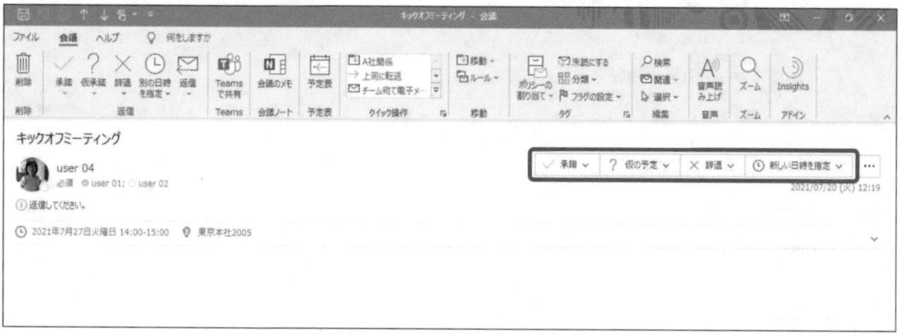

会議開催者には承諾や辞退などのメールも届くため、出欠の確認が可能です。グループスケジュールを確認すると、承諾したメンバーの予定は決定し、辞退したメンバーの予定は削除されていることが確認できます。

出欠状況を確認

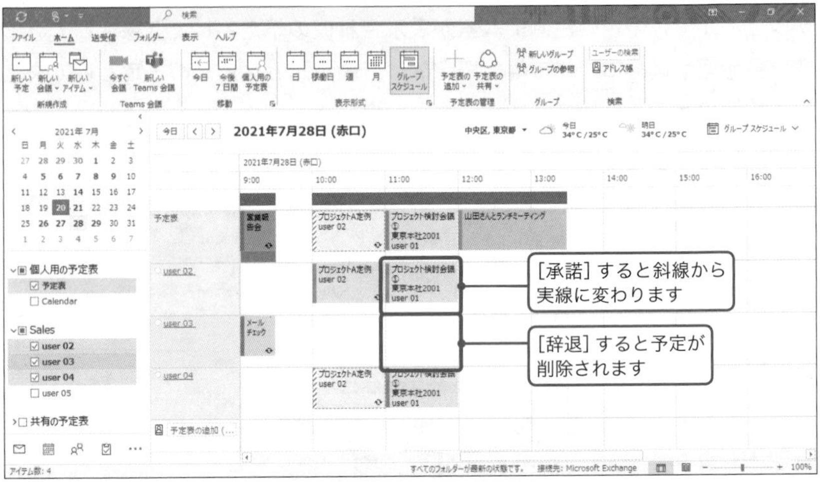
2021年7月28日 (赤口)
[承諾] すると斜線から
実線に変わります
[辞退] すると予定が
削除されます

また会議開催者は、会議の予定を開くと画面の上部で出席や辞退の人数を確認できます。

出席人数を確認

プロジェクト検討会議①
Microsoft Teams 会議
コンピューターまたはモバイル アプリで参加
会議に参加するにはここをクリック

さらに [履歴管理] タブからは、誰が出席で誰が欠席なのかなどを一覧で確認でき、クリップボードにコピーもできます。例えば、Excelなどに貼り付けて自分で出席簿を作成することも可能です。

[履歴管理] で一覧表示

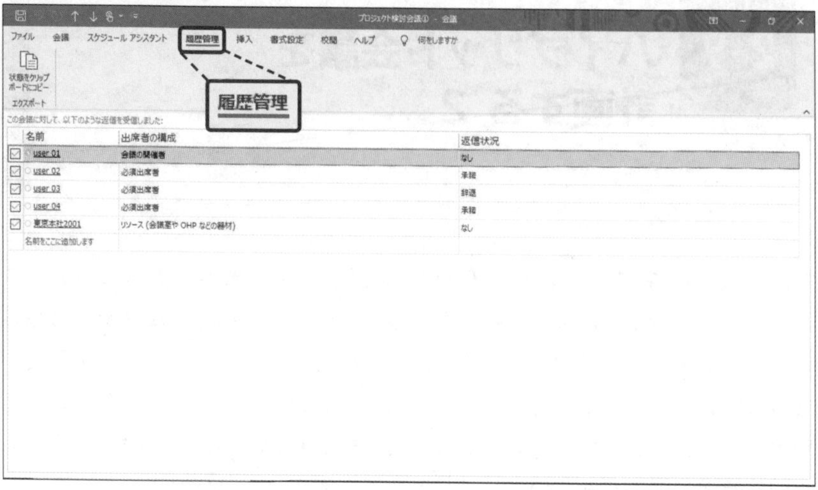

　このようにOutlookの予定表の共有と会議の計画機能を利用することで、すばやく会議の計画ができるのです。

2-9 ハイブリッド会議を計画する 2

次にTeamsを使用したハイブリッド会議を計画します。チームのチャネルで会話中に今すぐに会議を行いたい場合、チャネルの右上の［今すぐ会議］から、チャネルのメンバーとすぐに会議が可能です。ただし、ここから始める場合は新しい話題やチャネル内の会話とは無関係に会議を行いたいときに利用しましょう。なぜならば、この機能を使う場合、本書執筆時点では会議の開催結果や録画が新しいスレッドとして作成されるからです。もし特定のスレッドに関わる内容であれば、そのスレッドで［返信］をクリックしたメニュー内に［今すぐ会議］ボタンがあるので、そこから始めた方がよいでしょう。そのスレッド内に会議の開催結果や録画を含めることができ、会話の継続性が維持できます。

今すぐ会議

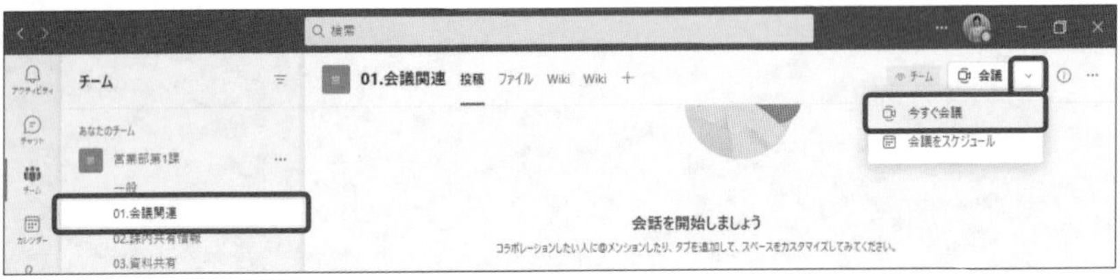

返信ボックス内の今すぐ会議

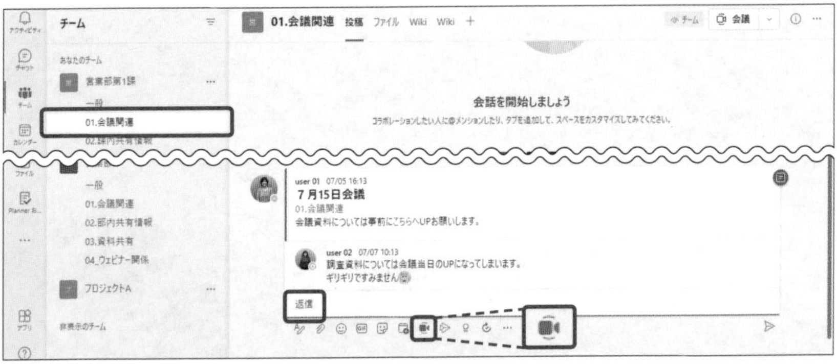

会議終了後、返信ボックス内に会議録画が登録

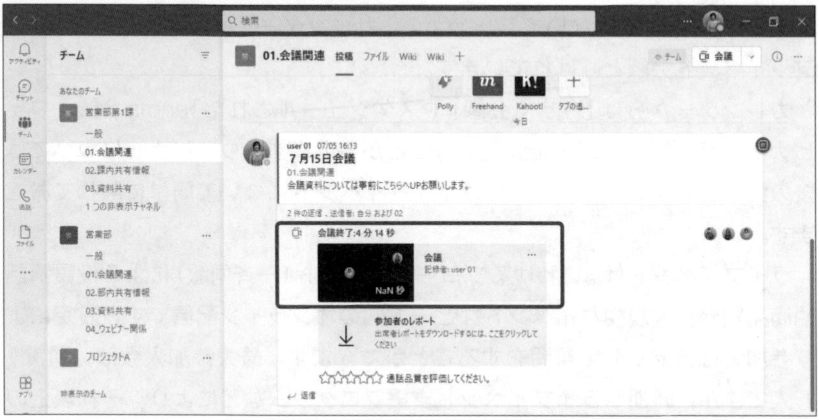

チャネルからスケジュールされた会議を始めることができます。会議作成画面ではチャネルが自動的に追加されたチャネル会議となります。[必須出席者] を指定することなく送信すると、チャネル上に会議の予定が掲示され、日時が来ればそこからすぐに参加できます。

チャネルから会議をスケジュール

Teamsを利用する人は、アプリバーの［カレンダー］から会議を計画されることも多いのではないでしょうか。［カレンダー］から開催する会議は、プライベート会議と呼ばれています。

カレンダーからは［今すぐ会議］やスケジュールされたTeams会議、ウェビナー、ライブイベントを計画することができます。ウェビナーについては後の節で紹介するため、ここではライブイベントについて簡単に触れておきます。

ライブイベントは、いわゆるブロードキャスト（一斉同報）による役員講話や商品紹介、大規模なイベントなど一方向のオンライン配信です。設定により参加者はチャットで質問をすることができます。最大参加人数は、通常1万人ですが、時期やライブイベント支援プログラムなどにより、それ以上の最大参加人数が提供される場合もあります。法人向けでは中堅中小向けのプランには含まれず、大手企業向けのプランにのみ含まれています（本書執筆時点）。

ライブイベントを計画

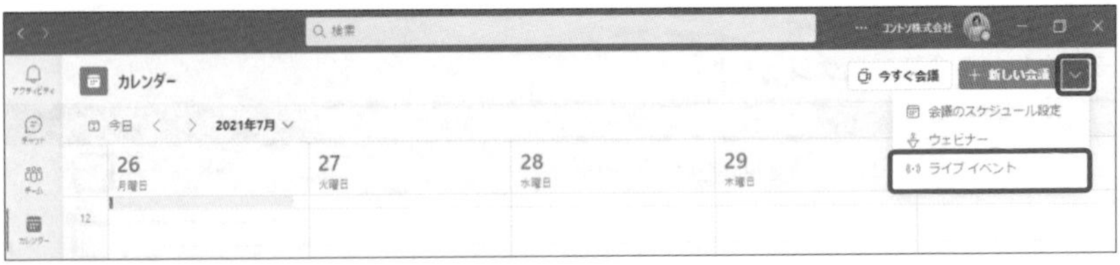

プロデューサーの画面

参加者の画面

Teams会議でもOutlookと同様に必要な項目を指定して、スケジュールされたTeams会議を計画することができます。Outlookのように他のメンバーの予定を確認したい場合は、［スケジュールアシスタント］から確認可能です。組織で許可されていれば、組織外の参加者を招待できます。会議のオプションからは、ロビーを迂回するユーザーや発表者となるユーザー、マイクやカメラを許可するかどうかなど詳細なオプションを指定することもできます。

本文には会議の目的やアジェンダなどを記載し送信すると、参加者に招待メールが届きます。ハイブリッド会議の場合は、Teams会議に加えて会議室の確保も必要です。組織で設定することで、［新しい会議］画面やスケジュールアシスタント画面の［場所を追加］から会議室を選択することができます。

スケジュールアシスタントを活用

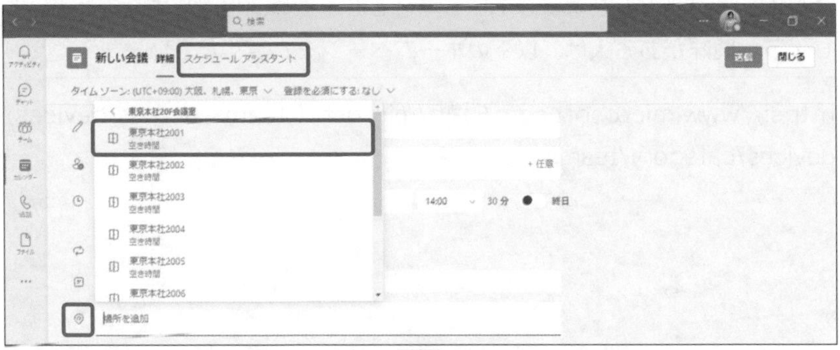

従来の普通の会議室に加えて、各企業ではMicrosoft Teams Roomsが完備された会議室の導入が加速しています。Microsoft Teams Roomsとは、小さな会議室から大きな会議室まであらゆる規模の会議で完全な会議環境を提供するMicrosoft 365環境で利用可能な有料の会議室ソリューションのことです。ごく小さな打ち合わせスペースから大規模な会議場や役員室まで、あらゆるサイズのスペースに対応しています。マイクロソフト社のパートナーであるさまざまなメーカーから、会議室のサイズと用途に応じた適切なシステム、マイク、スピーカー、カメラ、ディスプレイなど認定オーディオ／ビデオなどの周辺機器一式の組み合わせなどが提供され、リモートの参加者と共有できます。

Microsoft 365としてシームレスに連携可能で、セットアップも簡単。マニュアルなども提供されているため初心者でも設置可能です。各メーカーが貸し出しプログラムを準備している場合もあるため、相談してみるとよいでしょう。興味がある人は、以下のホームページをご覧ください。

https://www.microsoft.com/ja-jp/microsoft-teams/across-devices/devices/category/teams-rooms/20

2-10 個人で会議資料を作成する

会議を計画したら、まず個人での作業に集中します。資料の作成は、Officeアプリケーションを使用して行います。

Microsoft 365では、中堅・中小企業向けのMicrosoft 365 Apps for business、大手企業向けのMicrosoft 365 Apps for enterpriseという組織の規模に応じたプランが提供されており、本書ではMicrosoft 365 Appsと表現しています。

Microsoft 365 Appsは、サブスクリプションでユーザーごとのライセンスであり、1ユーザー当たり、PCであれば5台までインストールすることができます。例えば、会社用のPCや持ち出し用PC、自宅PCなど複数台にインストールできるため、ハイブリッドワークに適切なライセンス体系だといえます。

タブレットやスマートフォンも含めると1ユーザー当たり15台までインストールすることができます。

常に最新バージョンが提供されるため、すぐに新機能が使えたりセキュリティが強化されたりします。新機能の中には、Excelの［データ分析］やPowerPointの［デザインアイデア］など、クラウドらしくAIと連携している機能もあり、人間の行動を先回りしてAIが提案してくれるため、生産性が格段に向上します。

契約している限りアップグレード費用は不要であり、サポート期限の心配がないというのも大きなメリットです。結果として、組織で利用するPCのOffice環境を統一することもできます。Microsoft 365 Appsはクラウドからダウンロードできますが、IT管理者の設定により組織として更新チャネルの設定やインストールするアプリの選択も可能なさまざまな社内展開方式が用意されています。その中でもMicrosoft Intuneから展開するのが手軽だと著者は考えています。

通常、Microsoft 365 Appsは個人に与えられたPCで操作することが一般的ですが、共用コンピューターを利用する場合は、Microsoft 365 Apps for enterpriseを共用コンピューターにインストールしてライセンス認証することが可能です（書籍執筆時点）。中堅・中小企業向けでは、Microsoft 365 Apps for businessが含まれるMicrosoft 365 Business Premiumプランが、共有コンピューターのライセンス認証ができる唯一のプランであり、他の中堅・中小企業向けのプランには対応していないため注意が必要です。

また、Microsoft 365 Appsは、インターネットに接続可能なPCにインストールをしてライセンス認証を行う必要があります。その後一定期間はインターネット接続なしでも使用できますが、一定期間経過後は読み取り専用でないと使用できなくなるため、通常は常時インターネット接続可能なPCで利用します。

Microsoft 365 Appsの中でも、Word、Excel、PowerPointは、日常的によく利用するアプリです。Word、Excel、PowerPointが持っている便利な機能を最大限引き出して利用し、人間が作業する部分を極力少なくすることで生産性の向上につながります。

Microsoft 365スイートのプランはもちろんですが、Microsoft 365 AppsのみのプランでもOneDrive for Business（以降OneDrive）という大容量のクラウドストレージが含まれています。このOneDriveとMicrosoft 365 Appsの親和性が抜群です。

Microsoft 365 AppsのWord/Excel/PowerPointから名前を付けてOneDriveに保存できることはもちろんですが、既定で自動保存になりフォルダーをピン留めすることなどでファイル操作の時間短縮が可能です。

WebブラウザーでOneDriveを表示しフォルダーを作成したり、ファイルをアップロードしたりすることは一般的な操作です。クラウドにアップロードしたファイルやフォルダーが最新で、自分のPC上に同じファイルがあったとしてもそれは単なる控えや古いバージョンと認識することが大切です。むしろ混乱する可能性もあるため、削除した方がよいかもしれません。

WebブラウザーのOneDriveから直接ファイルを開いて編集できます。ファイルを開く方法としては、Webブラウザーやアプリで開いて編集することが可能です。

Webブラウザーで開く場合

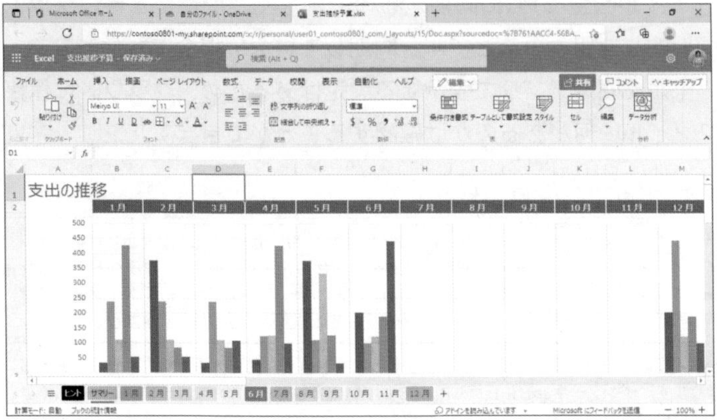

デスクトップアプリで開く場合

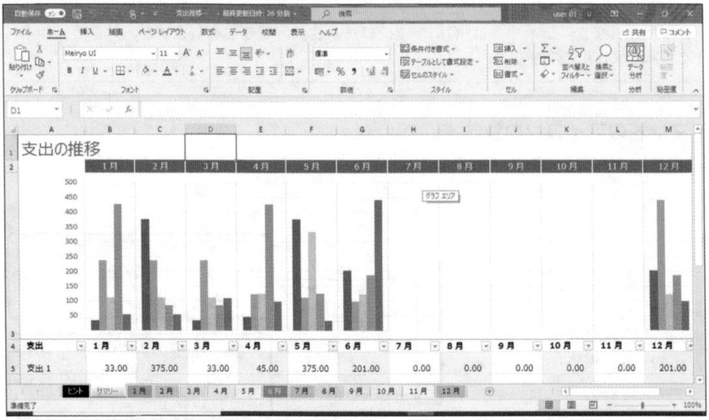

資料の作成は頻繁に行うことが多いため、少しでも生産性を向上させたいところです。ここまで記載したようにWebブラウザーを立ち上げてOneDriveを使うことは可能ですが、OneDrive同期アプリを使うことで、自分のPCのエクスプローラーからOneDrive上のファイルを開いたり編集したりすることが可能です。Webブラウザー側で編集しても、OneDrive同期アプリで編集しても、ファイルは常に同期されるため、クラウドということを意識することなく、常に自分のPC上でファイルを新規作成したり編集したりできます。

また、OneDrive同期アプリには、ファイルオンデマンドという仕組みが提供されています。これはPCのストレージ容量を考慮し、クラウドに保存されているファイルを全てPCに同期するのではなく、開いたときにダウンロードする画期的な仕組みのことです。同期していない場合でも全てのフォルダーやファイルを同期アプリで表示する設定はあるため、クラウドに保存されているファイルに何があるのかは確認することができます。

ファイルオンデマンドのアイコンの意味

	青いクラウドアイコンは、ファイルがオンラインでのみ利用可能であることを表します。オンラインのみのファイルは、PCの保存容量を占有しません。ファイルごとにクラウドアイコンが表示されますが、ファイルを開くまでPCにはダウンロードされません。PCがインターネットに接続されていない場合は、オンラインのみのファイルを開くことはできません。
	オンラインのみのファイルを開くとPCにダウンロードされ、ローカルで利用可能なファイルになります。インターネットに接続しなくても、いつでも開くことができます。より多くの容量が必要になった場合は、ファイルを右クリックし［空き領域を増やす］を選択してファイルをオンラインのみに戻すことができます。
	［このデバイス上で常に保持する］としてマークしたファイルのみに、緑の円に白いチェックマークが示されます。ファイルはPCにダウンロードされ容量を占有しますが、オフラインの場合でも常に操作可能です。

ファイルオンデマンドのアイコンの意味

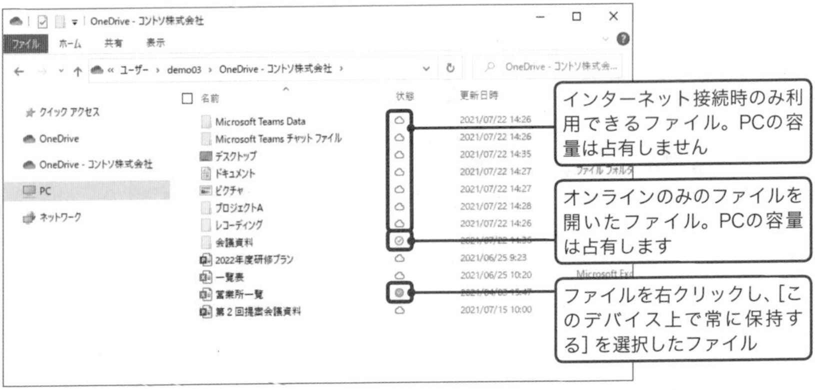

なおOneDrive同期アプリでは、PCのユーザープロファイル内のフォルダーである［デスクトップ］［ドキュメント］［ピクチャ］の各フォルダーをOneDrive内に保存できる機能があります。そうすることで、どのPCにサインインしても同じ［デスクトップ］［ドキュメント］［ピクチャ］内のファイルを利用することができます。

[デスクトップ] [ドキュメント] [ピクチャ] を同期

情報漏洩に対する懸念から、OneDrive同期アプリの使用を制限している企業もあります。ユーザーの利便性の向上とセキュリティ対策という相反する目的を両立させるためには、秘密度ラベル、データ損失防止などMicrosoft 365というトータルソリューションの中から情報漏洩対策を行い、ユーザーの利便性を高めていくことも検討の余地があります。

Webブラウザーからであっても、同期アプリからであっても、一定のタイミングでファイルの自動保存がされた場合、誤って編集したものが上書きされることがあります。[元に戻す] ボタンから戻せない場合は、バージョン管理機能を利用することができ、Webブラウザー・同期アプリのいずれからでも以前の状態に戻すことができます。また、OneDriveに保存しているファイルをWord、Excel、PowerPointアプリで開いた場合、タイトルバーに表示されているファイル名をクリックして以前のバージョンに戻すことも可能です。

Webブラウザーのバージョン履歴

デスクトップアプリのバージョン履歴

OneDrive同期アプリのバージョン履歴

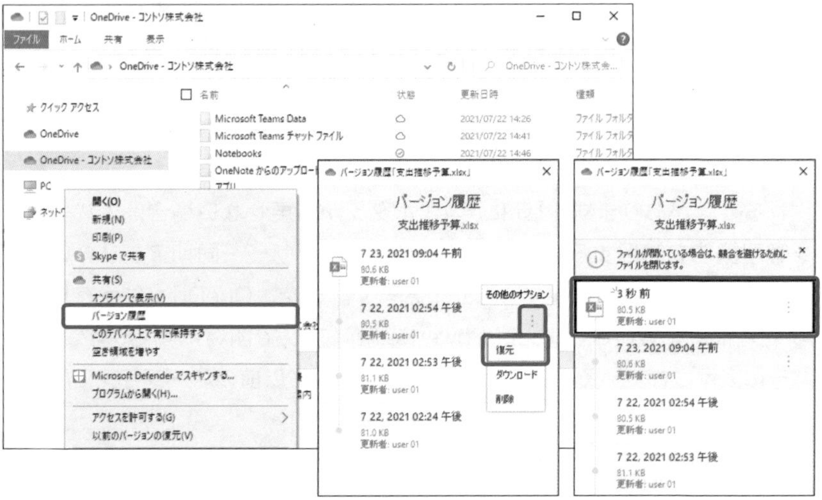

誤って削除した場合は、ごみ箱機能が提供されているため既定では93日以内ならごみ箱から元に戻すことができます。

ごみ箱から復元

参考までに、退職者など削除されたユーザーのOneDriveのデータを組織で設定することで、30日から3650日まで保持しておくことができます(本書執筆時点)。

今日、ランサムウェアに対する脅威が増しています。ランサムウェアとは、PC上のファイルを暗号化し金銭と引き換えに復号化する条件を提示するという強迫マルウェアの一種です。

Windows 10のMicrosoft Defenderウイルス対策やアプリケーション制御とコード整合性の仮想化ベースの保護あるいは、Microsoft Defender for Endpointなどを導入することにより、限りなく感染のリスクは低減します。セキュリティ対策は多層防御が推奨されており、たとえ一カ所を突破されても次の層で防御することが大切です。従って、万が一PCが感染しOneDrive上のファイルが暗号化されてしまった場合、暗号化される前の状態に全てのファイルを元に戻すランサムウェアの検出とファイルの回復機能がOneDriveには実装されており、より安全にファイルを保存することができます。

https://support.microsoft.com/ja-jp/office/0d90ec50-6bfd-40f4-acc7-b8c12c73637f
https://support.microsoft.com/ja-jp/office/fa231298-759d-41cf-bcd0-25ac53eb8a15

OneDriveの復元

OneDriveは個人用ドライブですが、他のユーザーへフォルダーやファイルを共有することはできます。しかし、ファイルサーバーとして利用することは推奨しません。ファイル共有は、TeamsやSharePointで行うことを推奨します。OneDriveから共有ライブラリにアクセスして、Teamsで共有されているグループのファイルを参照したり編集したりすることは可能です。

OneDriveの共有機能

2-11 会議資料を共有して共同編集する

個人で作成した会議資料を共有することを考えましょう。ファイル共有に適しているTeamsで簡単にファイルを共有する方法を紹介します。ファイルを会話のウインドウにドラッグしたり、[添付ファイル]から[コンピューターからアップロード]したりすることで、ファイルをチャネル上で共有することが可能です。

Teamsでファイルを共有

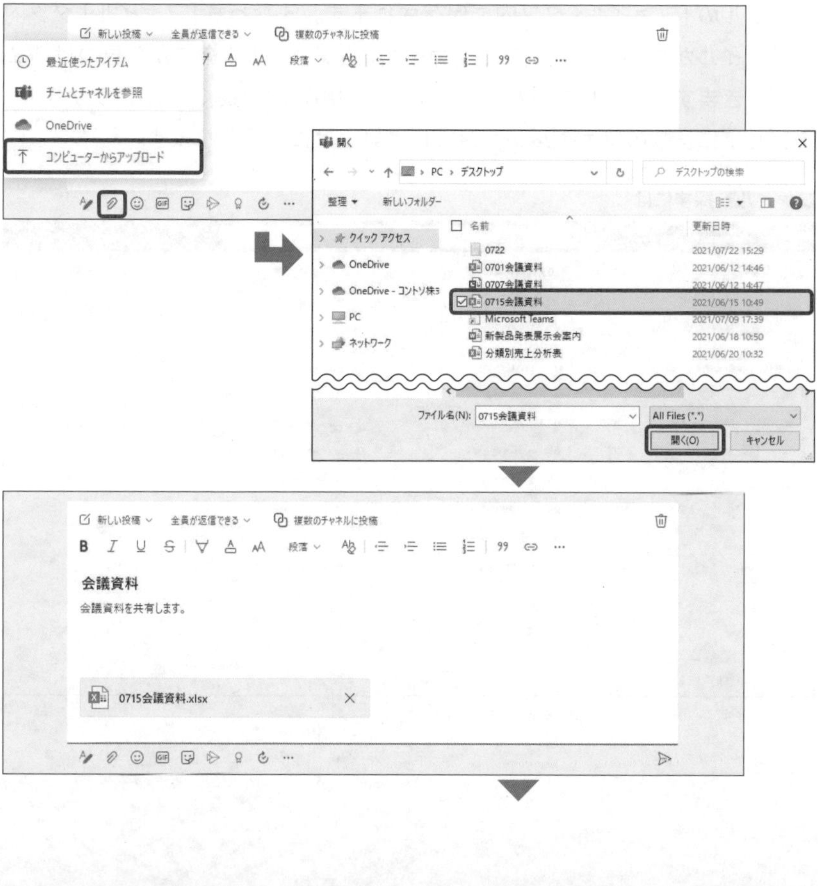

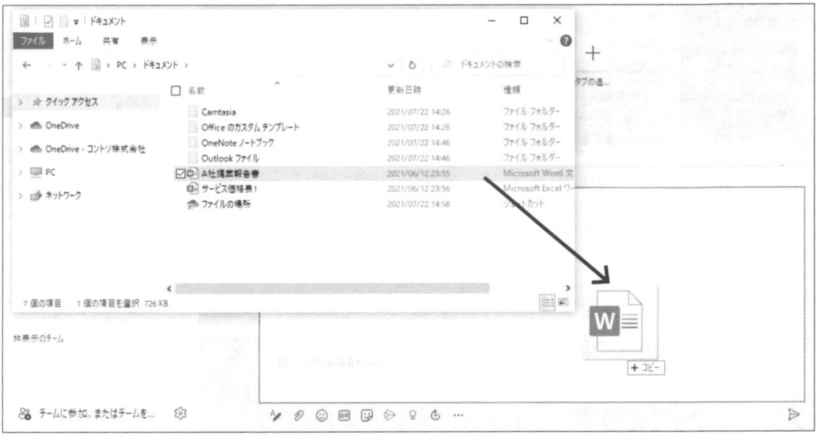

ファイルをアップロードした会話は、やり取りがないと上部に隠れスクロールしないとたどり着けなくなります。アップロードされたファイルは、チャネルの［ファイル］タブ内に保存されます。すなわち［ファイル］タブ内にファイルが集約されるので、ファイルは［ファイル］タブから見つけることができます。しかしチームやチャネルの利用期間が長くなると［ファイル］タブ直下に多数のファイルが保存され、見つけにくくなります。

ファイルを探すには

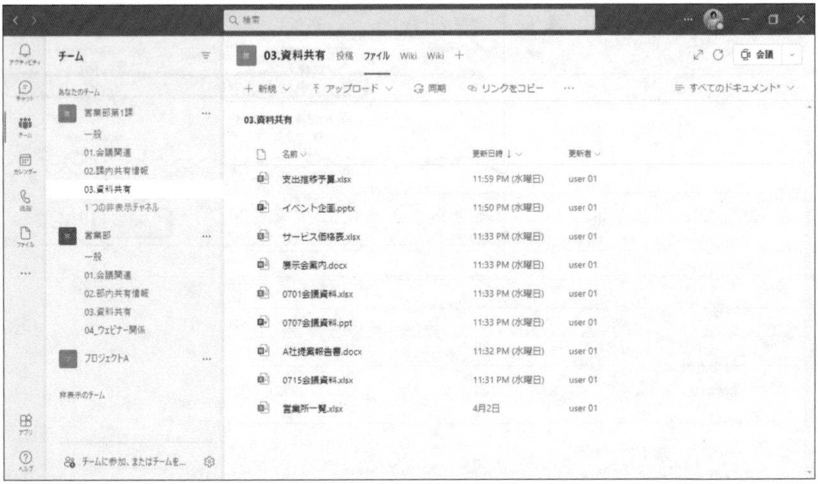

検索を利用してファイルを見つけることはできますし、海外ではファイルタブの直下にフラットに保存されている方が目に見えるため、好まれる場合もあるようです。古いファイルはほとんど参照しないという前提に立てば、更新日時を新しい順に並べ替えるのも良いです。また、よく利用するフォルダーやファイルを最大3つまで［上部に固定］することもできます。

ファイルを見つけやすくする

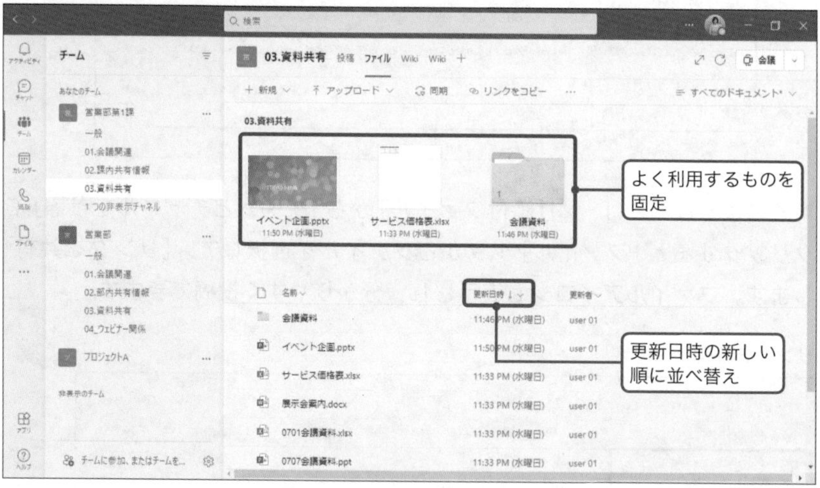

日本ではフォルダーを作成して整理したいというニーズが多くあります。ファイルサーバーやNASなどで行われてきたように、業務ごとのフォルダーを作成してその中にファイルを移動したり、［ファイル］タブからフォルダーを開いてドラッグや［アップロード］からファイルをアップロードしたりすることも可能で、フォルダーに整理しながらアップロードすることができます。

［ファイル］タブでファイルをフォルダー内に移動してもリンクは崩れないため、チャネル投稿時にアップロードされて見えているファイル名からファイルをそのまま開くことは可能です（本書執筆時点ではTeamsやWebブラウザーで開いた場合）。

［ファイル］タブの直下やフォルダー内にファイルをアップロードすると、アップロードされたことは本人だけが知っています。それをチームのメン

バーに知らせるには、どうすればよいでしょうか？　ファイルの［…］メニューから［リンクをコピー］できるため、そのリンクをチャネルに投稿することができます。ただ、リンクが長過ぎてスマートではありません。

リンクをコピーして知らせる

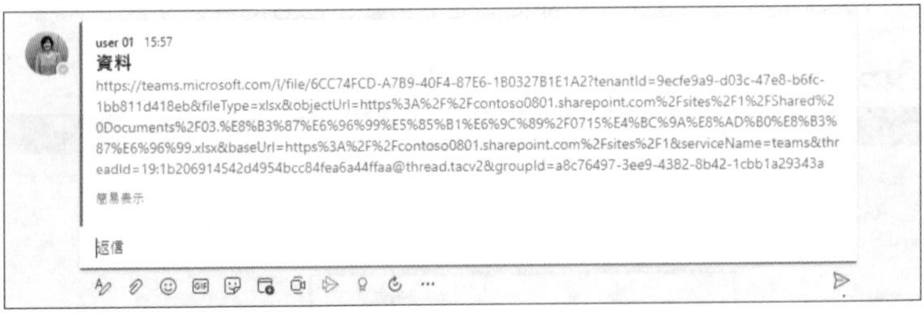

そのような場合は、［添付ファイル］から［チームとチャネルを参照］をクリックすると［ファイル］タブからファイルを選択して、［リンクを共有］します。ファイルアイコンも表示され、分かりやすく投稿できます。

リンクを共有

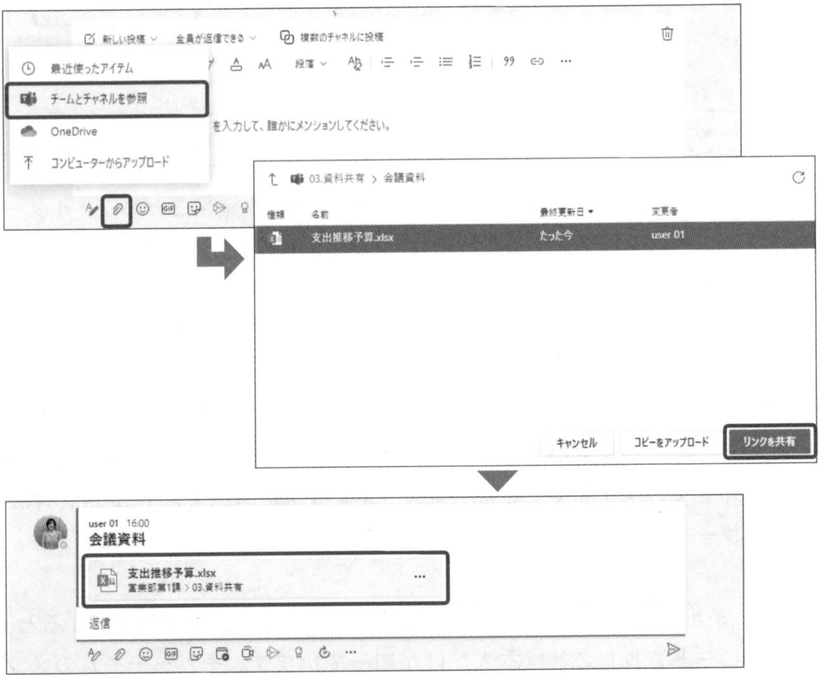

後者を利用することで、[ファイル] タブ内をフォルダーで整理しながらアップロードしたファイルをチームのメンバーに知らせることができます。「○○のファイルはどこにありますか？」というような質問投稿にも同様の方法で答えることができます。

フォルダー丸ごとをチームのメンバーに知らせたい場合、[チームとチャネルを参照] からはフォルダーの指定はできません。[ファイル] タブで該当フォルダーの [...] から [リンクをコピー] をクリックして長いリンクを投稿することは可能ですが、ファイルと同様にリンクが長いため、やはりスマートとはいえません。

リンクのコピーは長くて見づらい

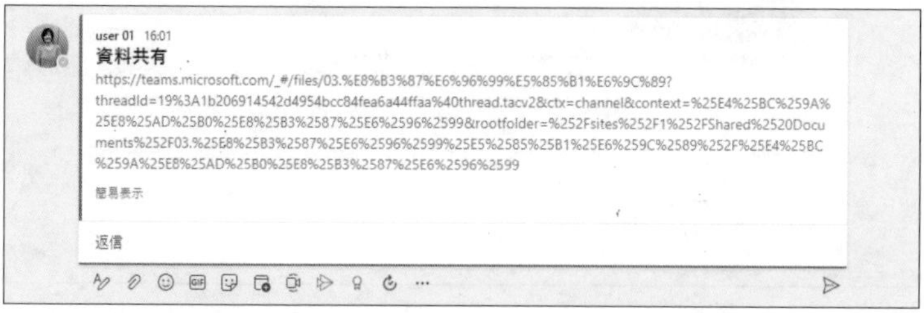

そのような場合は、[新しい投稿] や [返信] の [書式] をクリックして [リンクを挿入] を利用します。[リンクを挿入] したときの文字列の文字の色を強調したり、文字を大きくしたりすることもできます。

ここまでは自分のPCにあるファイルを共有する方法を紹介しました。前節で、OneDrive同期アプリの機能を紹介しました。PCのユーザープロファイル内の [デスクトップ] [ドキュメント] [ピクチャ] の各フォルダーをOneDrive内に保存できるというものです。この機能を利用することで、自分のPC内のファイルはOneDrive上にあることになり、OneDriveからファイルをTeams上に移動することで、チームのファイルにすることができます。

Teamsのチャネルの [ファイル] タブにあるフォルダーやファイルは、Teamsと（Microsoft 365グループとして）関連付けられたSharePoint Onlineチームサイトの既定のドキュメントライブラリ内に存在します。

［ファイル］タブの上部のメニューから［SharePointで開く］（画面の解像度によっては［…］-［SharePointで開く］となります）をクリックしてSharePointサイトにアクセスします。すると、ドキュメントライブラリが表示され、フォルダーやファイルが確認できます。

SharePointで開く

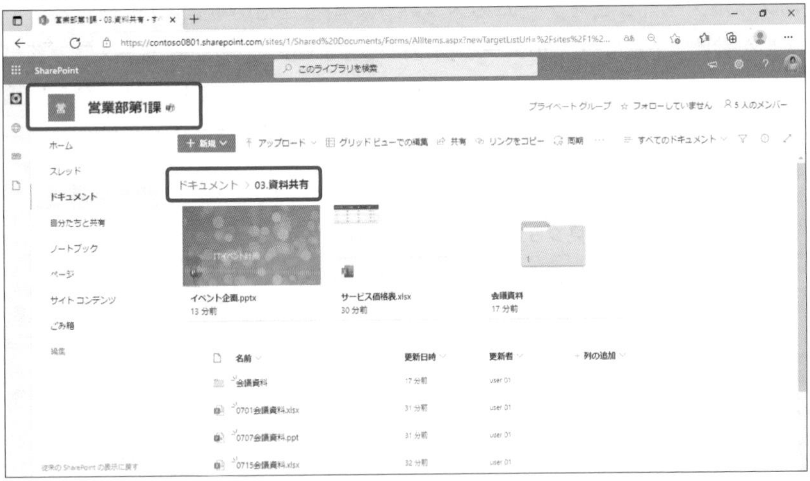

ドキュメントライブラリではチャネルごとのフォルダーが作成され、各チャネルの［ファイル］タブ内のフォルダーやファイルは、ドキュメントライブラリではチャネルごとのフォルダーに格納されます。

チャネルごとに格納

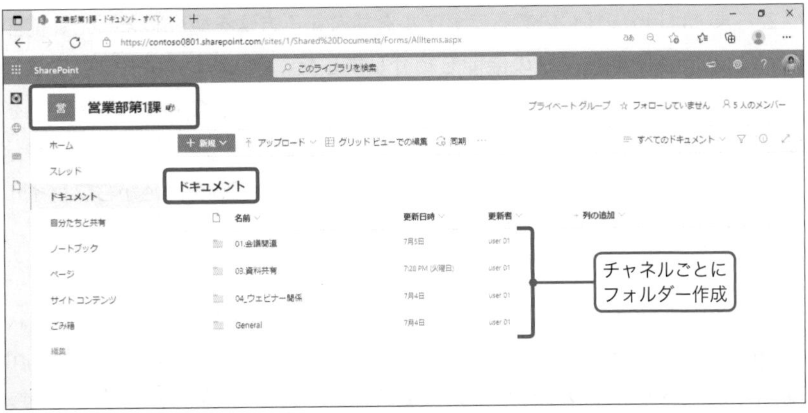

OneDrive同期アプリは、OneDriveとの同期だけではなくSharePointのドキュメントライブラリとも［同期］メニューから同期が可能です。Teamsの［ファイル］タブ内のフォルダーやファイルの実態は、SharePointのドキュメントライブラリに存在します。そのドキュメントライブラリをOneDrive同期アプリを使って同期することで、結果としてTeamsの［ファイル］タブ内のフォルダーやファイルをPCに同期できます。

それを利用すると、

- 個人のドキュメントはOneDriveに保存→完成後Teamsに共有

という流れがOneDrive同期アプリ内、すなわちPCのエクスプローラー上で可能となります。

ファイル作成後、OneDrive同期アプリで共有

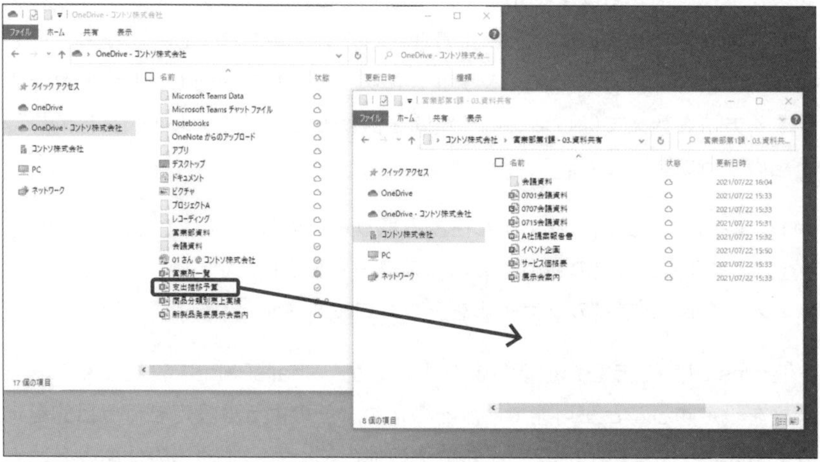

OneDrive同期アプリを利用していない場合は、Webブラウザーで開いたOneDriveから共有ライブラリ、すなわちTeamsの［ファイル］タブに共有（移動）することが可能です。

Teamsの［ファイル］タブに共有

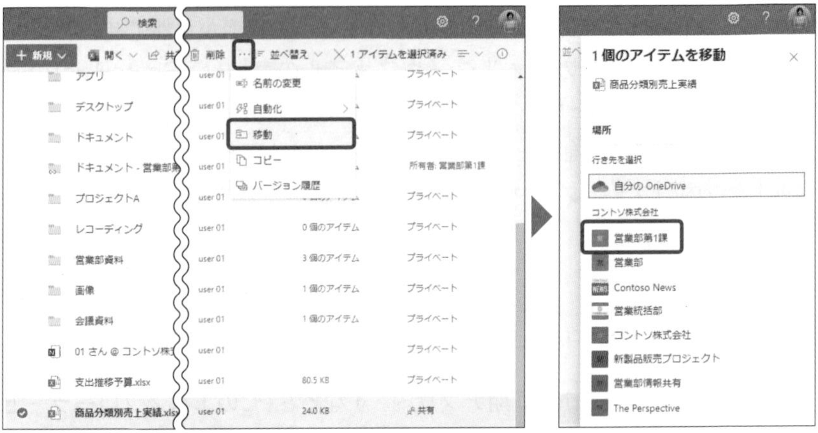

　ここでTeamsでのファイルのアクセス権に触れておきましょう。不特定多数がアクセスするファイルサーバーなどでは、フォルダーやファイルにアクセス権を設定し適切にファイル管理を行う必要がありました。それと同じように、［ファイル］タブ内のファイルにアクセス権を付与したい、それを実現する方法を教えてほしいという質問を受けることがあります。具体的には下記のような要望です。

- ［ファイル］タブ内のファイルを読み取り専用にしたい
- ［ファイル］タブ内のファイルにパスワードをかけたい
- ［ファイル］タブ内のファイルをダウンロードさせたくない

　Teamsには、こうした機能はありませんが、SharePointでは細かくアクセス権を設定することが可能です。そのため、そのような設定を行う目的を十分に考えた上で、Officeファイルやその他のMicrosoft 365の仕組みを組み合わせていきましょう。

　またTeamsのチームでは、所有者、メンバー、ゲストという役割があり、その役割に応じて、チーム内で可能な操作は一部異なります。しかし日常的なコミュニケーションやコラボレーションという視点では、どの役割であったとしてもおおむね同様です。著者もゲストとして参加しているチームがありますが、ゲストでも特段不便ということはほとんどなく、チャネルへの投稿やオンライン会議への参加をしています。すなわちチームに参加している人は、役員であっても管理職であっても一般社員でもアルバイトでも、平等が原則となっています。

ファイルに対するアクセス権も同様で、Teamsで共有されたファイルは、誰でも閲覧・編集・削除ができるということになります。チームに参加することで、既にファイルサーバーのような「不特定多数」ではなくなり、特にプライベートチームはメンバーが限定されています。チームメンバーの高い志により、ファイル管理も適切に行われている、というのがほとんどの企業の事例です。ファイルを誤って削除してしまったというようなことは、少なくとも著者は聞いたことがありません。また、SharePoint Onlineは、ごみ箱機能やバージョン管理機能が備わっています。たとえそのようなことがあっても復元できるため安心です。

どうしてもチーム内でアクセス権を分けたい場合は、組織で許可されていればプライベートチャネルを利用しましょう。

さて、ここからはファイルの編集を行います。

本書執筆時点では、チームで共有されたファイルは［Teamsで編集］［アプリで開く］［ブラウザーで開く］から閲覧・編集が可能です。

Teamsでファイルを編集

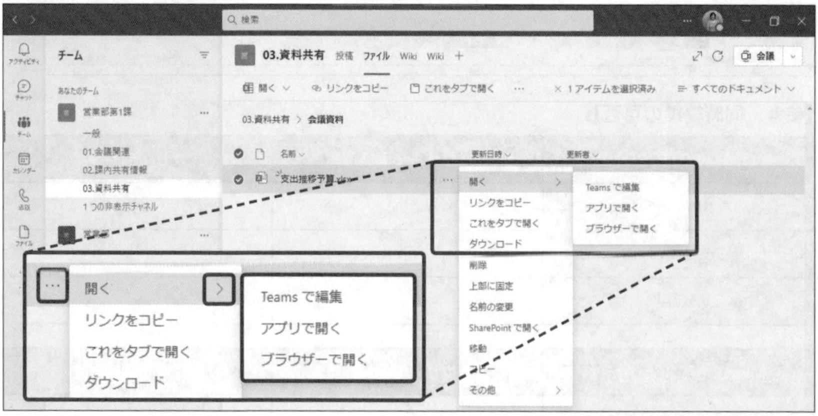

［Teamsで編集］と［ブラウザーで開く］は、Web版Officeの機能が利用されており、Webブラウザーベースでの編集や、複数名による同時編集、

自動保存がWord、Excel、PowerPointのアプリで可能です。

それに加えて［アプリで開く］では、ファイルの種類に応じてWord、Excel、PowerPointアプリが起動しアプリのフル機能を使うことができます。

Office2016、同2019では、Word、PowerPointで複数名による同時編集ができ、Microsoft 365 Appsでは、Word、Excel、PowerPointいずれのアプリでも複数名による同時編集ができるため、資料を素早く完成することができて大変便利です（本書執筆時点）。

Web版Officeの機能を利用

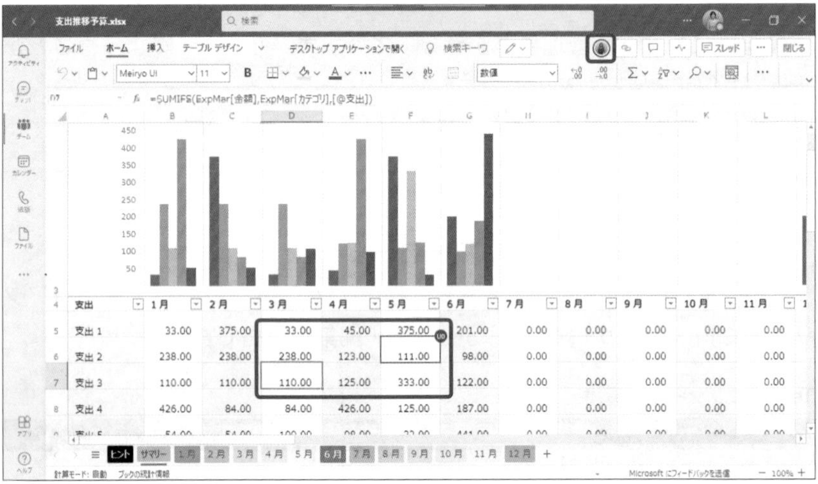

【参考：同時編集の可否】

Office2016/2019	ブラウザーで同時編集	アプリで同時編集
Word	○	○
PowerPoint	○	○
Excel	○	×

Microsoft 365 Apps	ブラウザーで同時編集	アプリで同時編集
Word	○	○
PowerPoint	○	○
Excel	○	○

これまでの仕事のやり方で資料を作成することを考えてみましょう。まず資料を会議前に印刷してコピーし、メールに添付し、ファイルサーバーで共有などを行います。変更があった場合には印刷し直したり、メールを再送信したりすることで、どれが最新か分からなくなったり、ダウンロードした時点で既に古かったりなどの不都合が発生していました。会議中、資料にメモをしたり、議事録用のメモを取ったりすると、後から見て分からなくなることもあります。さらに、会議後の大きな仕事としては、議事録の作成があります。誰がどのような発言をしたのか、結論は何なのか、表現方法も含めて議事録作成担当者が多大な時間をかけて作成し、紙で回覧やメール送信など、会議前・会議中・会議後と仕事も分断し、1つの会議だけで膨大な時間がかかってしまっていたのではないでしょうか。

旧来の方法での会議は大仕事

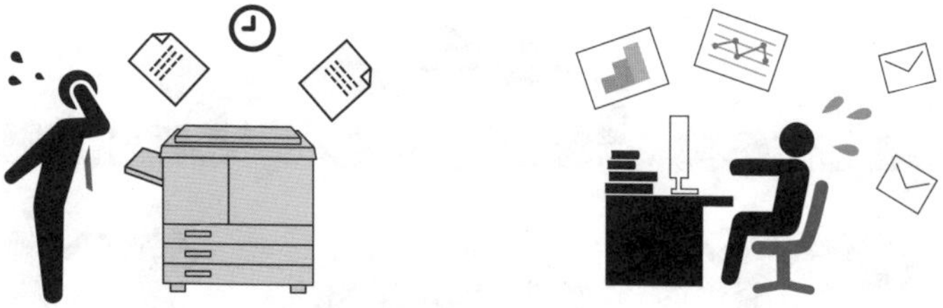

もちろん公開すべき大切な議事録など、会議によっては上記のように十分に時間をかけなければならない場合もあります。しかし、全てがそうではないはずです。

Teamsを利用する会議では、会議前には完全な資料である必要はなく、たたき台ができた時点やアイデア段階の資料・アジェンダ程度でもTeamsに共有します。そして当該箇所に詳しいメンバーや担当箇所をチームのメンバーが、必要に応じて同時編集を行い完成させます。その過程でチャネルでの会話も行われるため、会議内容を事前にディスカッションすることになります。

会議中は事前にディスカッションしているため、結論中心に議論して内容に応じて資料を直接修正したり、音声やビデオ通話をしたり、チャットでやり取りしたり、会議メモ機能を利用してメモを作成することもできます。レコーディングすれば、欠席者が後日確認したり録画そのものを議事録代わりにしたりすることもできます。

結果として、会議後は特別に何かをするということではなく、会議中に負担なく作成された成果物をそのまま確認するだけでよいことになります。

会議内容によっては、そんなにうまくいかない場合もあるでしょう。でも、そのような考え方を普段から実践しておくことで、会議は30分以内に収めるという目標に到達することも可能です。

Teamsを活用することで、分断されていた会議前・会議中・会議後がシームレスにつながります。そもそも会議を何か特別なものとして考えるのではなく、負担の少ない軽微な日常業務の一貫としてとらえることもできるのではないでしょうか。

Teamsでの会議はスマート

2-12 ハイブリッド会議に参加する

日常的にTeams会議をよく利用している場合は、慣れていることもあり、ストレスなく会議に参加できることでしょう。初めての場合やPCやインターネット接続環境が変わった場合には、会議参加前にあらかじめ［設定］からテスト通話を行っておくことをお薦めします。カメラやマイクのセルフテストが可能です。

［設定］でカメラやマイクのセルフテスト

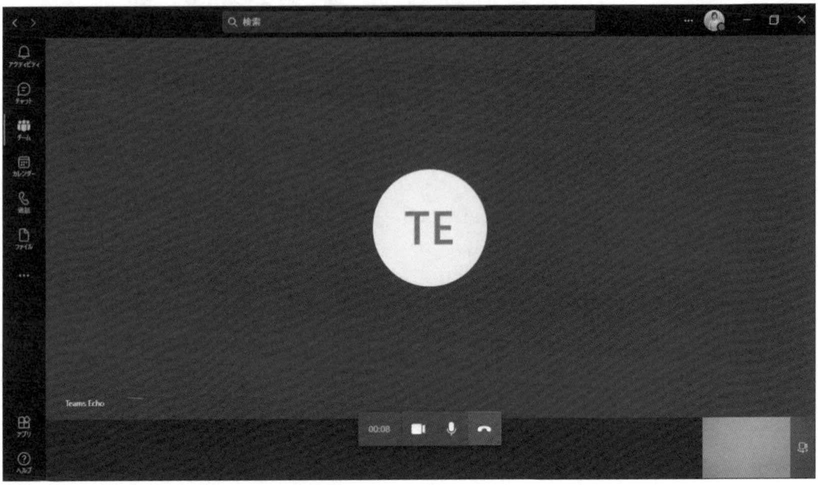

Surfaceでは機種にもよりますが、さまざまな照明条件でもユーザーの映像を鮮明に捉えるフロントカメラや、バックグランドノイズを軽減しユーザーの声をクリアにキャプチャーするDual Far-fieldスタジオマイクなどが搭載されており、Teams会議にも便利です。集中とコラボレーションのエクスペリエンスを最適化するヘッドホンSurface Headphones 2+と組み合わせることでシームレスに会議に参加できます。高音質なので、生産性が向上します。

Surfaceでも、それ以外のPCを利用する場合でも、Teamsの会議で最大限の効果を出すためには、外付けならマイクやカメラ、スピーカー、ヘッドセットなどもTeamsに準拠したものがお薦めです。Teamsでは、多数の認定デバイスが各メーカーから販売されています。詳細は以下のサイトをご確認ください。

https://www.microsoft.com/ja-jp/microsoft-teams/across-devices

では、実際にTeamsからハイブリッド会議へ参加しましょう。チャネルでの「今すぐ会議」の場合は、誰かが今すぐ会議を始めることでチャネル内に表示される [参加] ボタンをクリックします。

今すぐ会議を開始する

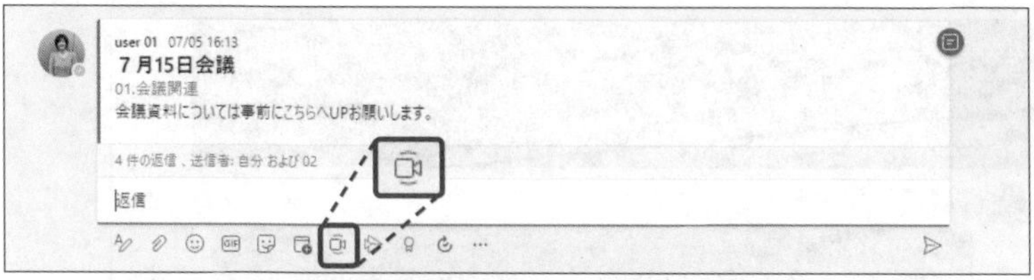

今すぐ会議に参加する

チャネルでスケジュールされた会議の場合は、チャネル内に会議が予定されます。そのため、最初に参加する人は投稿された会議をクリックして開き、会議を始めます。

チャネル内にスケジュールされた会議を開始する

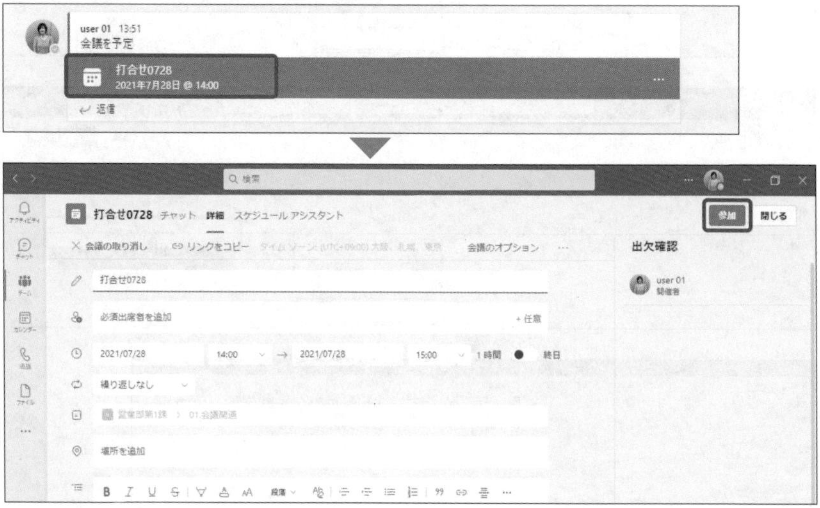

誰かが参加すると［参加］ボタンが表示されるため、２人目以降の人はそのボタンをクリックして参加します。

2人目以降は [参加] ボタン

また、アプリバーの [カレンダー] から作成する「今すぐ会議」の場合は共有リンクを生成できます。共有リンクをメールなどで送信することで、出席者はその共有リンクから参加できます。

共有リンクから参加

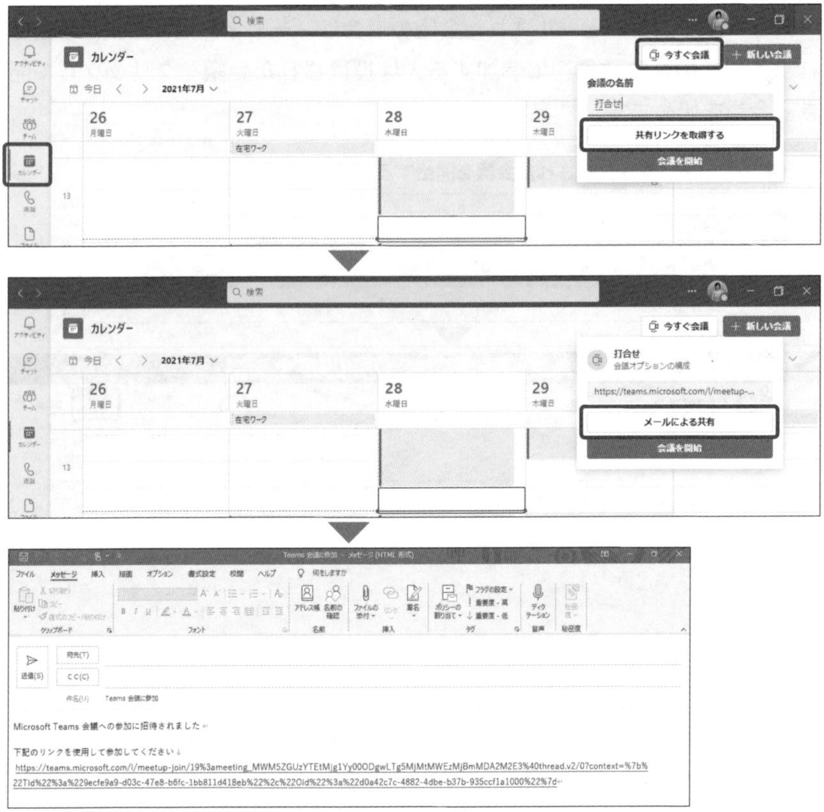

アプリバーの［カレンダー］から作成するスケジュールされた会議の場合は、予定をクリックして表示される［参加］ボタンや、誰かが既に参加している場合や開始時間直前の場合表示される［参加］ボタンや、Outlookの予定表やOutlookのアラームなどから参加します。

［カレンダー］でスケジュールされた会議に参加する

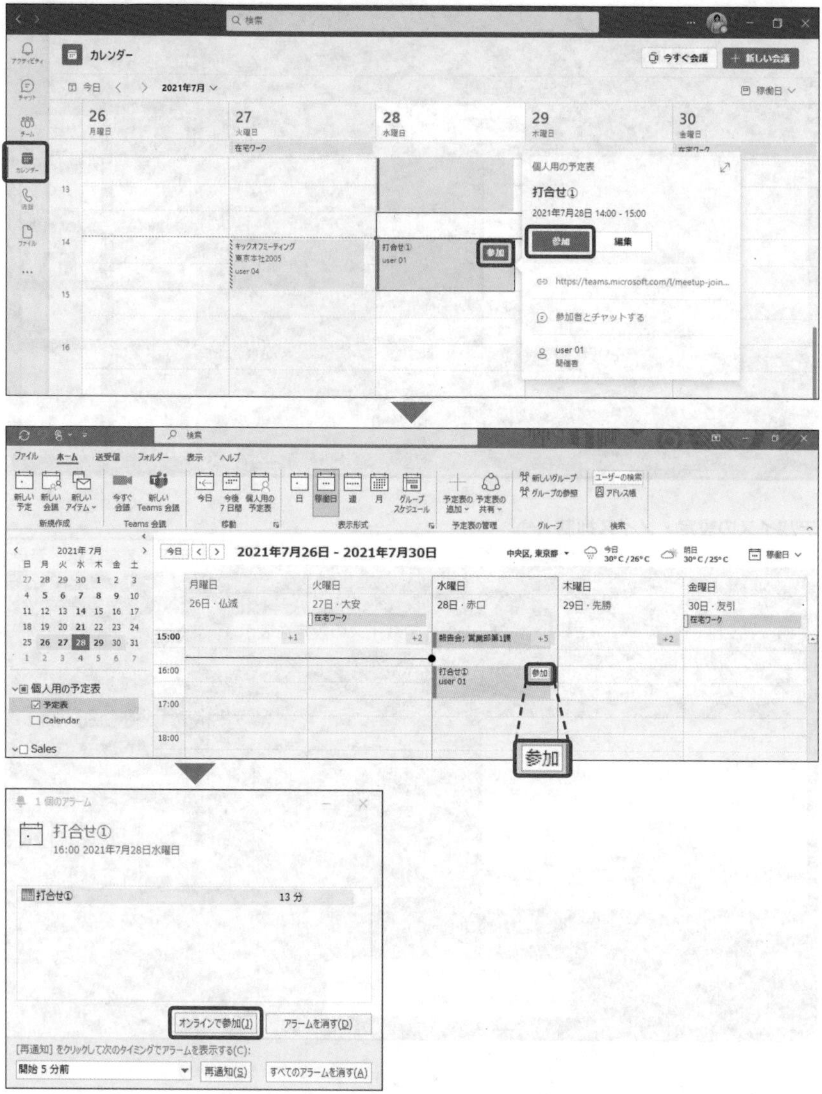

いずれのパターンで会議に参加する場合でも、以下の画面が表示されます。カメラがオンの場合の背景設定、デバイスの設定、コンピューターの音声などを調整し、参加することができます。参加時は音声をミュートにしておくのがよいでしょう。

背景の設定

デバイスの設定・ノイズ抑制

開催者の会議オプションの設定により、ロビーで待つ場合があります。既に参加している人が承諾することで会議に参加することができます。

ロビー待ちの画面

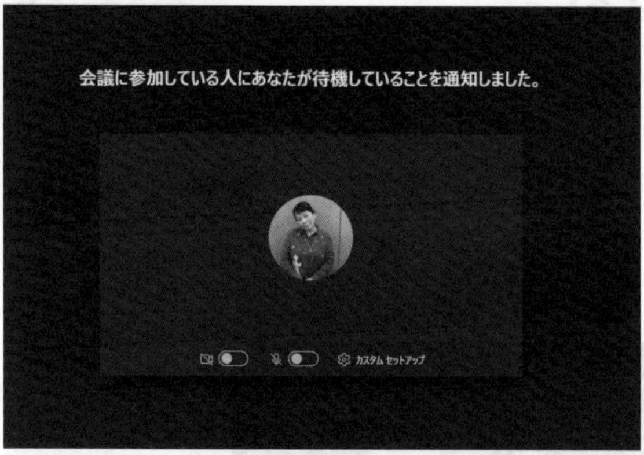

ロビーで待っている人がいる画面

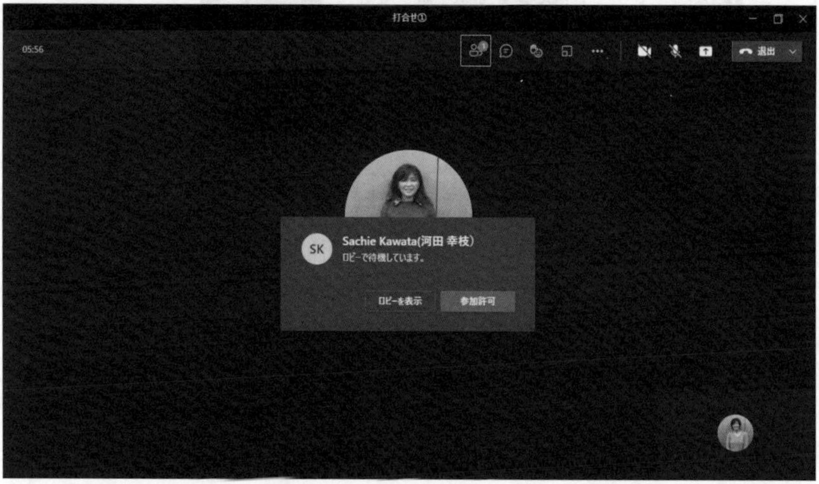

2-13 効率的にハイブリッド会議を実施する

会議に参加できたら必要に応じてカメラはオンにし、発言する場合はマイクをオンに切り替えます。

会議に参加

Teams会議は、レコーディング（録画）が可能なため、欠席者が後で視聴したり、議事録として残したりすることができます。また、一人で会議を行って、トレーニング動画を作成することなども可能です。レコーディングを行うことにより、映像や共有された資料なども収録されます。そのため、レコーディングを行っている人にはプライバシーに配慮するために全員にレコーディングされていることを伝える必要がある旨のメッセージが、その他の参加者には録画されていることに同意することになる旨のメッセージが表示されます。

レコーディングのメッセージ

録画された内容は、プライベート会議の場合は会議チャット内に、チャネル会議の場合はチャネル内に掲示され、再生することが可能です。動画ファイルは以前や一部テナントではMicrosoft Streamに保存されましたが、本書執筆時点でプライベート会議の場合は、レコーディングを開始したユーザーのOneDrive for Businessに、チャネル会議の場合は、SharePoint Onlineに保存され参加者に共有されます。

チャネルで始めた会議の録画を再生する

スケジュールされた会議の録画を再生する

会議中の操作は、PC上のTeamsのアプリ（デスクトップクライアント）であれば、画面上部の会議ツールバーで行います。[参加者を表示] からは、参加者の一覧を表示したり参加者を追加したり、まだ参加していない参加予定者に参加リスエストを送信したりすることもできます。開催者ができることと参加者ができることは一部異なりますが、開催者は参加者のカメラやマイクのオン／オフの切り替え、ビデオをハイライトするスポットライトの設定、発表者への切り替えやコンテンツの共有などができない出席者への切り替えなども可能です。また、開催者は [参加者を表示] ウインドウ内の [⋯] からアクセス許可の変更や出席者一覧のダウンロードも可能です。

そのほか、会議チャットを行ったり、発言を求めるために手を上げたり、[いいね] や [ハート] [喝采] [笑い] など感情表現できるアイコンも用意されていて、適宜利用が可能です。通常は [ギャラリー] 表示となりますが、参加人数が多い場合の [ラージギャラリー] や背景に臨場感を加えて疲れを軽減できることが実証済みの［Togetherモード］などもさまざまなシーンが準備されています。

ラージギャラリーやTogetherモードを利用できる

（画像提供：いずれも日本マイクロソフト）

開催者であれば会議終了後、参加者のレポートを会議チャットまたはチャネルからダウンロード可能です。

スケジュールされた会議の参加者レポート

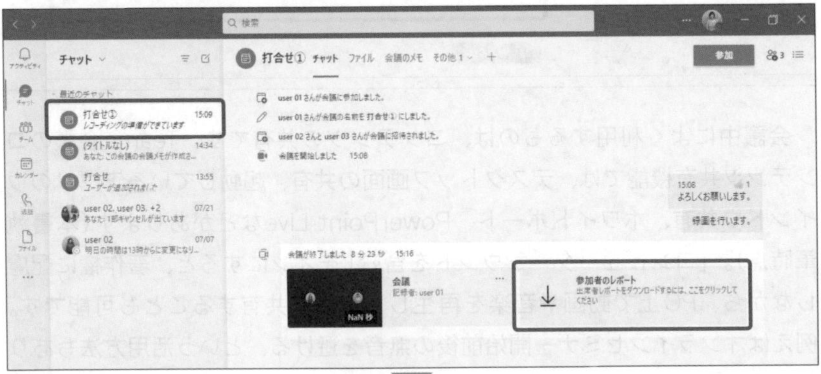

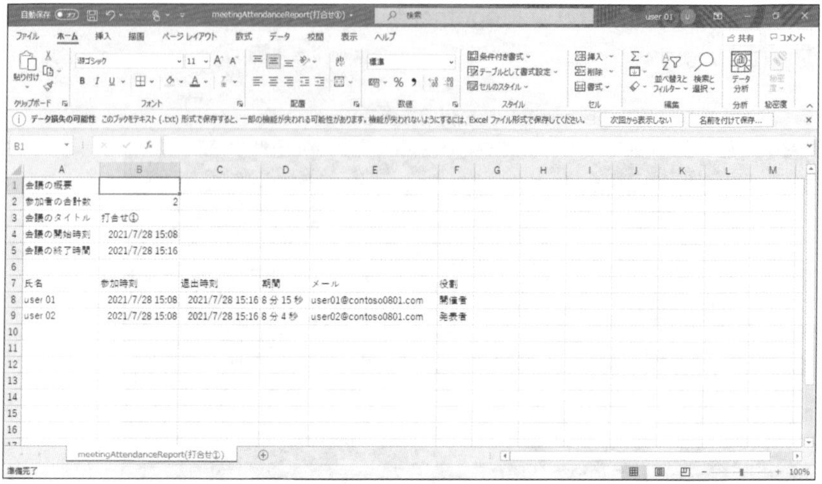

チャネルから始めた会議の参加者レポート

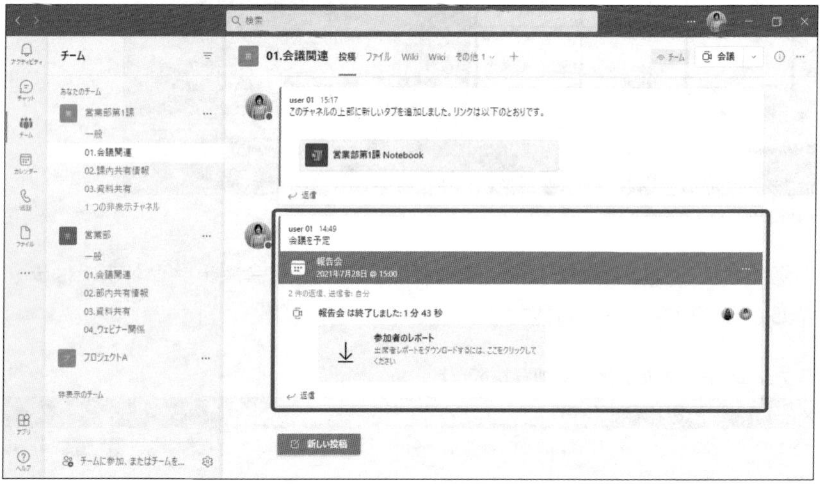

会議中によく利用するものは、コンテンツの共有です。Teams会議のコンテンツ共有機能では、デスクトップ画面の共有、起動しているアプリのウインドウ共有、ホワイトボード、PowerPoint Liveなどがあります（本書執筆時点）。[コンピューターサウンドを含む] をオンにすると、著作権に配慮しながら、PC上で動画や音楽を再生し、音声を共有することも可能です。例えばオンラインセミナー開始前後の無音を避ける、という活用方法もあり

ます。比較的新しいPowerPoint Liveでは、スライドの縮小版を表示したり、ノートを表示して読みながら進めたり、レーザーポインターやペンなどを駆使したりしながら、PowerPointにある発表者ツールのイメージでプレゼンを進めることが可能です。

コンテンツを共有

デスクトップの共有

ウインドウの共有

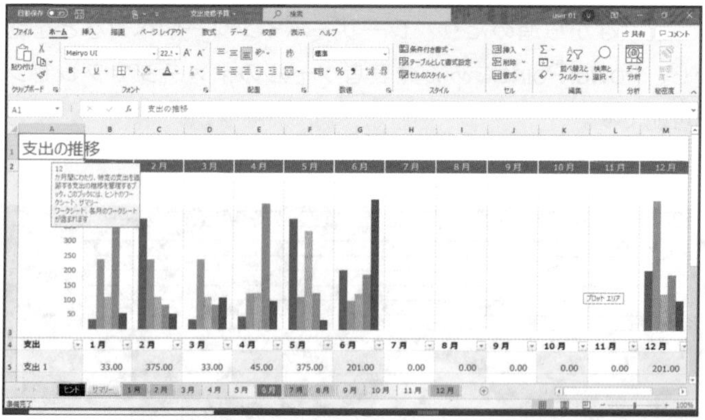

ホワイトボード

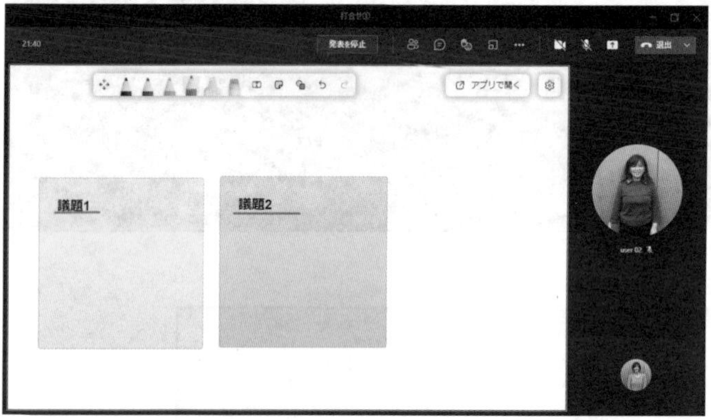

PowerPoint Live

また、[発表者モード] で [スタンドアウト] を指定すると、スライド表示しながら発表者を右下などの前面に表示して、より臨場感を高めることも可能です。

PowerPointのウインドウを共有し、発表者モードがスタンドアウトに

Teamsの会議機能は、会議だけではなく、セミナーやオンラン研修、動画作成などさまざまな用途で利用することができます。オンライン研修では全体での研修に加えて、複数のグループに分かれてディスカッションを行うこともあります。ブレークアウトルームを利用することで、複数の小会議室（小部屋）に参加者を振り分け、小会議室でディスカッション後、全体の会議室に戻ります。小会議室内でもコンテンツの共有など会議に必要な機能の利用は可能です。

会議の開催者は、小会議室の数を決定後 [自動] または、振り分ける参加者を指定できる [手動] から参加者を選択して小会議室を開始することができます。開催者もいずれかの小会議室に入り、ディスカッションの状況など様子を伺うことが可能です。開催者は時間制限を設けたり、「あと5分です」などのアナウンスを小会議室に送信したりするなど、実際の会場に近い運用を行うことができます。

人により見方は異なると思いますが、数々の便利機能が搭載されているため、日常的にオンライン研修を行っている著者の印象としては、会場で行う研修とオンライン研修の学習機会はほとんど変わりません。それだけではなく、講師側から見ると、会場への移動時間の削減や体力消耗の軽減による研修品質の向上など数々のメリットがあります。また、研修運営側からは会場設営の手間軽減、講師への出張手当や旅費交通費の支払い不要といったメリットがあります。一方、受講者側にも自席や自宅で手軽に受講できるなど、さまざまなメリットが考えられます。著者の場合、既定をオンライン研修としており、自席を配信スタジオのようにしているため、複数のPCを切り替えながら臨場感のあるデモンストレーションを行うといった、出張研修ではできない工夫も行っています。まさしくハイブリッドワークとして価値を生み出していければと考えています。

2-14 議事録をすぐにまとめる

会議後に議事録をまとめるという作業は、相応の労力が必要です。紙のメモに発言者や発言内容を記載していた時代もありました。PCを会議室に持ち込んで発言と同時にWordやメモ帳に入力し、後で正式な議事録フォーマットにコピー・アンド・ペーストしてまとめ直すことで、多少労力を軽減している人もいるでしょう。取締役会や重要なプロジェクトについては、これまで通り時間をかけて作成し、回覧・押印からファイリングまでアナログ対応にならざるを得ない場合もあるかもしれません。また、「言った」「言わない」というような問題を回避するためにも、議事録の重要性は変わることはありません。議事録を作成できて一人前と言われた新入社員の方もいるのではないでしょうか。

日常的な議事録について考えると、議事録の目的としては、結論、決定のプロセスを明らかにしたり、課題と称し、次のアクションに結び付けたりすることなどが挙げられるかと思います。正式な議事録の定義はともかくとして、議事録のデジタル化や廃止なども含めて専門家を交えて見直すことも、DX推進のための検討項目にはなることでしょう。

そして可能な範囲で議事録は作成しない、あるいは議事メモとして結論、決定のプロセス、次のアクションが分かる範囲の記録があれば、それだけでも労力は軽減できます。日常的な部内会議やミーティング、取引先との会議などは、参加者は信頼関係で結び付いているため後々の行き違いを互いの歩み寄りで修復できるはずです。結論、決定のプロセス、次のアクションが分かる範囲の記録で十分ということがいえます。

記録するのが大変、という方もいらっしゃるでしょう。Microsoft 365を活用したハイブリッドワークでは議事録作成にかかる労力を軽減することが可能です。

少し前の節で述べたことを思い出してください。Teamsを活用することで、それまで分断されていた会議前・会議中・会議後がシームレスにつながります。会議を何か特別なものとして考えるのではなく、負担の少ない軽微な日常業務の一貫として捉えることもできるのではないか、ということです。「プロジェクトの成功が目的であり、議事録の作成が目的ではない」という視点に立てば、日々プロジェクトを進めていくだけで、これまで議事録が果たしてきた役割は置き換えられることでしょう。

一部繰り返しになりますが、Teamsのチームのチャネルでの日常的な会話の中で、結論や課題は履歴として記録されています。スレッドの中でプロセスが見えるため、議事録に近いものといえます。資料の作成が必要であれば、アジェンダやたたき台レベルの資料を共有すれば、チームのメンバーで必要に応じて同時編集などを行い、意図しなくとも資料はブラッシュアップされ、そのまま会議資料としても利用できます。会議中はチャット機能によりスレッドに順次書き込むことができます。

チャネルからの会議チャット

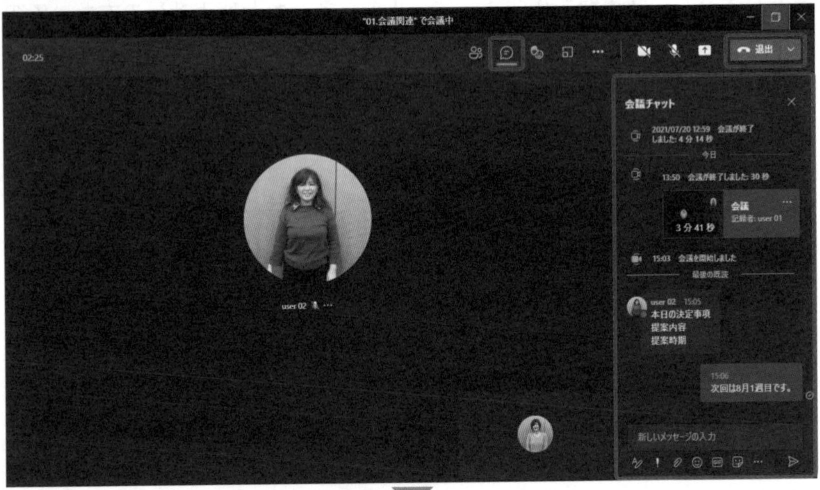

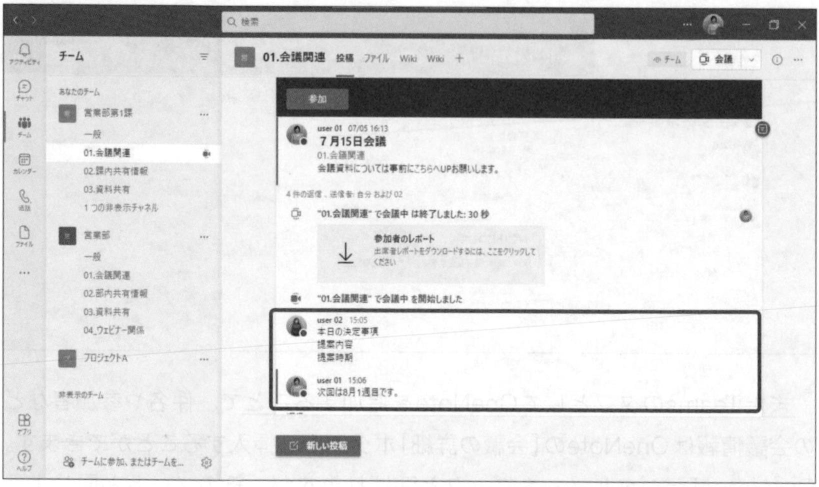

[会議のメモ]を作成することで、議事メモにすることができます。

会議のメモを作成

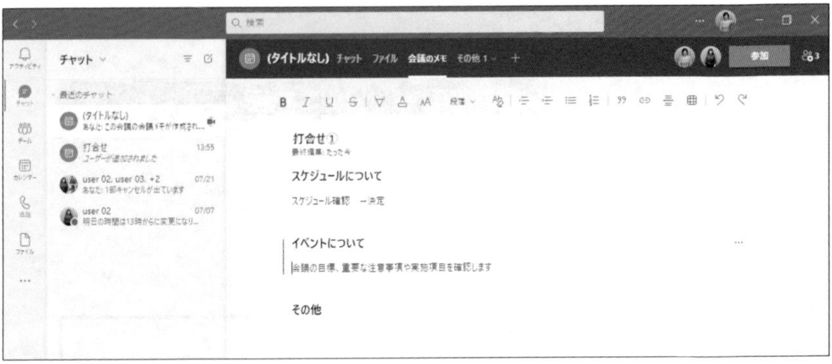

またTeamsのタブとしてOneNoteを追加することで、件名や参加者などの会議情報はOneNoteの[会議の詳細]ボタンから挿入することができます。OneNoteはデジタルノートブックと呼ばれますが、紙のノートと同じようにセクションという見出し項目ごとにページを複数枚作成できます。文字情報や画像や動画、ファイル、ホームページなどさまざまなものをノートブックという一カ所にまとめることができます。

OneNoteをタブに追加する際に、新しくノートブックを作成することもできますが、チーム名と同じノートブックが準備されていますので、それを活用することもできます。

TeamsにOneNoteを追加

チーム
あなたのチーム
営業部第1課
一般
01.会議関連
02.課内共有情報
03.資料共有
1つの非表示チャネル
営業部
01.会議関連
投稿
ファイル
営業部第1課 Notebook
その他 2
会議
ファイル
ホーム
挿入
描画
表示
ヘルプ
ブラウザーで開く
必要な作業を入力
このノートブックは空です。
新しいセクションを作成するには、ここをクリックするか、Enter キーを押してください。

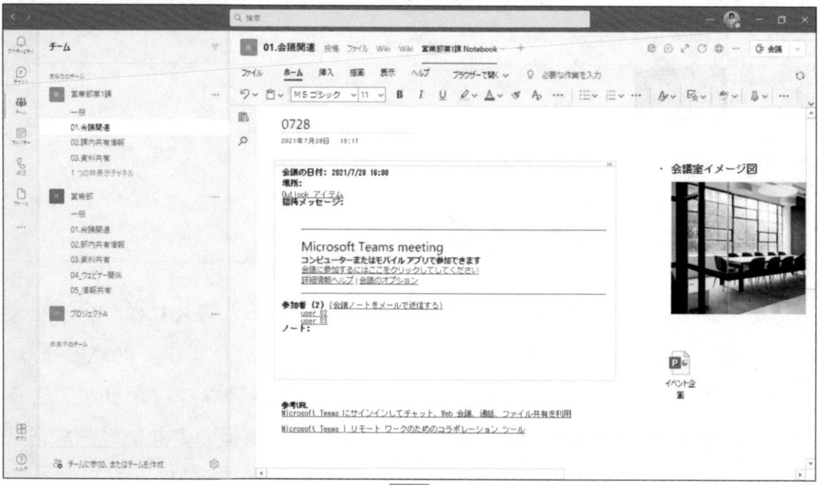
チーム
01.会議関連
営業部第1課 Notebook
0728
2021年7月28日 15:17
会議の日付: 2021/7/28 16:00
場所:
Outlook アイテム
招待メッセージ:
Microsoft Teams meeting
コンピューターまたはモバイル アプリで参加できます
会議に参加するにはここをクリックしてください
詳細情報ヘルプ | 会議のオプション
参加者 (2) (会議ノートをメールで送信する)
user 02
user 03
ノート:
会議室イメージ図
参考URL
Microsoft Teams にサインインしてチャット、Web 会議、通話、ファイル共有を利用
Microsoft Teams | リモート ワークのためのコラボレーション ツール

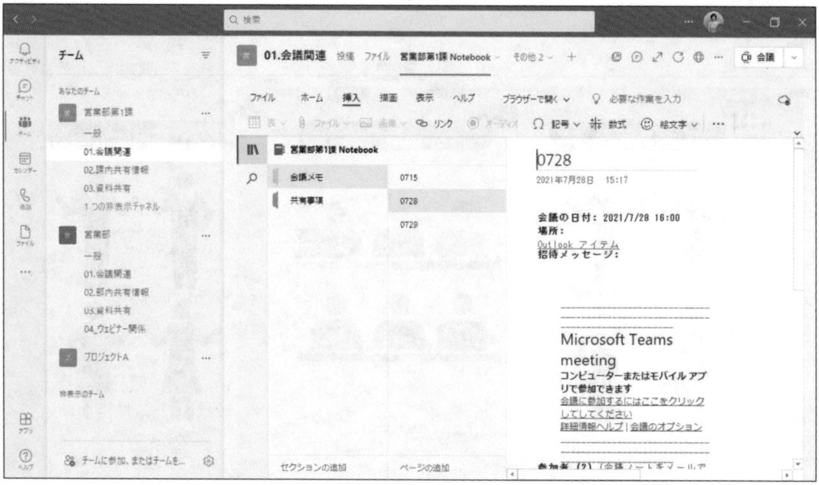
チーム
あなたのチーム
営業部第1課
一般
01.会議関連
02.課内共有情報
03.資料共有
1つの非表示チャネル
営業部
一般
01.会議関連
02.部内共有情報
03.資料共有
04_ウェビナー関係
プロジェクトA
非表示のチーム
01.会議関連
投稿
ファイル
営業部第1課 Notebook
その他 2
会議
ファイル
ホーム
挿入
描画
表示
ヘルプ
ブラウザーで開く
必要な作業を入力
リンク
記号
数式
絵文字
営業部第1課 Notebook
会議メモ
共有事項
0715
0728
0729
セクションの追加
ページの追加
0728
2021年7月28日 15:17
会議の日付: 2021/7/28 16:00
場所:
Outlook アイテム
招待メッセージ:
Microsoft Teams meeting
コンピューターまたはモバイル アプリで参加できます
会議に参加するにはここをクリックしてください
詳細情報ヘルプ | 会議のオプション

スケジュールされた会議の終了後、会議でのチャット内容やファイル、出席者レポートなどの会議の詳細、ホワイトボード、各出席者の出席時間、録画やトランスクリプトなどがミーティングリキャップ機能によりまとめられます。すなわち、これは議事内容でもあります。

ミーティングリキャップ機能を活用

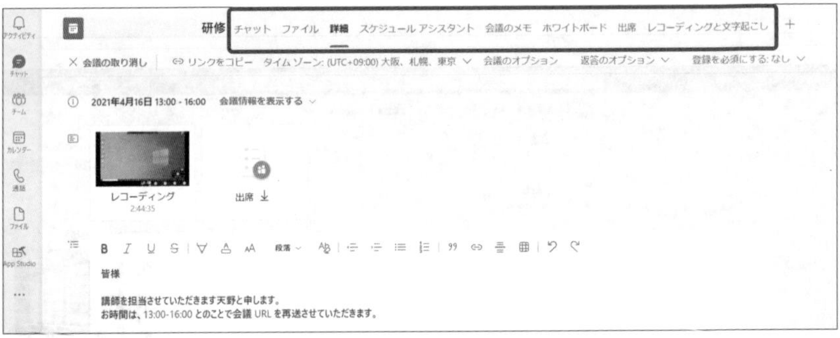

上記のさまざまな会議情報が議事内容を表していると考えれば、会議を実施した後にあらためて議事録を作成する必要がなくなります。前述の通り、Teamsを使えば会議前・会議中・会議後のシームレスなつながりができるので、会議を特別なものとして考えるのではなく、負担の少ない軽微な日常業務の一貫として捉えることができるのではないでしょうか。

2-15 夕方、仕事を終了する

Microsoft 365を活用したハイブリッドワークにより、段取りよく効率的に仕事を進めることができます。生産性が向上し、より多くのことを行うことで残業を行うこともなく、当日の仕事が終了できる可能性が高まります。

業務を終了する前に、メールの受信はないか、Teamsのアクティビティから自分に関係する投稿や必要なアクションがないか、といったことを確認します。チームのチャネルにその旨を投稿する場合もあるでしょう。

Teamsで自分のアイコンの脇にある［プレゼンス］は、手動・自動で切り替えられることをご存じの方も多いと思います。プレゼンスに加えて［ステータスメッセージ］を利用することで、自分の動静の詳細をチームメンバーに伝えることが可能です。他のユーザーが自分にメッセージを送るときに表示したり、ステータスメッセージの有効期限を設定したりすることができ、ステータスメッセージの消去や変更忘れの予防にもつながります。積極的に利用してはいかがでしょうか。

また、［外出中のスケジュール］としての不在時などの自動応答は、Outlookの自動応答と統合されています。

プレゼンスの設定

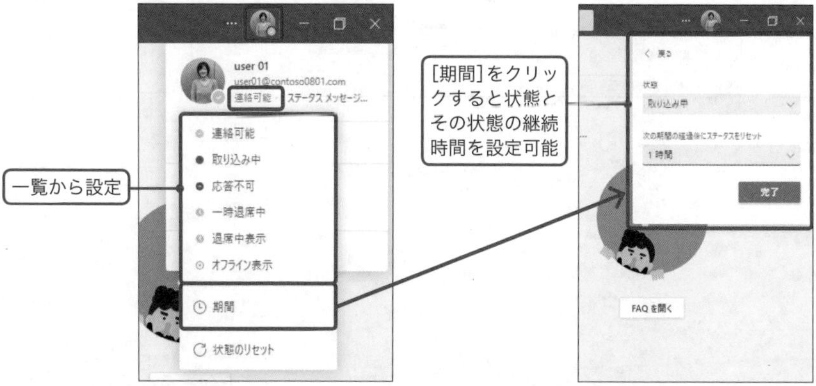

ステータスメッセージの設定

ステータスメッセージの確認

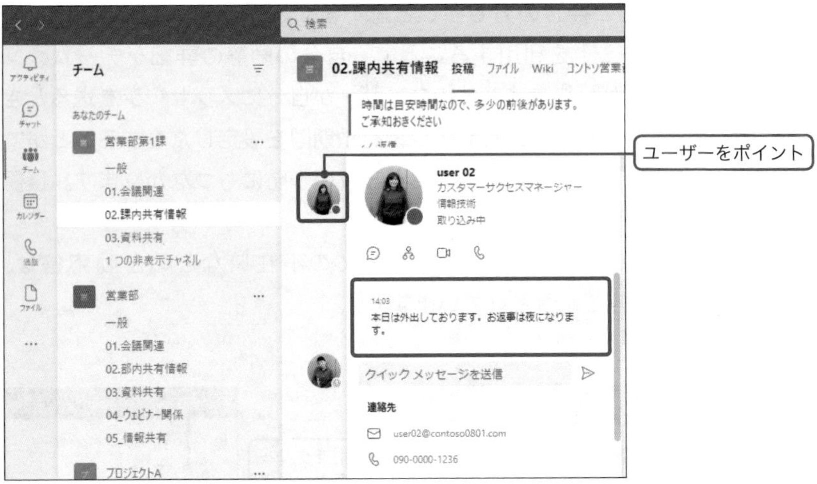

[他のユーザーが自分にメッセージを送るときに表示] がオンの場合

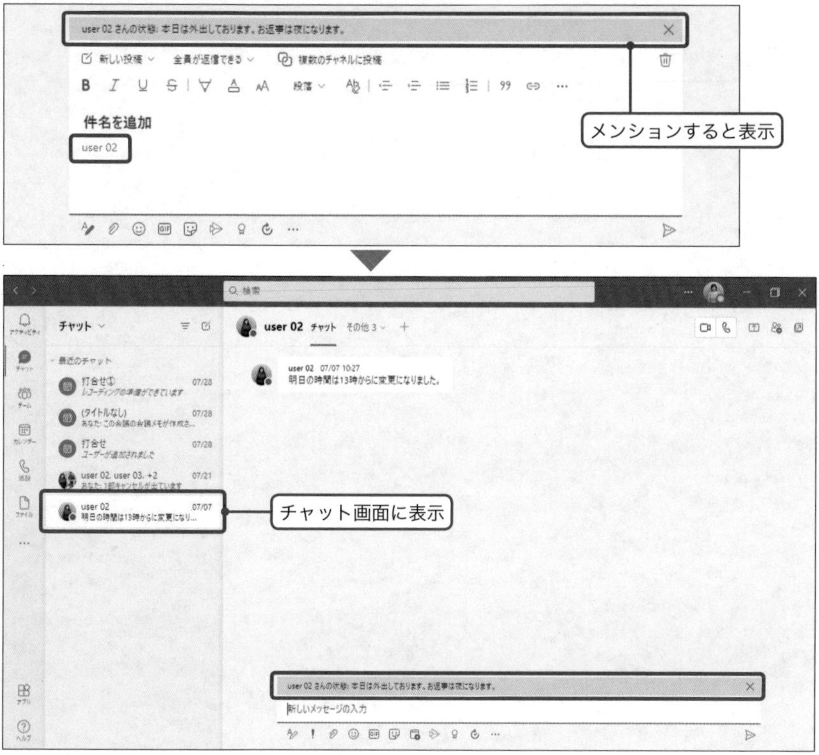

仕事を終了する場合、通常はPCをシャットダウンされる人も多いと思いますが、著者が愛用するSurface Pro 7+では、カバーを閉じると、既定の設定で [スリープ] の状態になります。夜、再度仕事をする場合は、カバーを閉じるということでもよいかもしれません。

第3章

ハイブリッドワーク（活用編）

3-1 プロジェクトチームを立ち上げる

ここまでは「ハイブリッドワーク（日常編）」として、既に準備された環境でハイブリッドワークを行うシナリオや各サービスの機能を紹介しました。ここからは、「ハイブリッドワーク（活用編）」として、自分が環境を準備する立場になった場合やMicrosoft 365をより活用するために、TeamsやOutlookなどのコアサービスと呼ばれるもの以外の関連サービスについても簡単に紹介します。関連サービスといっても各企業での活用方法によっては、コアサービスと呼んでよいほど機能は充実しています。

まず本節では、新しくプロジェクトチームが立ち上がり、自分がリーダーやリーダーを補佐する立場になった時に、Teamsでチームやチャネルを作成したり、運用管理を行ったりする場合のヒントをいくつか紹介します。

チームを作成する場合に意識することは、その運用方法やチームのライフサイクルをどのように考えるのかということです。例えばあるプロジェクトチームであった場合、そのプロジェクトはいつかは終了します。プロジェクトが終了した場合、使っていたチームや共有されたファイルは削除するのか一定期間残しておくのか、など組織やチームとしての考え方は重要となることでしょう。

チームのライフサイクル

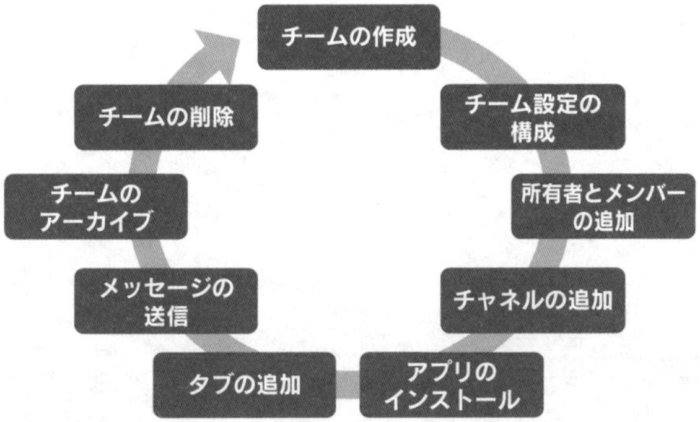

Teamsではアーカイブという機能が準備されており、共有されたファイルを読み取り専用にできるため、プロジェクトを一定期間残すという視点では活用できる場合があります。

また、既定では組織の誰でもチームを作成することができます。Teamsを積極的に活用したり、組織に定着させたりするために、この「誰でもチームを作成できる」ということは推奨したいところです。

ただ、上記のようなライフサイクルに対する考え方などが十分に浸透していない場合などに、チームの乱立や使われていない幽霊チームの出現など、限りあるリソースが無駄になってしまう懸念があることから、チームの作成を申請方式にしている企業もあります。申請されたチームをIT担当などで作成する方法はありますが、各業務部門での自動化のためにMicrosoft Graphという仕組みを利用してワークフローを構築するのが一般的です。自社でも作成できますし、サードベンダーにてそのようなツールも提供されています。

関連して、チームの作成を申請方式にする場合は通常、チームを作成できるユーザーをメンバーとするグループを作成するため、Azure AD Premiumというプランが必要となります(一部の機能は除く)。Azure AD Premiumプランを導入することで申請の運用だけでなく、チームの有効期限を設定する運用やチームの名前付け規則に沿ったチーム作成などが可能となります。少し専門的になりますが、それらの設定はTeamsのチームやファイルの保存場所であるSharePointサイトと連携するAzure ADのMicrosoft 365グループに対する設定であり、Microsoft 365全体に渡ったガバナンスを上手に構成できます。それ以外にも、動的グループを利用してチームメンバー入れ替えを自動化したり、セキュリティ上必須のゼロトラストを実現したり、といった機能があることから、Azure AD Premiumは企業にとって必要であり、重要で有益なサービスといえるでしょう。

Microsoft 365 E3/E5、Microsoft 365 Business Premiumには、最初からAzure AD Premiumが含まれているため、その機能を使うことができます。Azure AD Premiumが含まれていないプランの場合は、プランのアップグレードやAzure AD Premiumを追加することもできます。本書執筆時点では、Azure AD Premiumには機能範囲により、P1とP2があります。

リーダーや、リーダーを補佐する立場の人は、チームでは所有者という権限になるのが通例です。それ以外の人はメンバーや組織外のゲストとなります。

所有者は士気を高めるためにチームのロゴをアップロードしたり、チームを管理するためにメンバーやゲストの操作範囲を限定したりするといった設定が可能です。ただ、日常的にチームで会話するという視点では、所有者でもメンバーでもゲストでも、一部を除きできることはほとんど変わりません。そのため、日々の運用では権限の有無が問題になることはないと思います。著者もいくつかの企業のテナントにゲストとして参加しておりますが、不便を感じることはほとんどありません。むしろチームの管理を所有者に任せて会話に集中できるため、生産性が向上します。

チームには、希望すれば自ら参加できるパブリックチームと、メンバーを関係者のみに限定したプライベートチームがあります。仕事に関係するチームの場合は、プライベートチームが一般的です。チーム名は組織の名前付け規則に沿って作成することをお薦めします。一目で確認できるようにチーム名をパブリックチームなのかプライベートチームなのかが分かるようにしている企業もあります。

Teamsでは、チームは上下にドラッグすることで使いやすい位置に移動できますが、チャネルを並べ替えることはできません。企業によっては、チャネル名の前に数字などを付けて重要なチャネルを上部に配置されているケースもよく見かけます。また個人ではチャネルを固定することで上部に配置することが可能です。

チームの所有者、メンバー、ゲストであれば、そのチーム内の全てのチャネルにアクセス可能ですが、チーム内の特定のメンバーのみがアクセスできるチャネルとして、プライベートチャネルを作成できます。チームのメンバー数が多い場合など、例えば管理職だけのプライベートチャネルを作成するといったことが可能です。

チームを作る

なお、チームを階層化したいという要望を受ける場合があります。例えば部のチームがあり、その中に課のチームがあるという感じでしょうか。しかしながら、Teamsではチームの階層化はできません(本書執筆時点)。維持管理の視点ではあまり推奨はしませんが、プライベートチャネルを利用して階層化されているように見える運用を行うことは可能です。

プライベートチャネルを利用して、階層化して見えるように運用する

3-2 タスク管理やプロジェクト管理を行う

組織によりさまざまな視点がありますが、仕事を進めていくに当たって必要なタスクを“見える化”し、チームメンバーと共有して進捗の管理や課題の解決を行っていくことを、一般に「タスク管理」や「プロジェクト管理」と表現します。Microsoft 365では、管理の規模に応じて以下の3つのサービスが提供され、選択することが可能です。

- **Microsoft To Do（以下To Do）**：個人のタスク管理で、OutlookやMicrosoft Plannerと統合
- **Microsoft Planner（以下Planner）**：Teamsのチームの規模と同等程度のチームでのタスク管理
- **Microsoft Project**：中・大規模なエンタープライズプロジェクト管理

タスク管理／プロジェクト管理のサービス

To DoとPlannerについては、既に触れていますが、比較のためあらためて解説します。皆さんは自分がすべき作業、すなわち個人タスクはどのように管理していますか？　メモに書いたり、PCに付箋を貼り付けたり、スマホのアプリを利用したり、さまざまかと思います。個人のタスク管理にはMicrosoft 365のTo Doをお薦めします。PCからでもスマートフォンから

でも自分のタスクを一元的に管理できるからです。To Doからタスクを追加することもできますし、Outlookメールにフラグを設定すれば、To Doの［フラグを設定したメール］に表示されます。Plannerでチームのタスクとして自分が割り当てられると［自分に割り当て済み］に表示されます。Microsoft 365ではやりたいことを行えば、各サービス間が連携するというのが大きな特徴であり、目的志向で活用できます。重要なものには［☆］マークを付けるだけで、重要と分類されます。To Doの［今日は何をする？］では、やるべきタスクを提案してくれます。

Outlookでフラグの付いたメールとTo Doの［フラグを設定したメール］

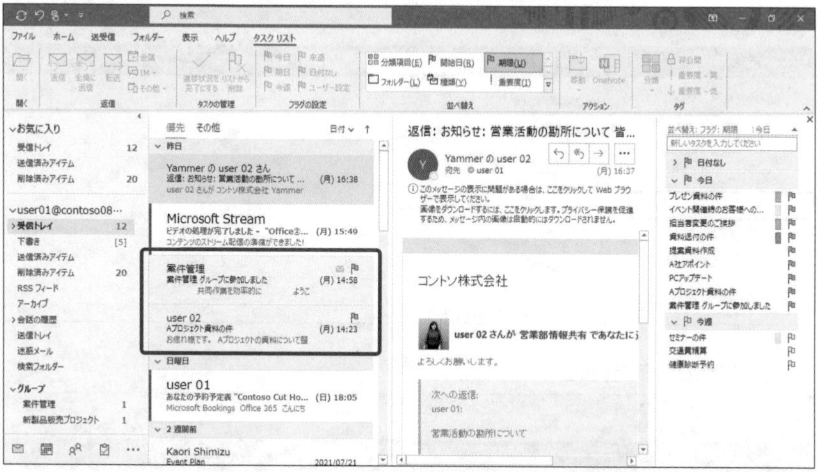

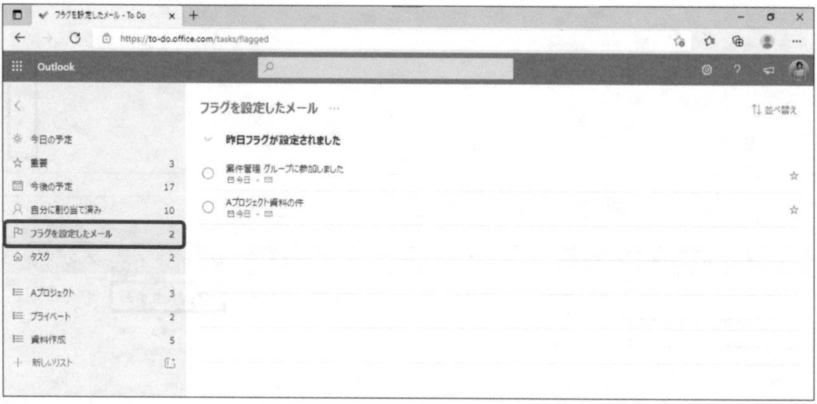

Plannerで自分に割り当てられたタスクとTo Doの［自分に割り当て済み］

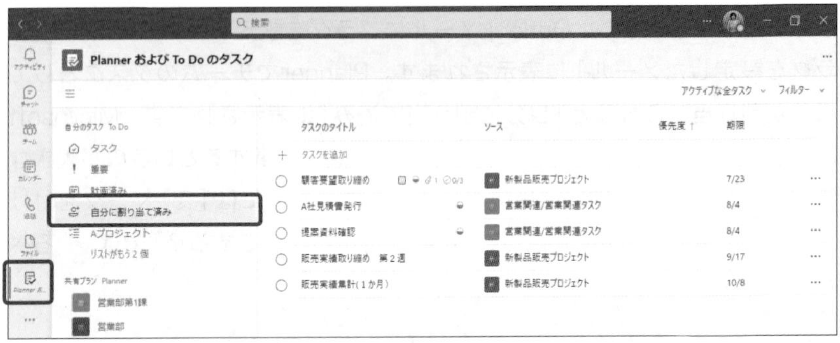

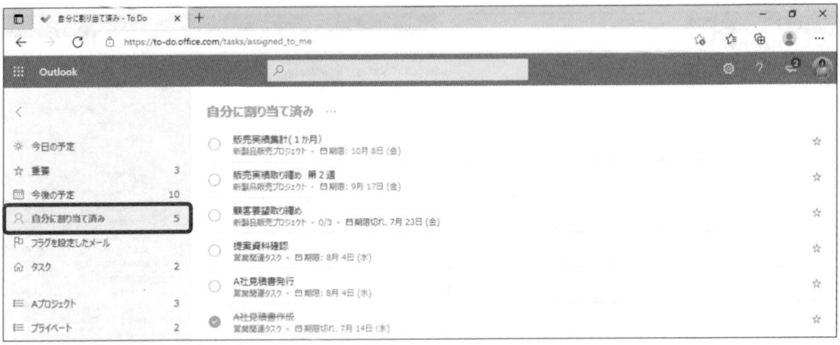

［重要］と［今日の予定］画面

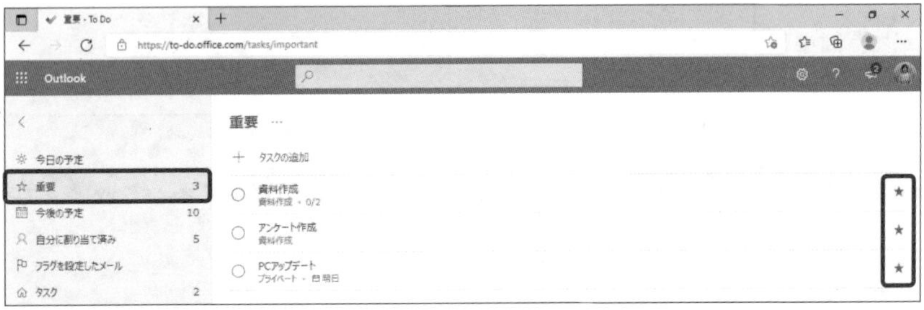

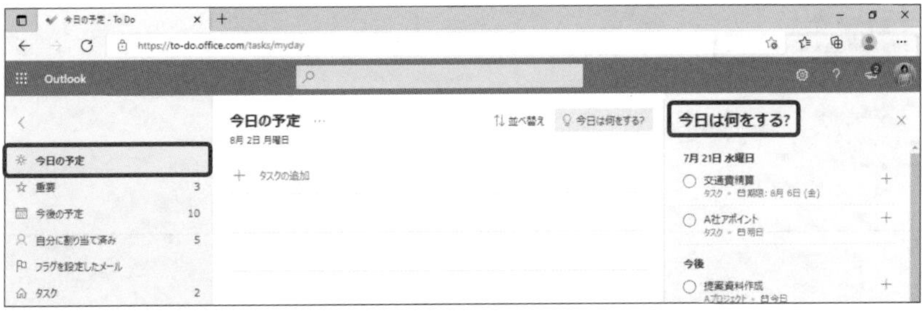

チームで一緒に仕事を進めていくときに互いの作業を“見える化”することは大切です。Plannerはチーム単位でタスク管理ができます。

Teamsのチームとも連携できるプランを作成し、メンバーを追加します。そしてバケットを複数作成し、個々のタスクを束ねることができます。タスクはタスク名、期限、割り当てユーザーを指定する程度ですぐに追加できます。ラベルで色分けしたり、タスクを開いてチェックリストを追加したり、ファイルを添付したりすることも可能です。

Plannerの画面

タスクの詳細

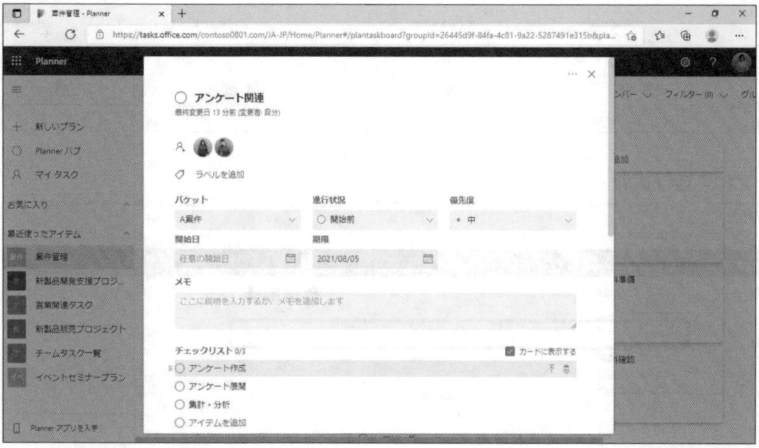

タスクはフィルターしたり、担当者／進行状況／期限／ラベル／優先度などでグループ化したりして確認することもできます。

フィルター

グループ化：担当者

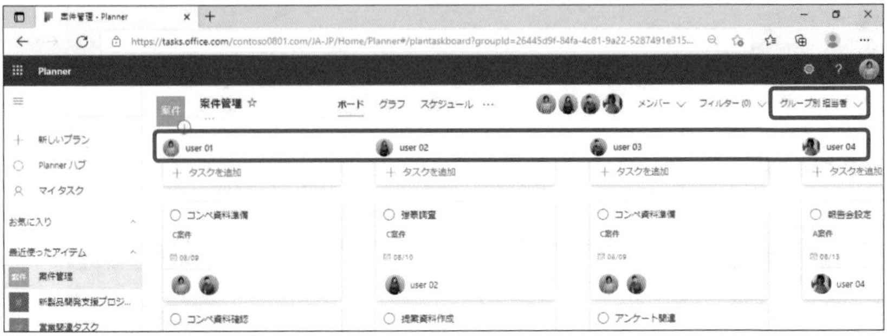

グループ化：進行状況

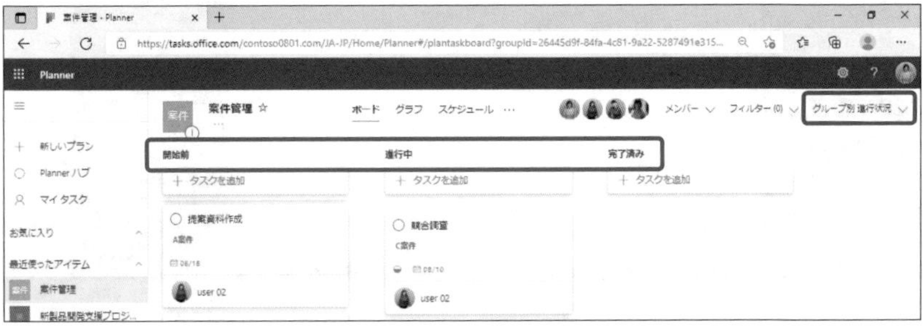

グループ化：期限

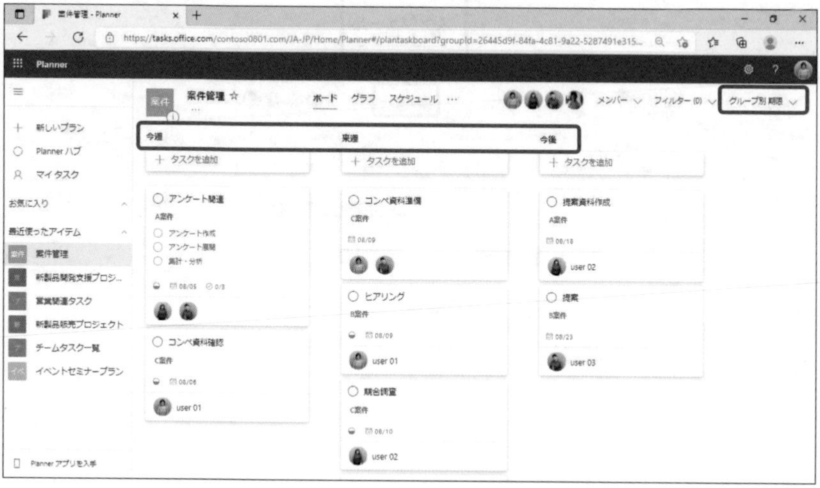

［グラフ］ビューでは、誰がどのようなタスクを抱えているのか、遅延はないかなどを一目で確認できます。［スケジュール］ビューでは、ガントチャートのようにカレンダー形式でタスクを確認できます。

グラフビュー

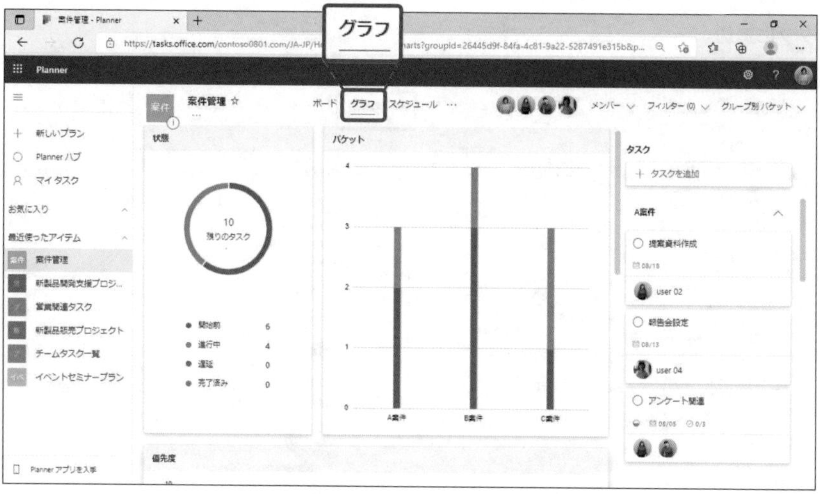

スケジュールビュー

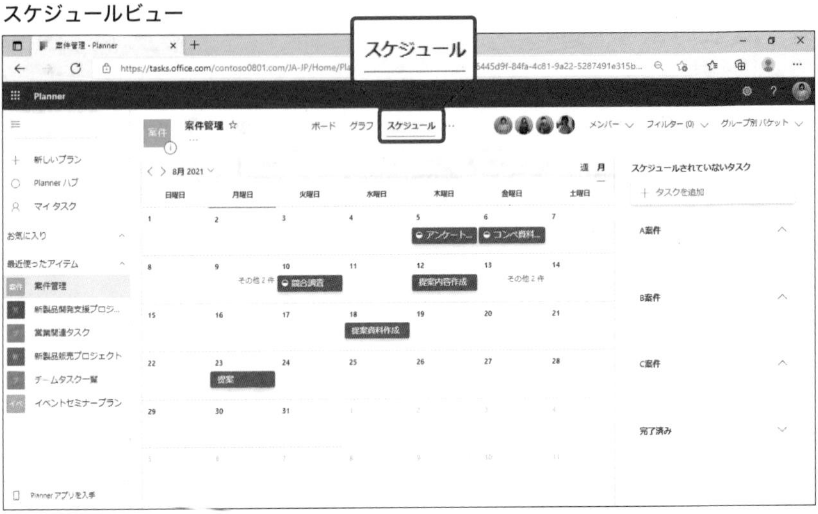

なお、TeamsではPlannerおよびTo DoによるTasksというアプリが提供されています。タブに追加してチーム内のタスク管理が可能です。複数のチームにまたがる自分のタスクを確認したい場合には、アプリバーに固定することでTeamsから離れることなくタスクの確認が可能です。

タブに追加

アプリバーに固定

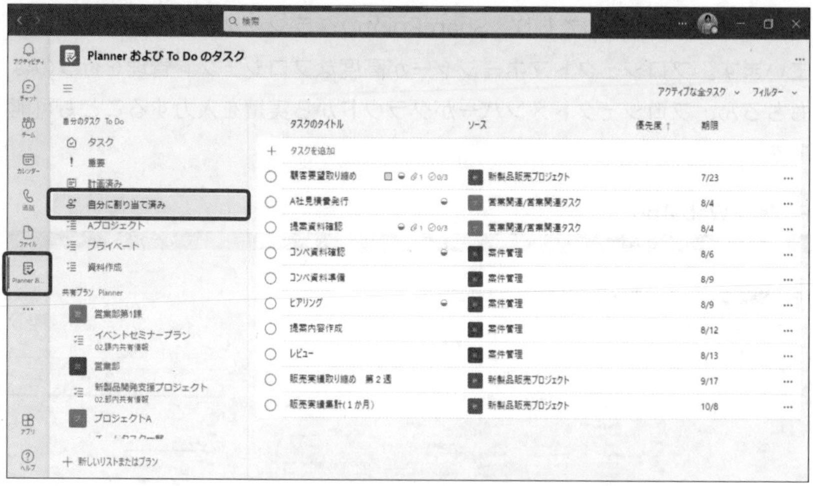

中・大規模なエンタープライズプロジェクト管理では、Microsoft Projectの活用が可能です。オンプレミス版も提供されていますが、ここではクラウド版を紹介します。

Project Onlineデスクトップクライアントという、1ユーザー最大5台のWindows PCにインストールできるアプリがあり、Excel感覚でタスクを登録し、自動計算やコスト管理、分析といった高度なプロジェクト管理を行うことができます。

Project Onlineデスクトップクライアント

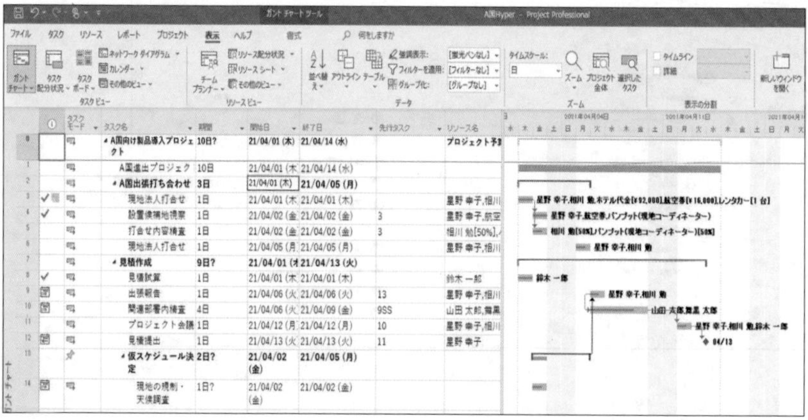

また、Project Onlineデスクトップクライアントと連携するのがクラウドのProject Web Appであり、SharePointのクラシックサイト上で提供されています。プロジェクトマネージャーが高度なプロジェクト管理を行うのはもちろん、プロジェクトメンバーがクラウドから実績を入力することも可能です。

Project Web App

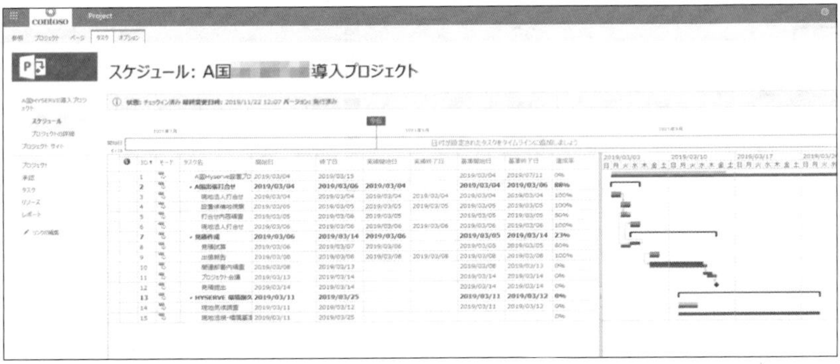

従来は上記2つのツールが提供されていましたが、近年ではProject for Webが提供されています。これはMicrosoft 365グループと接続してより簡単にプロジェクト管理ができるものです。Teamsのタブにアプリとして追加することもできます。

Project for Web

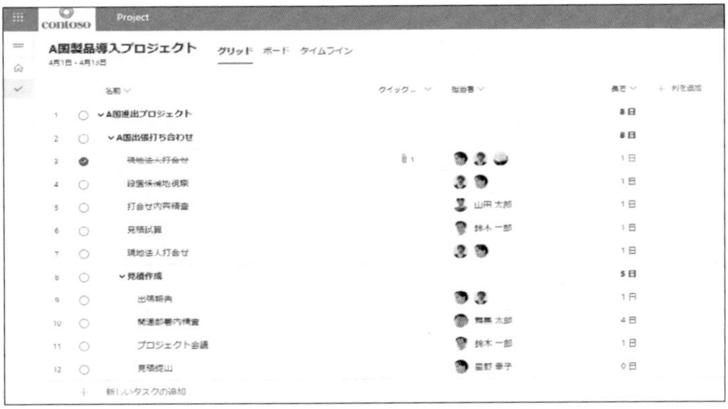

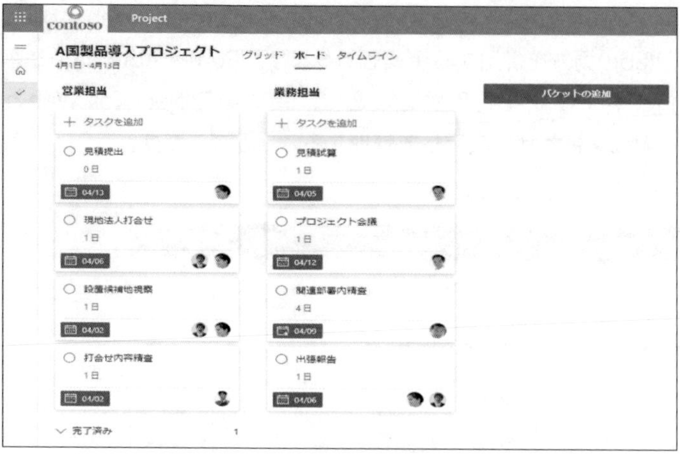
contoso
Project
A国製品導入プロジェクト
4月1日 - 4月13日
グリッド
ボード
タイムライン
営業担当
業務担当
バケットの追加
タスクを追加
見積提出
0日
04/13
現地法人打合せ
1日
04/06
設置候補地視察
1日
04/02
打合せ内容精査
1日
04/02
完了済み
1
タスクを追加
見積試算
1日
04/05
プロジェクト会議
1日
04/12
関連部署内精査
4日
04/09
出張報告
1日
04/06

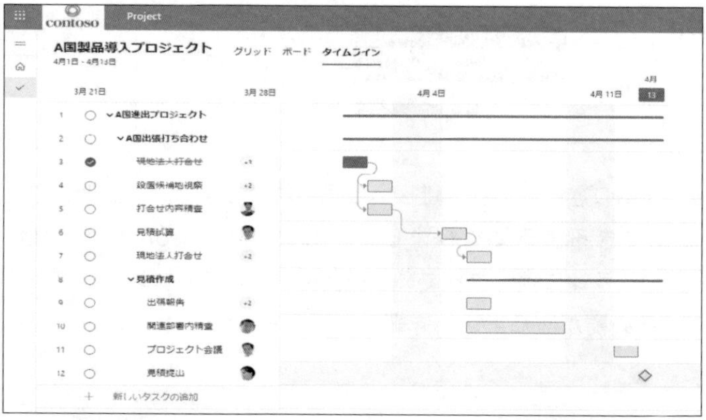
contoso
Project
A国製品導入プロジェクト
4月1日 - 4月13日
グリッド
ボード
タイムライン
3月 21日
3月 28日
4月 4日
4月 11日
4月
13
A国進出プロジェクト
A国出張打ち合わせ
現地法人打合せ
設置候補地視察
打合せ内容精査
見積試算
現地法人打合せ
見積作成
出張報告
関連部署内精査
プロジェクト会議
見積提出
新しいタスクの追加

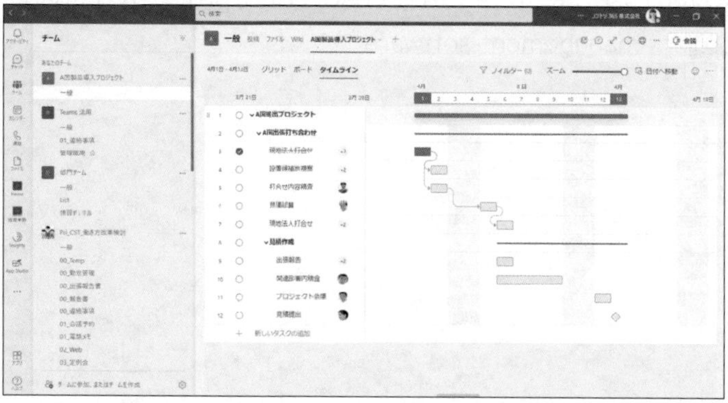
チーム
一般
A国製品導入プロジェクト
グリッド
ボード
タイムライン
A国進出プロジェクト
A国出張打ち合わせ
見積作成
新しいタスクの追加

Project for Webへと移行するために、従来のProject Web AppとProject for Webの両方を併用する企業もあります。Power Automateと連携しているロードマップを利用することで、複数のProject for WebとProject Web Appを合わせて表示して管理することができます。

ロードマップ

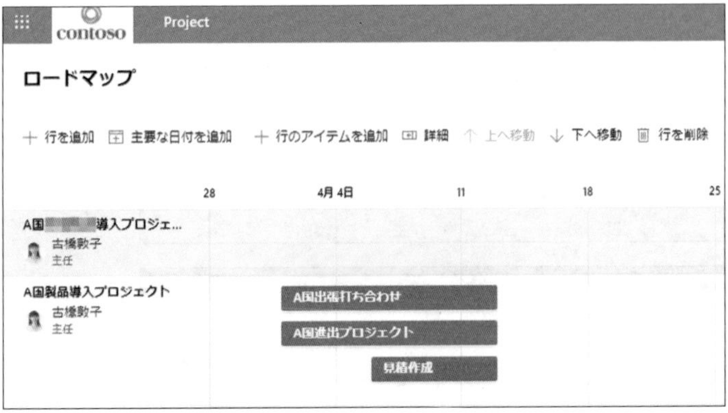

Project for Webの登場により、難しいと思われがちなプロジェクト管理がとても簡単にできるようになりました。なお、Microsoft Projectは、Microsoft 365のプランには含まれていないため、追加のサブスクリプションとして導入する必要があります。詳細は以下のWebサイトをご覧ください。

https://www.microsoft.com/ja-jp/microsoft-365/project/compare-microsoft-project-management-software

3-3 ウェビナーを開催する

皆さんは「ウェビナー」をご存じでしょうか。ウェビナーというのはWebを使ったオンラインセミナーのことです。最近はごく当たり前のように行われるようになってきています。

Teamsを活用すれば、本格的なウェビナーを開催できます。Teamsでウェビナーを計画すれば、ウェビナーの登録フォームの作成や参加登録、ウェビナー実施、参加状況のレポートまで、本格的なウェビナーの一連の手続きを簡単に実施することができます。

組織内のみで開催するものでも、広く組織外の人が参加するウェビナーにでもすることができます。プランによりメニューは異なる場合がありますが、Teams会議と同じようにウェビナーを作成可能です。

Teamsでウェビナーを設定

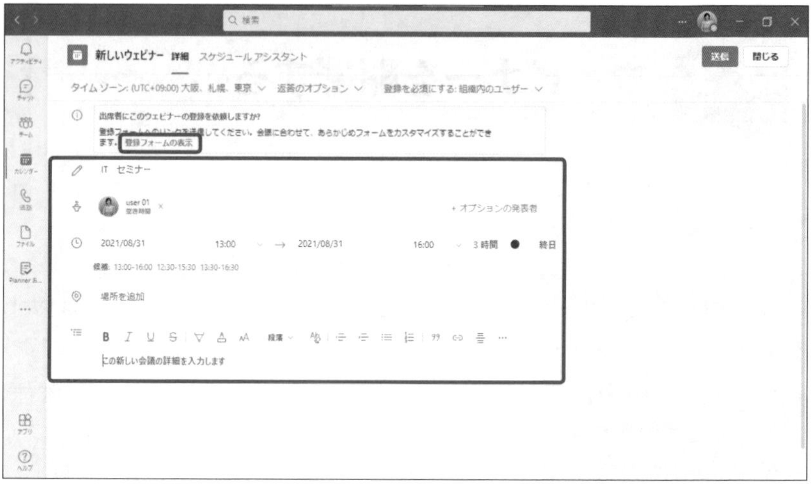

まずは登録フォームを作成しましょう。入力項目などのカスタマイズが可能です。参加者に登録URLを共有して参加登録するだけです。

登録フォーム作成画面

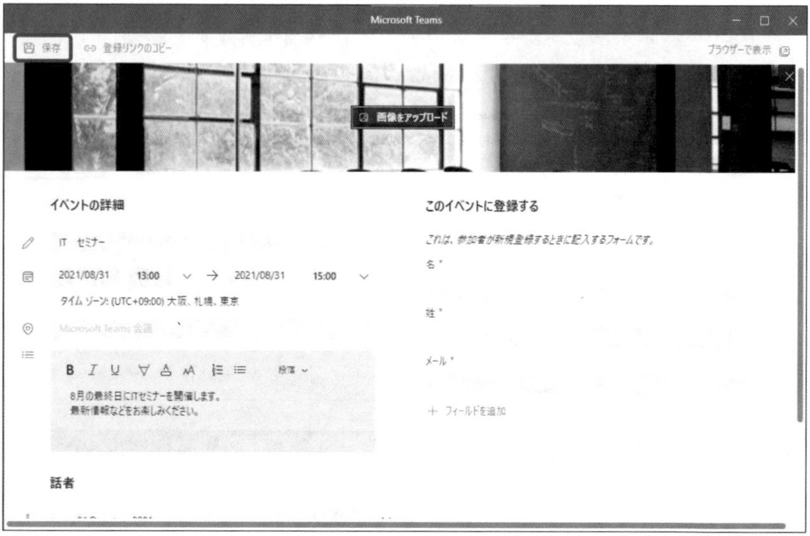

参加登録画面

Webinar
IT　セミナー
イベントの詳細
2021/8/31 13:00 - 2021/8/31 15:00
タイム ゾーン: (UTC+09:00) 大阪、札幌、東京
Microsoft Teams 会議
8月の最終日にITセミナーを開催します。
最新情報などをお楽しみください。
話者
user01@contoso0801.com
このイベントに登録する
* 必須
名 *
04
姓 *
user
メール *
user04@contoso0801.com
今すぐ登録する
今すぐ登録する

Webinar
IT　セミナー
イベントの詳細
2021/8/31 13:00 - 2021/8/31 15:00
タイム ゾーン: (UTC+09:00) 大阪、札幌、東京
Microsoft Teams 会議
8月の最終日にITセミナーを開催します。
最新情報などをお楽しみください。
話者
user01@contoso0801.com
イベントでお会いしましょう!
user04@contoso0801.com に確認のメールを送信しました。
イベントに参加

開催者はウェビナー前に登録者を確認できます。

登録者を事前に確認

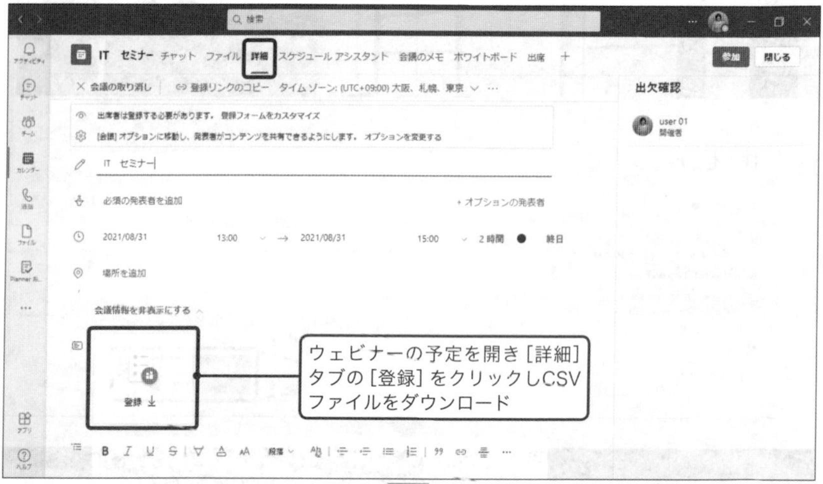

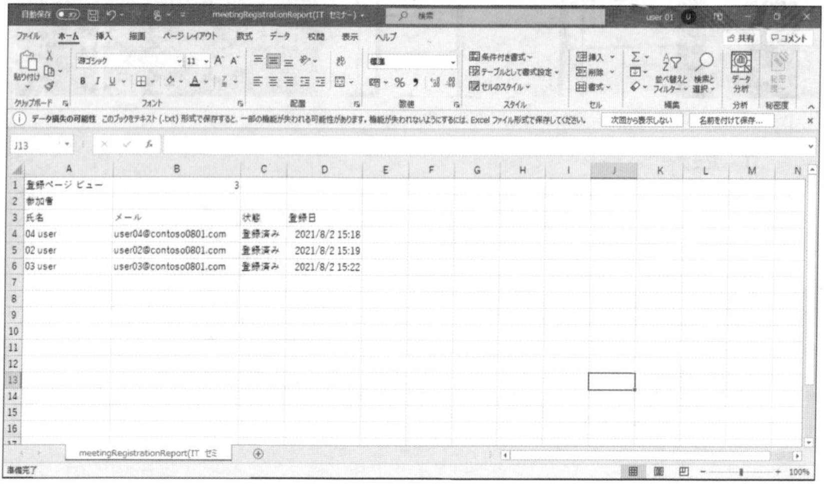

Teams会議と同じようにウェビナーを開催します。

ウェビナーの開催風景

ウェビナー終了後、参加者レポートで参加時間なども確認可能です。

参加者レポート

3-4 動画の視聴や共有を行う

組織内には、役員講話や商品紹介、トレーニング、会議の録画などさまざまな動画が存在します。そのような動画をアップロードして組織で一元管理し、視聴が必要な人にだけ適切に共有できる動画共有サービスが、Microsoft Streamです。今後SharePoint上に構築され新しくMicrosoft Stream (on SharePoint)として提供される予定です。これまでのものは、Microsoft Stream (クラシック) と呼ばれます。Microsoft Stream (クラシック) では、組織外のユーザーがMicrosoft Stream上の動画を視聴することはできません。一部のテナントでTeams会議の録画をMicrosoft Stream (クラシック) に保存されるように設定されている場合は、組織外のユーザーは自分が参加したTeams会議の録画でも視聴することはできませんので、別の方法での共有が必要となります。

本書執筆時点ではMicrosoft Stream (クラシック) が提供されているため、以降はMicrosoft Stream (クラシック) をStreamと表記します。

Microsoft Stream (クラシック)

Streamの機能としては、PCやスマホでの動画の再生、いいねやフォロー などのSNS機能、キャプション（字幕）、動画のトリミング、ノイズ抑制な ど数多くの機能がありますので試してみてください。

動画の再生

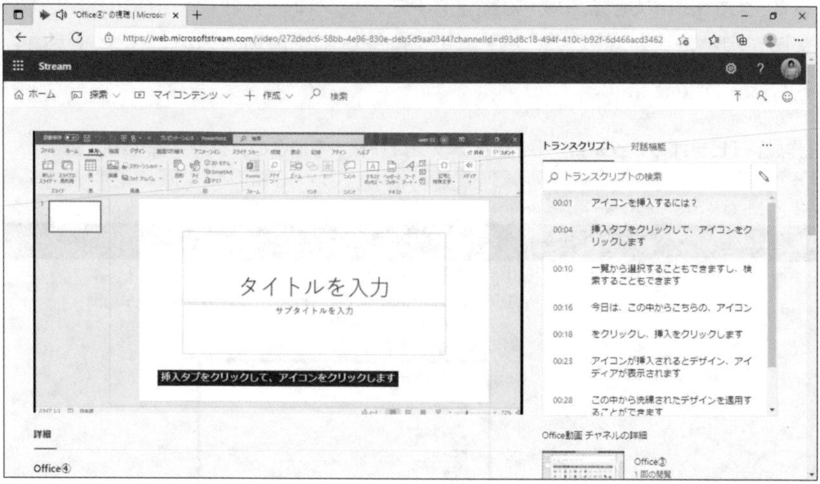

動画のトリミング

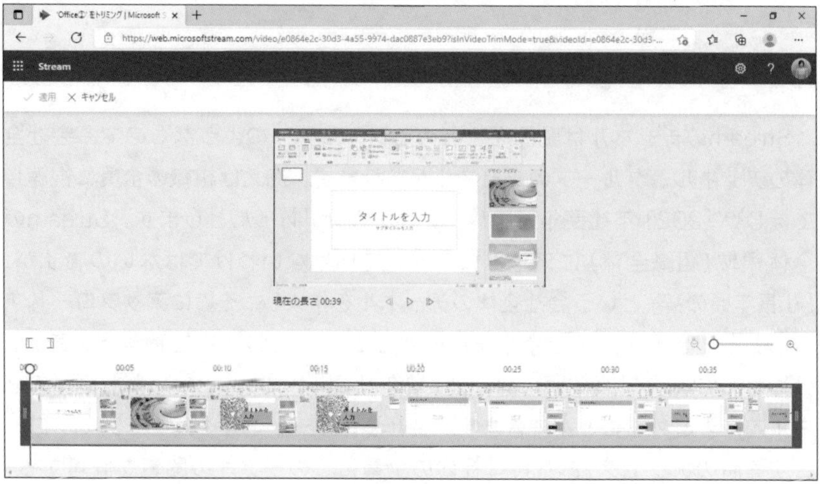

ここではStreamのグループとチャネルの概念について触れ、組織での展開の一助となるヒントを紹介します。

ホーム画面から［作成］-［ビデオのアップロード］または画面右上の［ビデオのアップロード］をクリックするだけで動画をアップロードできます。その過程のアクセス許可の画面では、［社内の全員にこのビデオの閲覧を許可する］が既定でオンとなっています。他の項目も既定のままアップロードすると、Streamの全体領域（組織全体）にアップロードされ、組織のユーザー全員が視聴できます。既定では編集・削除は動画の所有者となるアップロードした人ができます。

［作成］-［ビデオのアップロード］からアップロードする場合のアクセス許可の画面

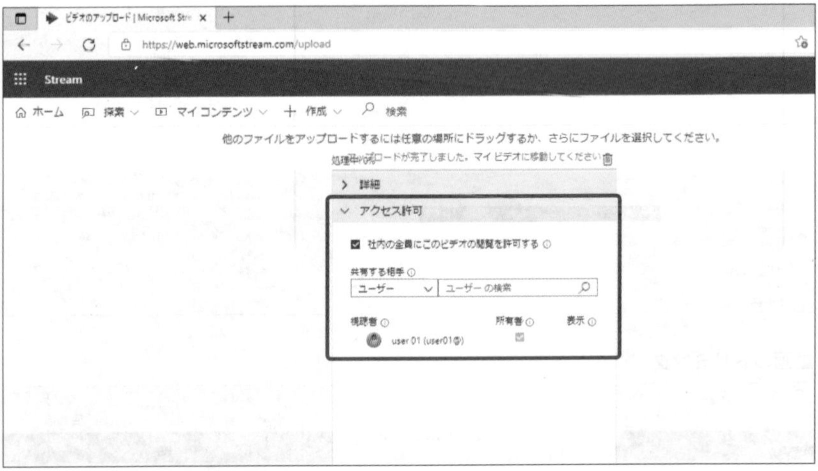

Streamのチャネルは動画をまとめるフォルダーのようなもので、会社全体のチャネルとグループのチャネルがあります。例えば組織の全員に視聴してほしい「2021年社長年頭の辞」という動画があったとします。Streamの全体領域（組織全体）にアップロードしていけないわけではないのですが、「社長年頭の辞」という会社全体のチャネルを作成し、そこにアップロードすることもできます。チャネルを作成することで「2021年社長年頭の辞」以外にも「2020年社長年頭の辞」「2022年社長年頭の辞」といった動画をチャネル内にまとめることができます。会社全体のチャネルへ動画をアップロードする時のアクセス許可は、［社内の全員にこのビデオの閲覧を許可する］が既定でオンとなっています。

チャネルを作成してアップロード

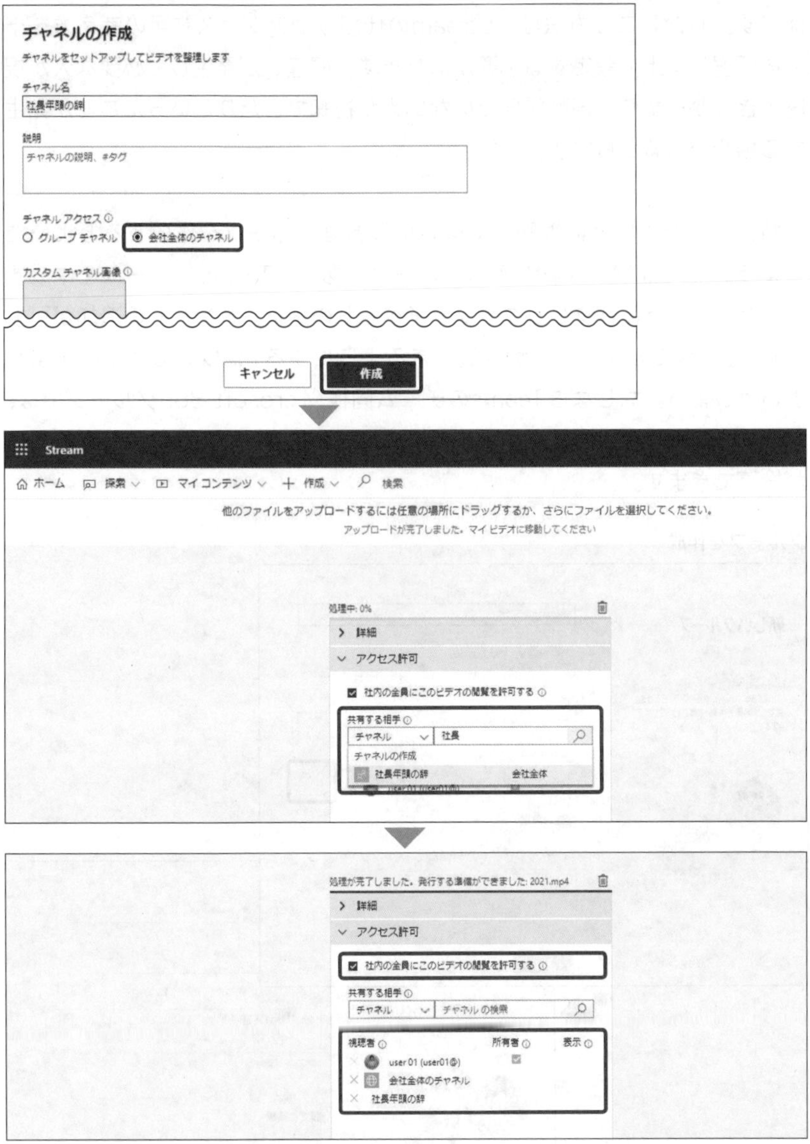

では、特定の人たちだけに視聴してほしい場合はどのようにすればよいでしょうか。Streamの全体領域（組織全体）や会社全体のチャネルに動画をアップロードしてアクセス許可の指定で［社内の全員にこのビデオの閲覧を

許可する］をオフにして、すぐ下で個別にアクセス許可を指定することが可能です。しかしこの方法は、Streamの仕組みやアクセス許可の考え方を十分に理解した上で設定する必要があります。間違いが発生して必要な人が視聴できなかったり、視聴対象ではない人が視聴できたりといったことが発生する場合があるからです。

特定の人たちだけに視聴してほしい場合はグループを作成するとよいでしょう。これはMicrosoft 365グループであり、Teamsでチームを作成するのと同じようにパブリックやプライベートの選択、メンバーの追加が可能です。［すべてのメンバーが投稿できるようにする］は既定のオンのままがよいでしょう。なぜならTeamsのチーム同様Microsoft 365グループでは、メンバーは平等な状態が良いからです。オフにするとグループの所有者だけが投稿できます。

グループを作成

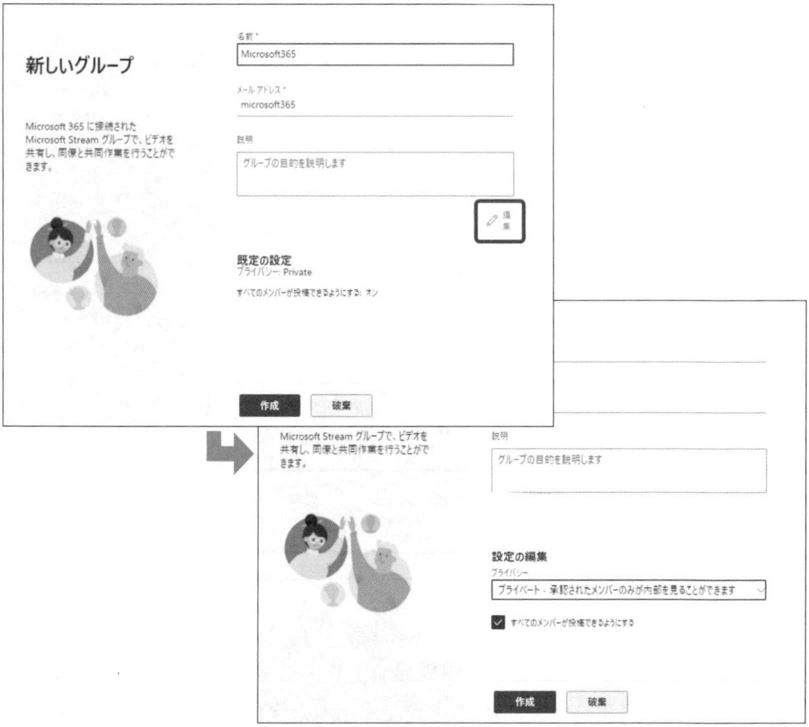

グループのチャネルはグループ内にチャネルを作成したものです。そのためグループのアクセス許可と同じ設定になります。

Microsoft 365では、チームワークのハブとしてTeamsを活用できます。Teamsのチームのチャネルでメンバーが会話します。Teamsのチームは、Microsoft 365グループと連携します。Teamsでチームが作成されるとStream上でTeamsのチーム名と同じMicrosoft 365グループが自動的に表示されます。

Streamのグループ一覧

Teamsのチーム一覧

ユーザーは自分のチームに共有したい動画があれば、Stream上でチーム名と同じグループを選択し、その中に適切なチャネルを作成して動画をアップロードできます。TeamsのチャネルとStreamのチャネルは連携するわけではありません。Stream上でグループの中に作成するチャネルは、Teamsのチャネルと同じ名前でも異なる名前でも可能です。Teamsでどのようなチャネル構成にしているかにより、チームに応じた運用が可能です。

動画をアップロードした後はTeamsのタブに追加しましょう。チャネルを追加して複数の動画を掲示することも特定の動画を直接掲示することも可能です。

Streamのチャネルをタブに追加

Streamのビデオをタブに追加

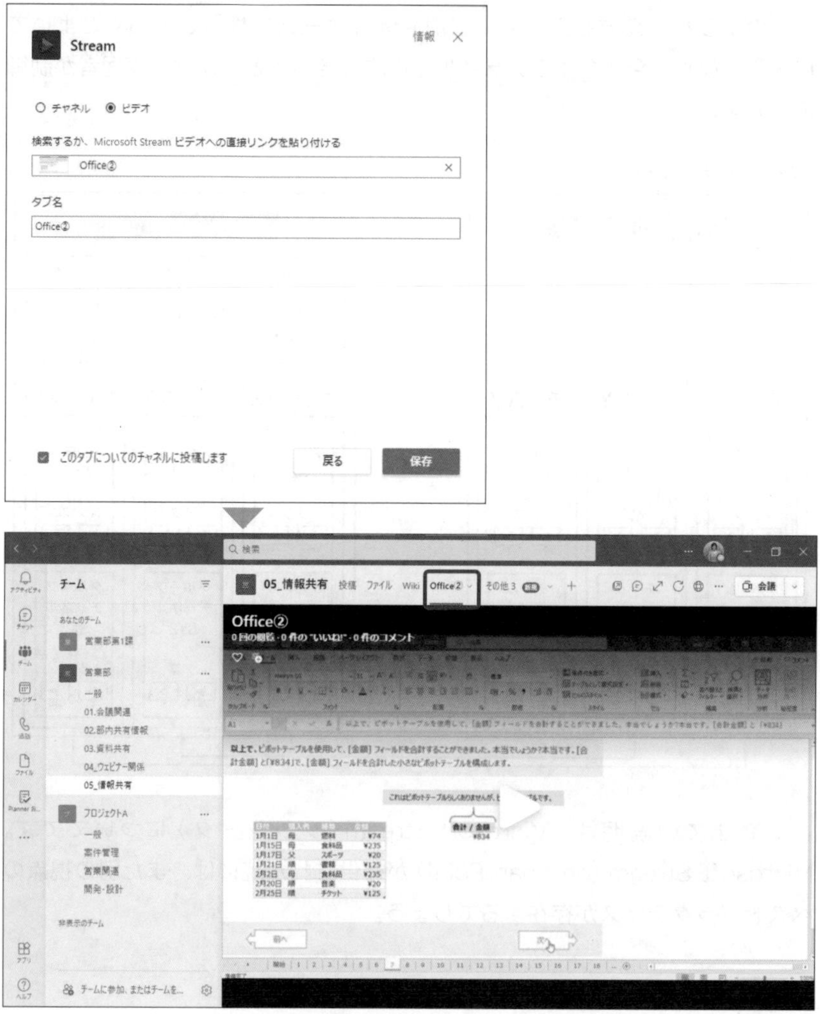

動画をアップロードする人の視点に立った場合、自分のチームに共有したい動画はStreamのグループのチャネル内にアップロードします。組織の全員に視聴してもらいたい動画は、会社全体のチャネル内にアップロードします。Streamは、最初にお話ししたように視聴が必要な人にだけ適切に共有できる動画共有サービスです。この方法でアップロードすることで、アクセス許可は既定のまま一切指定しなくとも、結果として適切なアクセス許可に

なります。

　このような考え方を踏まえて個別や例外ケースを検討していくとよいでしょう。なお、会社全体のチャネルを作成できるかどうかは、管理者が制御可能です。

グループとチャネル

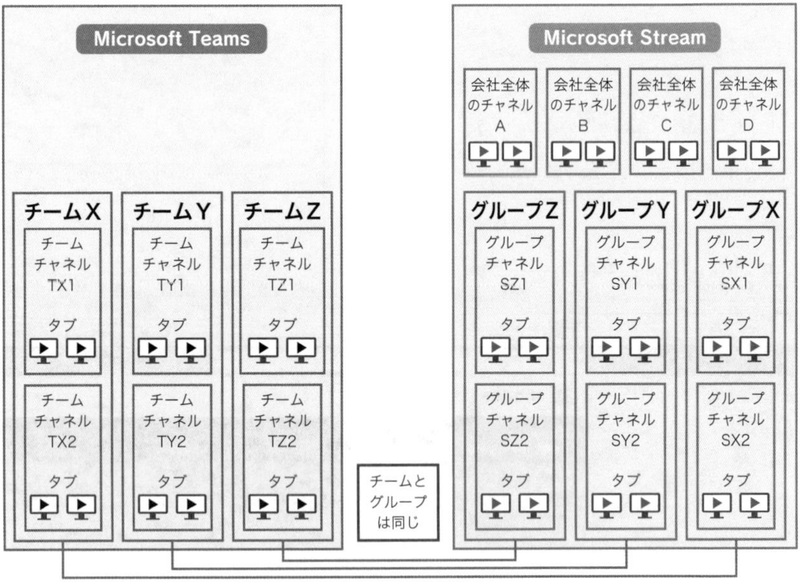

　ここまでの説明は、Microsoft Stream（クラシック）についてです。Microsoft Stream (on SharePoint) が提供された暁には、また別の視点のベストプラクティスが存在するでしょう。

3-5 コミュニティを利用する

リアルあるいはオンラインで、何かコミュニティに参加されている人はいらっしゃいますか。積極的にコミュニティとうたわなくとも、リアルで何かの教室に通っている、自治会の役員をされていて自治会館に集合している、またはオフ会を行っている、といったことがあるかもしれません。またプライベートでSNSの何かのグループのメンバーであれば、その中にはコミュニティと呼べるものがあるかもしれません。辞書で調べると「共同体」や「地域社会」というような意味があります。

Microsoft 365ではYammerというサービスが提供されています。ポータル画面のアイコンは、本書執筆時点では、「同僚やクラスメートとつながり、情報を共有し、プロジェクトの情報を整理します」と表示されます。アクセスした直後のホームフィード画面の新しいデザインからは、まさしく「あ、コミュニティだ」と思えるシンプルで洗練された印象で、使ってみたくなります。

コミュニティサービスのYammer

組織でYammerをどのように利用したらよいのかという質問をよくいただきます。既にTeamsを利用していて、日常的にはTeamsのチームのチャネルで会話を行うため、それでこと足りる場合もあることでしょう。前に述べた通り、2017年にマイクロソフト社のブログで考え方が公開されました。それによると「Teamsは普段一緒に仕事をしている人同士で使いましょう、Yammerはもう少し広い範囲、組織全体のオープンなコミュニケーションに使いましょう」ということでした。そして、マイクロソフト社の考え方や、著者がお付き合いさせていただいている企業の活用方法を集約したすみ分けは下記の通りとなります。

- Teamsをフロントエンドとし、仕事の中心とする。チャネルで課題解決やファイル共有を行う
- Teams内でポータルサイトやWebサイトを閲覧、FormsやPlanner、Streamなどを使いこなす
- 社内メールは、一斉メールなどは除きTeamsに置き換える
- Yammerは、社内コミュニティとして部門を超えた全社的コミュニケーションの場をTeamsに接続して使用。例えば「こんなこと知っている人いませんか？」「新入社員の自己紹介」「今日はこんなイベントに出席しています、と写真をアップロードする」といった使い方で利用する

これまでYammerでは、「コミュニティ」という表現ではなく「グループ」という表現をしていました。上記のような考え方はあったのですが「グループ」という言葉からは、やはりそれなりに近い存在の人同士の集まりという印象があったのも確かです。一方、「コミュニティ」という言葉に、どのような印象を持ちますか？　著者の感覚では、もう少し幅が広いさまざまなバックボーンを持った人たちとのつながりという印象があります。最初にコミュニティに参加されているかどうかを尋ねたのは、皆さんのコミュニティの印象を深めてほしかったからです。

そのように考えていくと、著者が「Yammerはこう使いませんか」と紹介しなくても「コミュニティ」としてのYammerと考えていただくことで、自らYammerの上手な使い方を見出していけるのではないでしょうか。

Teamsでも、例えば雑談や○○同好会などの息抜き的なチームやチャネルを作成して運用できます。そのようなもので一度Yammerを使ってみるのはいかがでしょうか。

著者が研修をさせていただいた大規模店舗の運営企業では、とても上手にYammerを利用されていました。あるフロアのお薦め情報や陳列方法などを社内に発信すると、別の店舗やフロアの方が反応したり参考にしたり、仕事とは離れた何気ない旅行での出来事やお孫さんのお世話などを投稿したり、ある趣味について投稿をしたら、同じ趣味の人が反応してその分野の趣味を持つ人しか分からないようなディープな会話が継続するなどがありました。

もちろん仕事以外の会話だけではありません。Microsoft 365のコミュニティのようなものでは、仕事と直結するMicrosoft 365の活用方法や疑問を投稿し、IT担当ではなく同じ一般利用者が体験とともに回答するといったことが行われています。Microsoft 365にYammerというサービスがあることで、組織の壁を越えたオープンでカジュアルなネットワークを構築することができるのです。投稿にハードルを感じることもありません。写真をアップロードすることで、臨場感が高まります。特にハイブリッドワークにおいて組織とは離れた環境で仕事をする機会も多い場合には、Yammerによるつながりはとても有益です。

Teamsではプライベートチームを作成することが多いですが、Yammerではパブリックコミュニティを作成する機会が多いかもしれません。

Yammerで新しいコミュニティを作る

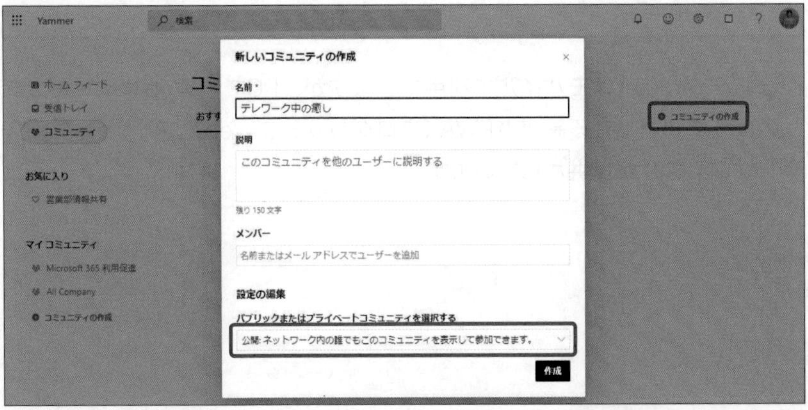

カバー写真やアバターをカスタマイズ

なお、Yammerはモバイルで利用できますが、PCでもWebサイトをアプリのように利用できる高速のPWA（プログレッシブWebアプリ）としてデスクトップアプリが提供されています。

PWA（プログレッシブWebアプリ）として提供されているYammer

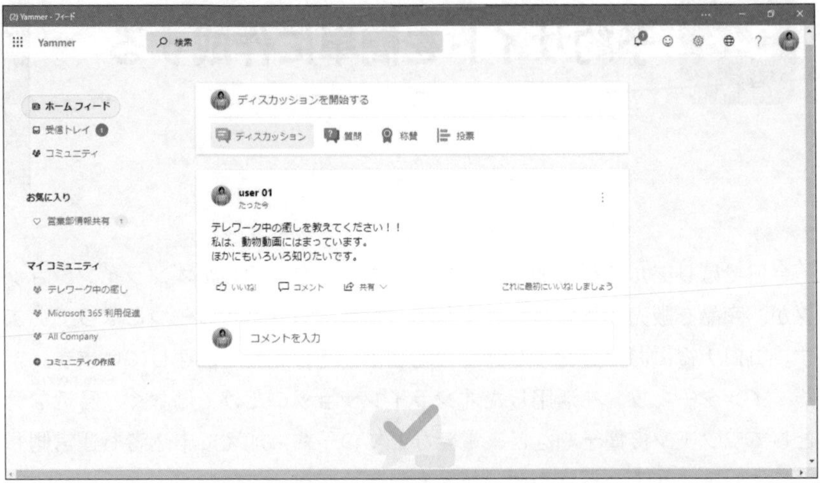

また、Teamsでは、コミュニティというアプリがインストール可能なため、Teamsから離れることなくYammerを使うことができます。

Teamsからコミュニティを利用

3-6 予約サイトを簡単に作成する

今日ではリアル店舗に加え、インターネットを活用したオンラインショップが、商品を販売するに当たってとても重要なチャネルの一つとなっています。コロナ禍におけるおうち時間の増加は、その流れを加速しています。また、インターネットを活用したオンラインショップだけではなく、身近な例としてワクチン接種予約など、電話などでの予約に加えて申込者も運営側も手軽に対応できるような予約サイトも数多く存在しています。

一方で、そのような予約サイトを自分で立ち上げる場合には、専用のシステムを構築したり、ECサイトのテナントとして入居したり、といった作業が必要で、相応のコストや準備が必要となります。

そこで登場するのがMicrosoft Bookings（以下Bookings）です。Bookingsは、こうした予約システムを簡単に作成できるサービスです。例えばお店であれば、ウィザードを利用した設定で予約サイトを立ち上げて、予約情報と顧客の管理ができます。

顧客はPCやスマートフォンで予約ができます。メニューからサービスを選択し、カレンダーで日時を指定します。対応するスタッフの指名もできます。後は自分の名前や連絡先を入力して予約するだけです。もちろん確認用のメールも届きます。

顧客による予約方法

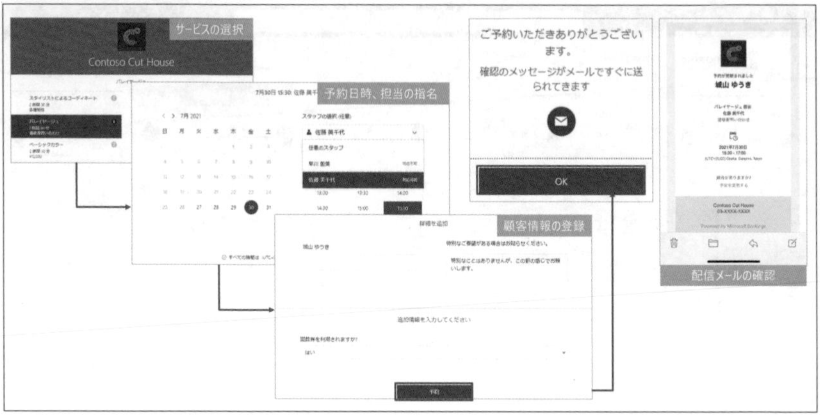

メールから予約画面に遷移し、キャンセルや変更が可能です。

顧客による予約変更方法

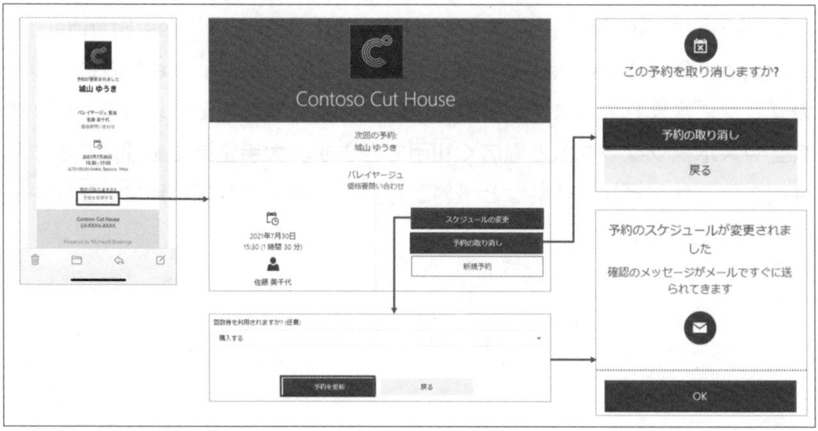

Teamsでも予約アプリが提供されているので、Teamsでスタッフとコミュニケーションしながら、予約情報を確認できます。

TeamsからBookingsを確認

Bookingsは執筆時点では、Microsoft 365 Business StandardやMicrosoft 365 Business Premiumはもちろん、Enterprise系のいくつかのプランに含まれています。本書の例は美容室ですが、それ以外でも何かの教室やスポーツクラブなど幅広く利用できます。大手企業でも部門ごとに提供しているサービスの予約など予約が必要なものであれば利用できます。

3-7 仕事のパターンを可視化する

地球上の全ての個人と全ての組織が、より多くのことを達成できるようにする――。前述の通り、これがマイクロソフト社の企業ミッションです。そして、これを実現するための製品・サービス・ソリューションの一つがMicrosoft 365です。ここまで、その視点で執筆を続けてきました。

「より多くのことを達成できるようにする」ためには、「生産性を向上する」ことが必要です。著者も企業経営者でもあることから著者自身の日々のテーマも生産性向上です。売上や利益の拡大、顧客に対するさらなる価値の提供、スタッフや取引先各位のワークライフバランスの向上や生活環境の改善など、社会貢献となるべく常に問題意識を持って仕事に取り組み、工夫と改善を繰り返しています。日常的にMicrosoft 365を活用しており、よりセキュアな環境でより多くのことを達成する努力をしています。

しかしながら、精神論や意欲のみでより多くのことを達成することには限界があり、データに基づいた分析による課題解決など客観的な情報を踏まえて行動を起こすことが、DXの推進につながることと思います。

Microsoft 365の機能の一つであるMyAnalyticsは、ユーザーがどのように、誰と一緒に時間を費やしたかという、個人の生産性における2つの重要な要素を分析できます。メールや会議にどれくらい時間を費やしているのか、仕事から離れてリフレッシュできているか、誰と一緒によく共同作業をしているのかなどの情報を提供し、仕事のパターンを可視化するとともに改善のための提案を行ってくれます。

以降では、MyAnalyticsの主要な分析情報を紹介しましょう。

ホーム

過去1カ月間の時間の過ごし方、集中できた時間や静かな日、上位の共同作業者、およびコラボレーションに費やした割合、生産性の分析情報、改善に役立つ提案などが表示されます。

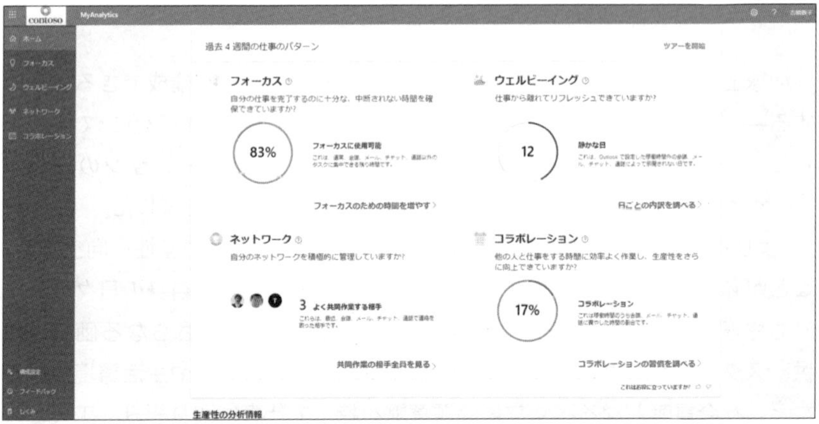

フォーカス

集中できる時間と、他のユーザーとの共同作業に費やした時間の週ごとの平均が表示されます。

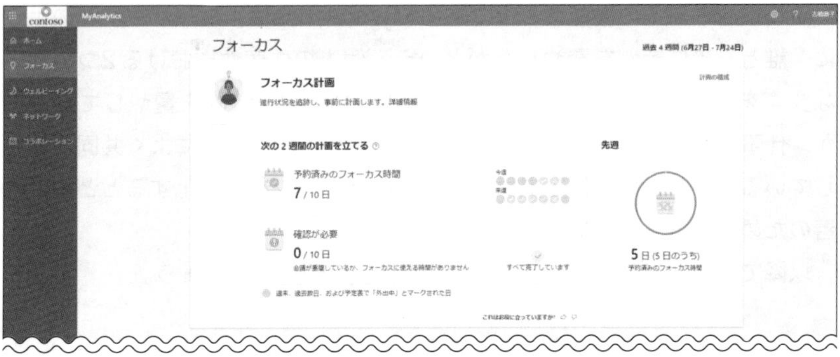

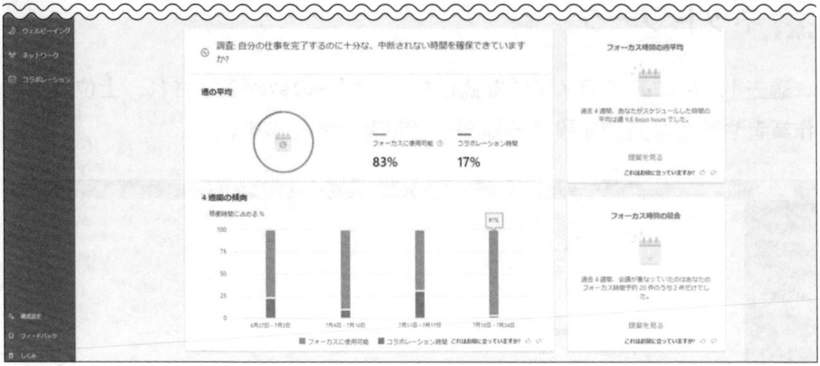

ウェルビーイング

仕事から離れてリフレッシュできているかどうかの確認のための静かな日の日数や、静かな時間を中断した行為の割合、静かな日を確保するための提案などが表示されます。

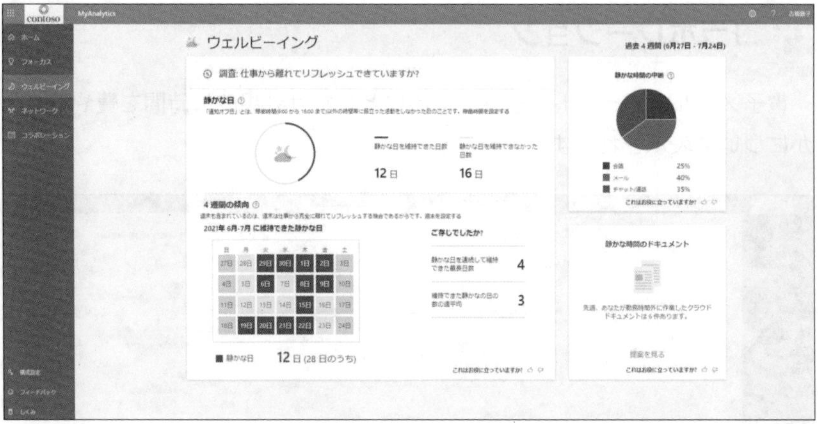

ネットワーク

過去1カ月にアクティブに接続したユーザーの数が表示され、上位の共同作業者や静かな時間を設ける提案などが表示されます。

コラボレーション

電子メール、チャットと通話、会議にどれだけ効果的に時間を費やしたのかについて表示されます。

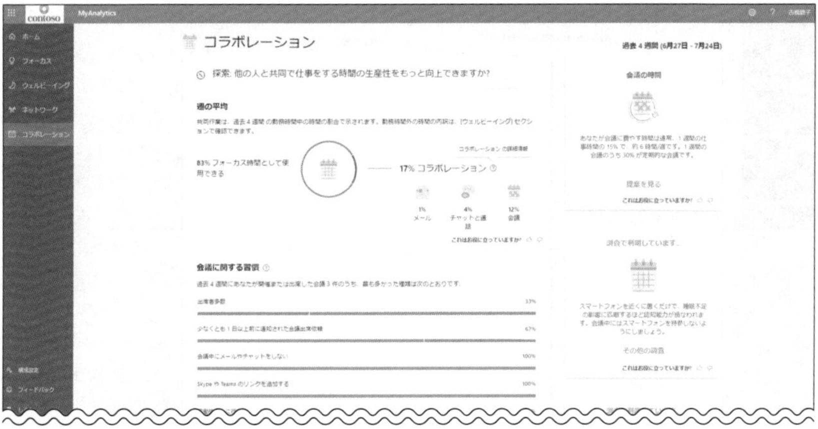

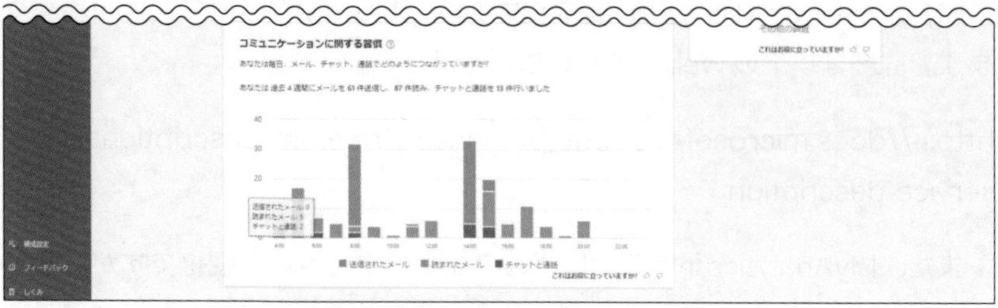

なお、OutlookではInsights Outlookアドインが提供されており、最近の作業状況を報告し、各カードから次のアクションに結び付く設定を行うことができます。

Insights Outlookアドイン

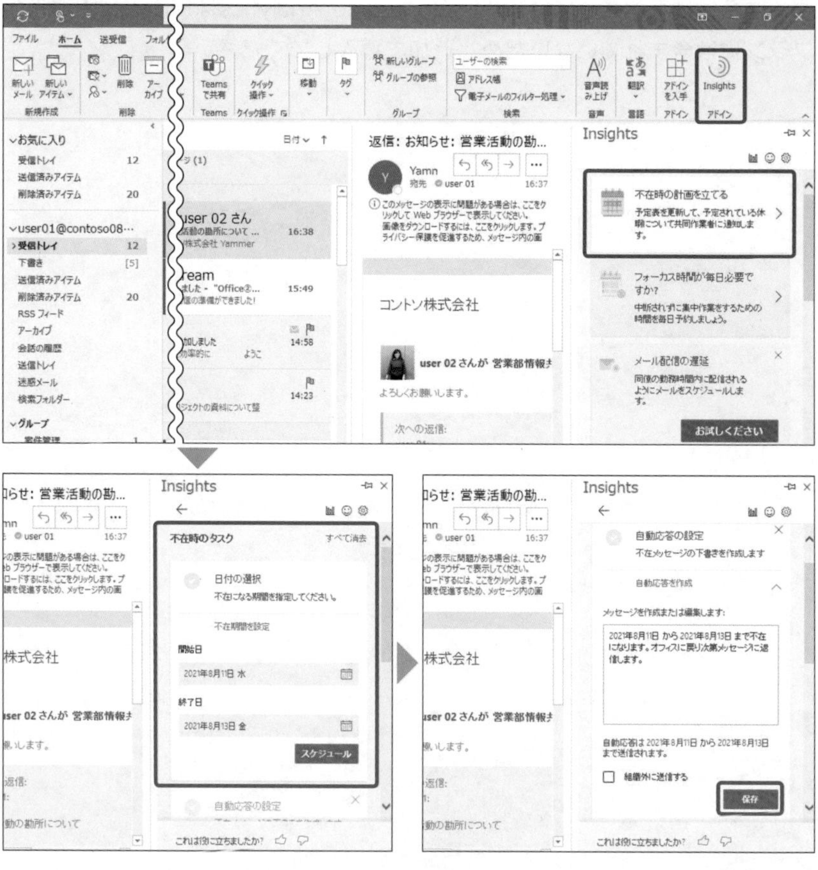

MyAnalyticsはMicrosoft 365のプランにより、提供される機能が異なります。詳細は以下のWebサイトをご覧ください。

https://docs.microsoft.com/ja-jp/office365/servicedescriptions/mya-service-description

また、MyAnalyticsが行うのは個人の仕事パターンの可視化ですが、それを組織全体でサマリーすることで、組織全体の仕事のパターンが可視化できることになります。Workplace Analyticsはユーザーが報告しなければならないといった負荷もなく、Microsoft 365を活用するビッグデータから自動的に可視化をするソリューションです。現実を踏まえた上で改善プログラムを実行していくことができます。個々のデータにドリルダウンも可能ですが、匿名性は考慮されています。Workplace AnalyticsはMicrosoft 365のプランには含まれていないため、追加で導入してください。

3-8 フロントラインワーカーが活躍する

現場の最前線で働く人たちのことを「フロントラインワーカー」と呼びます。報道などでは、エッセンシャルワーカーという表現が使われているようですが、同じ意味と考えてよいと思います。ここではマイクロソフト社が使用しているフロントラインワーカーという表現で紹介します。

現場の最前線で働くということは、PCを常時使うのではなく、作業所や工場などで朝本社からの情報を確認し、帰宅前に日報入力するなどのシーンや、あるいは現場でスマートフォンやタブレットを使用してコミュニケーションを行うなどもあるかと思います。24時間稼働するためのシフト制の場合もあるでしょう。さらには、HoloLens 2を利用するシーンもあるかもしれません。HoloLens 2とは、Physical Reality（現実の世界）とVirtual Reality（仮想の世界）及びAugmented Reality（拡張現実）を融合するMixed Reality（複合現実）を実現して、新たな可能性を開き、ビジネスイノベーションを起こすことができる製品です。詳細は以下のWebサイトをご覧ください。

https://www.microsoft.com/ja-jp/hololens

一言でフロントラインワーカーと言ってもさまざまな職種があり、働き方もさまざまです。世界のあらゆる場面で、時には身の危険となる仕事を行うフロントラインワーカーの皆様には、敬意を表する社会であってほしいと思います。

Microsoft 365では、フロントラインワーカー向けのプランとして、Microsoft 365 F1やMicrosoft 365 F3が提供されています。そのほかOffice 365でもプランが準備されています。

職種柄、Microsoft 365の全てのフル機能を使うわけではないと想定される分、価格面が手ごろとなっていますが、Microsoft 365 E3/E5と組織内で組み合わせて使うことができるため、特にMicrosoft 365 F3では、ほとんどのサービスが使えます。詳細は以下のWebサイトをご覧ください。

https://www.microsoft.com/ja-jp/microsoft-365/enterprise/frontline

フロントラインワーカーが利用できる機能は多数ありますが、ここではTeamsで利用可能なシフトアプリを紹介します。

Teamsでシフトを作成

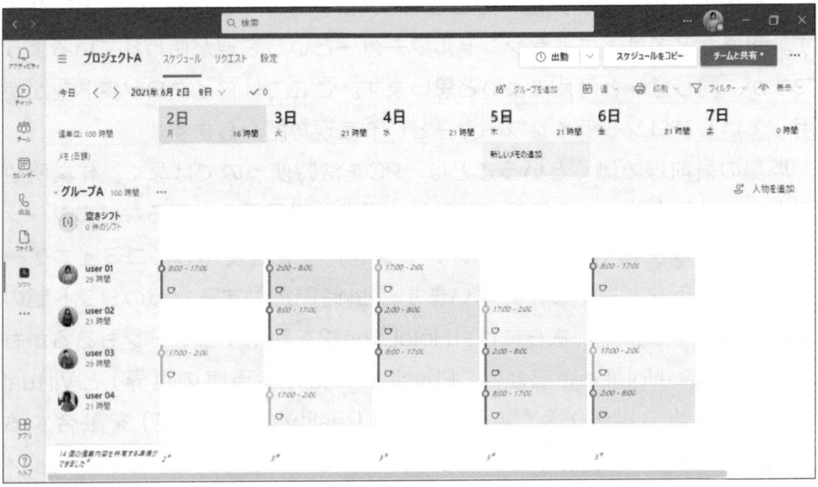

このシフトアプリを使うと、マネージャーはスタッフのシフトの追加や管理をしたり、メッセージなどを個別またはチーム全体に送ったりすることができます。

スタッフは、モバイルデバイスから自分の今後のシフトの確認、自分のほかにその日にスケジュールが入っているスタッフの表示、シフトの入れ替えや申し出のリクエスト、および休暇のリクエストなどを行うことができます。

休暇のリクエストもできる

Teamsのシフトアプリを活用することで、調整が難しいスタッフのシフトが短時間で効率的に行うことができるだけではなく、変更にも柔軟に対応が可能なため、空いた時間でより創造的な仕事を行うことができます。

ここまでスマートフォンやタブレットのモバイル利用について、折に触れて紹介しました。

Microsoft 365やその他のマイクロソフト社の製品・サービスでは、モバイルアプリも併せて提供されており、PCだけではなくモバイルでもより多くのことを行うことができます。フロントラインワーカーの方々にとっても生産性を向上する一助になると思います。

またMicrosoft 365ではプランによってMicrosoft Intuneというサービスが提供されています。Microsoft Intuneを使えば、モバイルデバイス管理（MDM）やモバイルアプリ管理（MAM）などが簡単にできるようになります。組織で安全にモバイルデバイスを利用したり、企業仕様に準拠したデバイスのみがアクセス可能なゼロトラストな仕組みをAzure AD Premiumと組み合わせて実現できたりするので、ユーザーの利便性を損なわずセキュリティ対策が可能です。

安全にモバイル機器を利用できる

3-9 従業員やチームの実力を引き出す

普段の生活の中で、悩みやストレスなどを抱えていると、仕事や生産性に影響することもあります。世の中には、それらを解決するさまざまな方法がありますが、組織としては従業員のワークライフバランスを十分に考慮して、より働きやすい環境を提供することも必要です。特にコロナ渦においては、リモートワークでの課題やリスクも認識されつつあり、企業としてもSDGs（Sustainable Development Goals：持続可能な開発目標）の一環に含めた形での従業員のウェルビーイングを考慮した施策がますます必要となっています。ウェルビーイングとは、その人にとって「幸福」であったり、「良好な状態」を表したりする表現です。

マイクロソフト社では従業員体験プラットフォームとして、つながり（engagement）、ウェルビーイング（wellbeing）、学習（learning）、知識（knowledge）という4つの主要エリアで構成される「Microsoft Viva」を提供しています。人々が最善を尽くせるよう支援する統合体験を提供します。それぞれの概要は、次の通りです。

Viva Connections

SharePointのホームサイトと統合され、シームレスに組織全体に関連するコンテンツ、サイト、ニュースを検出、検索することができます。

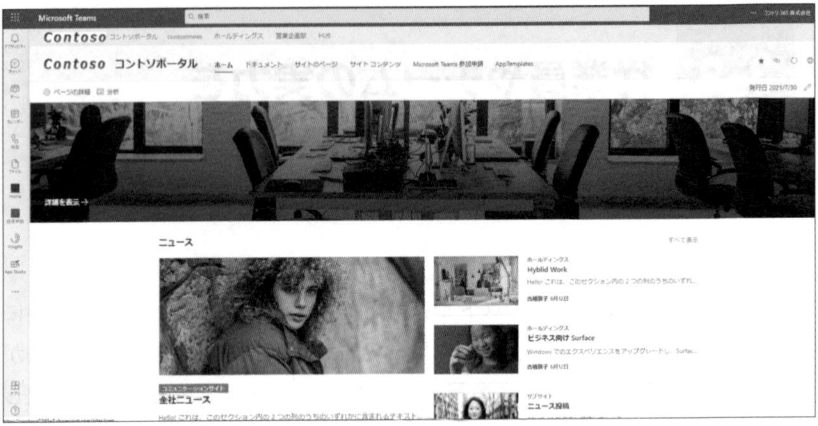

Viva Insights

従業員に気付きや洞察力を与えます。共同作業者とのつながりを維持するのに必要なアクションや自分のタスクを提示したり、時間の確保や休憩を促したりします。ストレスを軽減するために深呼吸してリラックスできるようにします。

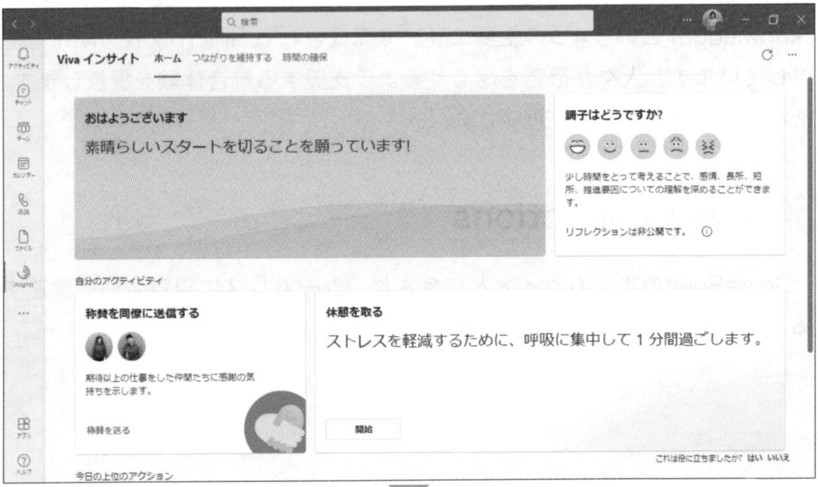

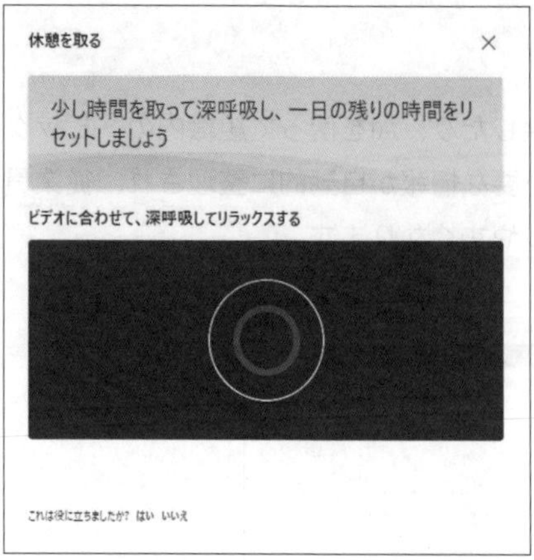

Viva Learning

従業員が毎日を過ごしている場所からシームレスに学習コンテンツにアクセスできるようにします。Teamsの集中学習ハブともいわれています。従業員が組織全体でコンテンツライブラリを共有、割り当て、学習できます。

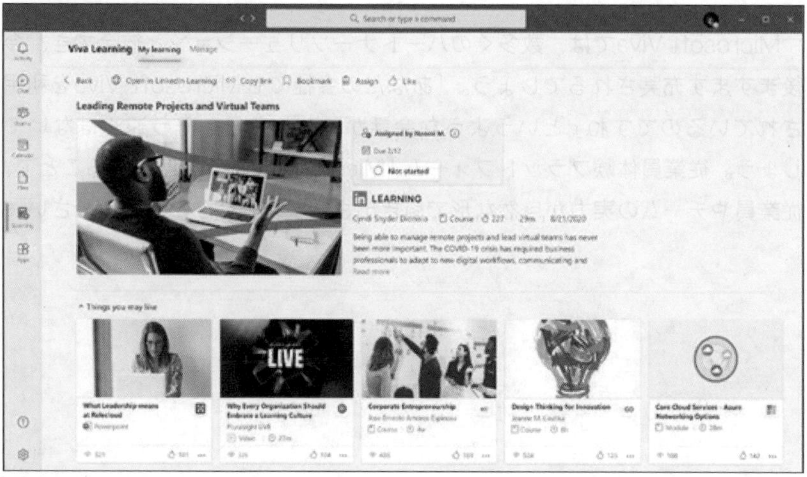

(画像提供：日本マイクロソフト)

Viva Topics

必要なときにユーザーに情報を提供したり、AIを使って組織内のトピックを自動的に検索特定したりします。必要な情報が自動的に整理され、従業員が情報を見つけて知識を仕事に活用しやすくなります。

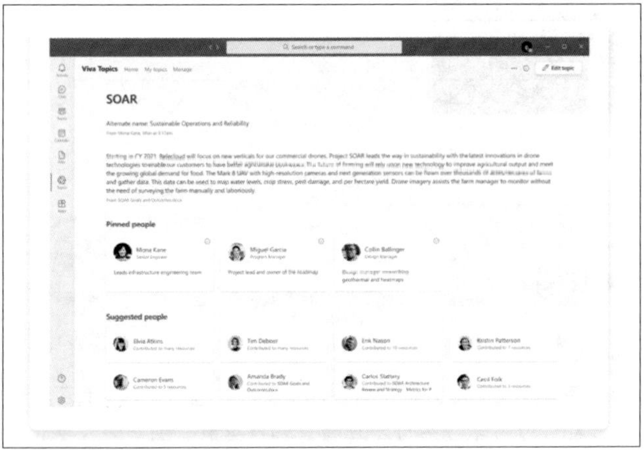

（画像提供：日本マイクロソフト）

Microsoft Vivaでは、数多くのパートナーソリューションと統合でき、今後ますます充実されるでしょう。「あなたの会社でもMicrosoft Vivaを利用されているのですね」というような会話が聞かれる日もそう遠くはないでしょう。従業員体験プラットフォーム「Microsoft Viva」を活用することで、従業員やチームの実力が自然な形で引き出されます。ぜひご活用ください。

3-10 市民開発者として アプリを作成する

今日、特にモバイルデバイスの普及によりスマートフォンやタブレットで利用できるアプリケーション（アプリ）が多数提供されています。例えばオンラインショップや自治体などから提供されるワクチン接種予約アプリなどを利用した人は多いと思います。

モバイル向けのアプリを開発するということは、IDでの認証やデータベースやサーバーなどの稼働環境の準備、処理画面の作成や遷移方法など、WebブラウザーやPC向けのアプリと同様に、考慮すべき点が数多く存在します。相応の期間や費用をかけてIT部門や開発ベンダーにて開発するのが一般的で、ビジネスのスピードに追いつかないという課題もありました。Microsoft AzureではMobile Appsというサービスが提供されており、バックボーンとなるプラットフォームについては担当してくれるため、GUIなどの画面中心に準備すれば短期間でアプリを開発することができます。業務部門から開発したいアプリの仕様や要件をIT部門や開発ベンダーに伝えながらリッチで豊富な機能のモバイルアプリを作成できるので、そのような用途に向いているといえます。

一方、身近な業務を効率化したい、あるいは短期間であまり費用をかけたりせずにアプリを作成したいというニーズもまた多く存在します。マイクロソフト社では、Power Appsというアプリ作成のためのアプリ（サービス）を提供しています。これは専門家であるアプリの開発者やIT Proが利用して素早くアプリを作成するというのはもちろんですが、業務を最もよく理解している業務部門のユーザーが自らアプリを作成することもできます。業務に即したアプリを作成して利用することで業務を効率化し、生産性を向上することが可能となります。アプリ開発の専門家としてアプリを作成するのではなく、一般ユーザーが作成することからそのような人たちを市民開発者と呼ぶ場合もあります。

Power Appsは、ローコードまたはノンコード（コードが少ない、またはコードを書かない）で目的を実現するMicrosoft Power Platformと呼ばれるサービス群の一つです。Power PlatformではPower Apps以外にもローコードで業務の自動化ができるPower Automate、ビジネスデータが分析できるPower BI、チャットボットを作成できるPower Virtual Agentsというサービスが提供されています。それらのサービスを使うために必要なデータベースに当たるMicrosoft Dataverseや複数のサービスと連携するためのコネクタ、さらには、AIの要素を加えるAI Builderなどで構成されています。Power Fxと呼ばれるローコード言語も用意されています。

Microsoft Power Platform

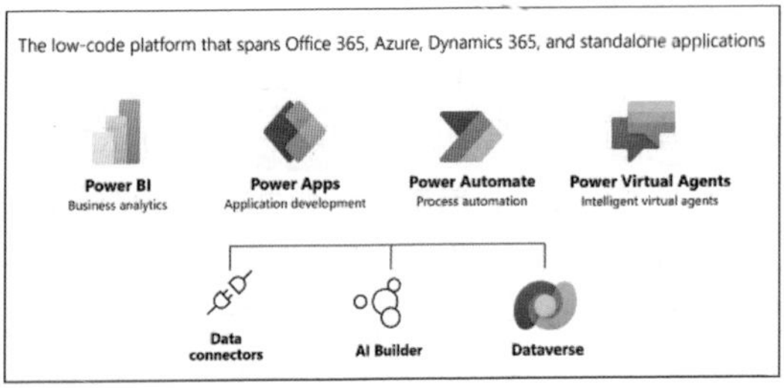

（画像提供：日本マイクロソフト）

それぞれのサービスは、Microsoft 365のプランとは別に有償プランが準備されているのですが、Power AppsとPower Automateは、Microsoft 365の主にスイートプランの中に利用範囲が限定された形で付属しており、Microsoft 365に含まれているサービスと連携する範囲であれば利用することができるため、さまざまな活用方法が生み出されています。また、Power BIについては、無償のPower BIサービスやPower BI Desktopというクライアントアプリがあって、やはり追加コストなしで利用できます。

利用範囲が限定された形というのは、Microsoft 365に含まれているサービスと連携する範囲ということですが、Microsoft Dataverseは、有償プランのみに含まれています。従って、Microsoft 365の範囲で使う場合に、Power Appsではデータの格納先としてSharePointやOneDrive上のExcelを利用できます。Power Appsでは本書執筆時点でキャンバスアプリ、モデル駆動型アプリ、ポータルという3種類のアプリが作成できますが、Microsoft 365の範囲で使う場合には、キャンバスアプリのみが対象です。

Power Automateでワークフローを作成する場合、例えばSalesforceと連携するには有償プランが必要ですが、SharePointやForms、PlannerなどMicrosoft 365のサービスと連携する場合は追加コストは不要です。すなわちMicrosoft 365などのサービスに接続できる標準コネクタが利用でき、Salesforceなどに接続するプレミアムコネクタや自分で作るカスタムコネクタなどは有償プランが必要となります。そのほか、有償プランであれば追加の容量が提供されたり、環境と呼ばれるアプリやワークフローを作成できる場所を分割したりできます。よって特別なニーズがある場合を除き、一般的なMicrosoft 365活用の大きな傾向や流れは以下のようなステップで進むことが多いと考えます。参考にしてください。

1. Teams/Outlookなどコアなサービスを最初に使う。SharePointサイトを構築する
2. Teamsと連携しながらFormsやPlanner、Streamを使う
3. Power AppsやPower AutomateをMicrosoft 365の利用範囲で使う
4. Teamsに社内アプリなど含めて多様なアプリを統合する
5. Power AppsやPower Automateの有償プランを導入する

もちろん上記の過程で、ニーズによりYammerやPower BI、Power Virtual Agentsなどが入ることもあります。

なお、TeamsでPower AppsやPower Automate、Power BI、Power Virtual Agentsのアプリは準備されており、Teams上のPower Appsでアプリを作成する場合は、Microsoft Dataverse for Teamsというデータベース機能を追加コストなしで利用することができます。

TeamsでPower Appsを使う

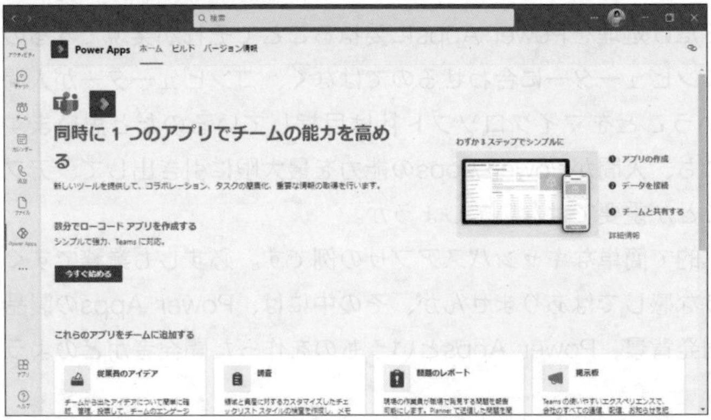

では、全体像をある程度ご理解いただいた上で、市民開発者としてアプリを作成する話に戻します。

Microsoft 365のプランでは、キャンバスアプリを作成できます。キャンバスに絵を描くようにアプリを作成できる、という意味だと捉えてください。

Power Appsでアプリを開発

次のようなことを聞いたことがありますか？

「Power Appsでは、PowerPointで図形を描くように、またExcelの関数に近いものを設定することで、誰でも短期間でアプリを作成できます」

結論としては、ちょっとしたコツを理解して作成すればそれがいえると思います。コツを理解していればいるほど短期間でアプリを作成できます。Power Appsの特徴を上手に引き出し、難しいことはPower Appsに行ってもらい、できるだけ処理をPower Appsに委ねることでそれが実現できるのです。人間がコンピューターに合わせるのではなく、コンピューターが人間に合わせるということをマイクロソフト社は目指しているのだと思いますが、そのためにも、人間がPower Appsの能力を最大限に引き出して、アプリ作成を行うことが重要ではないでしょうか。

以下は、基本的で簡単なキャンバスアプリの例です。必ずしも業務ですぐに利用できそうな感じではありませんが、その中には、Power Appsの製品コンセプトや開発背景、Power Appsというものを作った開発者がどのような考えで開発しているのか、そうしたPower Appsの考え方がふんだんに盛り込まれています。この例を見て、どんなコントロールと呼ばれる部品が使われているか、Excelの関数に近いものが使われているか、アプリの構造を考えながら、こうした簡素なキャンバスアプリを作ってみましょう。そうすることによって、実際の業務アプリに大いに生かせます。地球上の全ての個人と全ての組織が、より多くのことを達成できるようにする、という意味をより理解できるようになると思います。

アプリの例

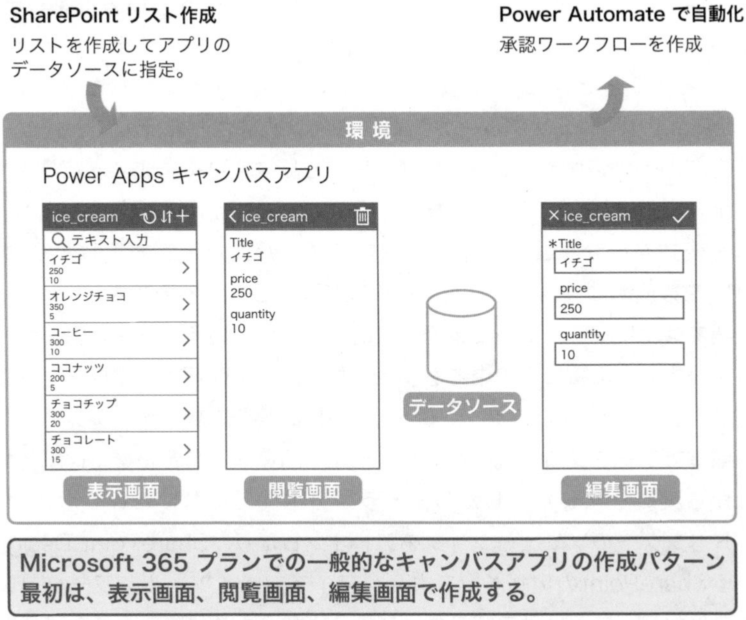

著者は、Power Appsで作成されたアプリは世界一安全なアプリであると考えています。なぜならば、Azure ADという強固な認証基盤を利用するというのは、他のMicrosoft 365のサービスと変わらないからです。

3-11 ワークフローで業務自動化を実現する

Microsoft 365は機能改善が繰り返され、BPOS時代から利用している著者から見ると日々使い勝手が目に見えるほど良くなっていると感じます。Teamsがチームワークのハブとして注目を浴びる中、いつのまにかYammerがコミュニティとなって投稿してみたくなるデザインになっていたり、SharePointの標準テンプレートが追加され、洗練されたデザインのサイトが著者のようなデザインセンスのない者でも見栄え良く作成できたり、ハイブリッド会議に対応する会議室検索がOutlookやTeamsで提供されたり、もちろん後述するセキュリティ／コンプライアンス対策が充実したりなど、「たり」を幾度も繰り返さざるを得ないほど進化しているのです。

企業では、ワークフローで業務を自動化したいというニーズは古くから存在していました。特にその中でも多かったのが、SharePointでワークフローを実装したいというものです。例えば、SharePointのクラシックサイトでは、標準でワークフロー機能があり、承認や回覧などを各企業では試行錯誤しながら実装しました。しかし、どうも日本的ではないという理由から、サードベンダーのソリューションをアドオンしたり、SharePoint Designerという SharePointのデザインをカスタマイズできるツールでワークフローを作成したり、あるいは自社のニーズに合わせるためにコストをかけて開発を行ったりということを繰り返しています。ワークフローについては各企業の一世代前のIT担当者は戦いを挑んで来られたと思います。

ところが、今は状況が一変しました。そのような悪戦苦闘の状況を変えたサービスがPower Automateです。以前はFlowと呼ばれLogic Appsというサービスが Microsoft Azure上で先に提供されて今日に至っています。Power Automateは、そのLogic Appsの上に構築され、より業務部門のユーザーが扱いやすくなっています。

SharePointのリスト上にもPower AppsやPower Automateとの連携メ

ニューもありますし、SharePointで承認ワークフローを構築するということがとても簡単になりました。またPower Platformというローコードソリューションであるため、専門家である必要もありません。なぜ簡単なのかというとPower Platformの紹介の際にキーワードとして出ていたコネクタの存在です。

提供されている各種コネクタ

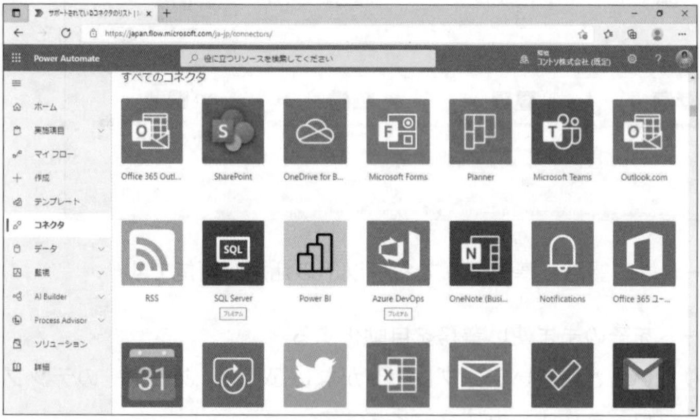

さまざまなクラウドサービスでは、他のサービスやユーザーとやり取りするための出入り口（API）を提供しています。例えば何かのサービスにデータを渡したい、あるいはデータをもらいたい場合に、そのサービスが提供しているAPIのルールに則ってプログラム上から呼び出すことができます。Power Platformのコネクタは、そのAPIによる各サービスへの接続点をマイクロソフト社があらかじめ用意したものです。私たちは難しいプログラミングをしなくても用意されているコネクタを選択するだけで、さまざまなサービスと接続できます。既に400を超える（書籍執筆時点でも、もっとたくさんあるかもしれません。イベントごとに発表される数字は増加しています）コネクタが提供されており、私たちはその恩恵を受けることができます。

Power Automateは個人タスクの自動化はもちろんですが、チーム業務の自動化も行うことができます。実際に作成するオブジェクトのことをフローと呼びますが、まずフローのイメージをつかむためには、テンプレートを参照したり、テンプレートを使ってフローを作成したりするのがよいでしょう。

テンプレートを使ってフローを作成

テンプレートは、豊富に準備されており以下の活用が可能です。

- テンプレートをそのまま使い業務を自動化する
- 自分のやりたいことに近いテンプレートがないか探し、あればそのテンプレートからフローを作成しカスタマイズする
- そもそもやりたいことのイメージが湧かない場合に、豊富なテンプレートを眺めてアイデアの一助とする

Power Automateで作成できるフローには以下の種類があります。

Power Automateで作成できるフロー

- **自動化したクラウドフロー**：指定されたイベントによってトリガーされます。イベントとは何かが起こった時です。例えばTeamsのチャネルに投稿された時、メールを受信した時、SharePointのリストにアイテムが追加された時、などがイベントとなります。起こった時にトリガー（フローが起動）されるものです
- **インスタントクラウドフロー**：必要に応じて手動でトリガーされます。例えばスマートフォンからボタンをタッチするだけで自動的に処理します
- **スケジュール済みクラウドフロー**：実行するタイミングと頻度を選択します。日に1回や月に何回など自動化処理をスケジュールします
- **デスクトップフロー**：デスクトップ環境のプロセスを自動化します。クラウドサービスのようにコネクタがないPCなどで、Webまたはデスクトップ上のタスクを自動化するために使用されます。例えばWebブラウザーからデータを自動入力したり、Excelの表に自動入力したりといったことが可能です
- **ビジネスプロセスフロー**：現在の進捗状態など、ユーザーに作業ステップを完了させるガイドを提供します。ユーザーは作業ステップを確認して、完了させることで次のステップに進むことができます。モデル駆動型アプリやマイクロソフト社のDynamics 365というサービスなどでも活用されています

Microsoft 365のプランで利用できるフローは、自動化したクラウドフロー、インスタントクラウドフロー、スケジュール済みクラウドフローですが、マイクロソフト社では、デスクトップフローをPower Automate Desktopというブランドで Windows 10ユーザーに無償提供しました。これは世の中では、RPA（Robotic Process Automation）という分野に入ります。PC上でのフローのためコネクタは存在しません。

Power Automate Desktopの画面

自動化したクラウドフローを確認してみましょう。以下はSharePointのリストにアイテムが追加されたら追加した人の上司を取得し、承認ワークフローを起こすフローの一部です。トリガーの次に上司の取得、承認の作成などのアクションをGUIでつなげていくだけで承認ワークフローを作成することができます。

申請承認のワークフローを作る

　また、Twitterは標準コネクタに属しています。例えば、広報担当で作成した原稿を承認ワークフローで承認し、Twitterに自動投稿することができます。その一方でSharePointに登録した顧客情報をそのままTwitterに自動投稿することができてしまいます。従って、組織によって使用できるコネクタやその操作範囲は決めることができます。また有償プランがあれば、環境ごとに使用できるコネクタを決めることもできます。Power Platform管理者は、企業としてのガバナンスを設定できることはもちろん、容量管理や組織で作成されているアプリやフローを管理することが可能です。

Power Platform管理センター

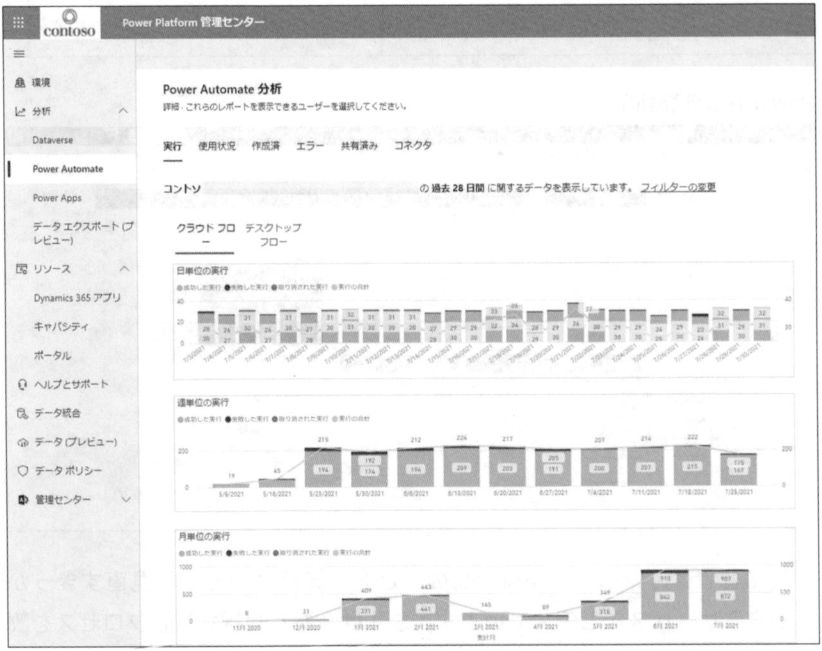

　それ以外にも、プランによって管理用コネクタやMicrosoft Power Platform Center of Excellence (CoE) スターターキット、Power BIでの分析などが用意されています。利用者が安全・安心に利用でき、管理者がガバナンスを確保できる、ほかに類を見ないローコードプラットフォームが、Power Platformであるといえます。

Microsoft Power Platform Center of Excellence (CoE) スターターキット

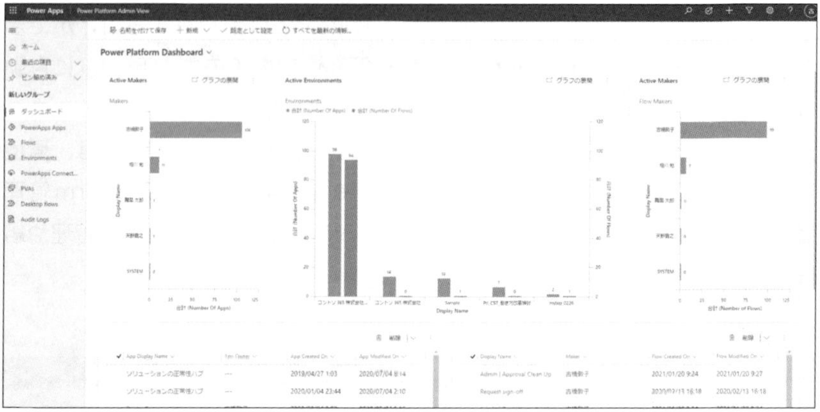

Power BIの分析画面

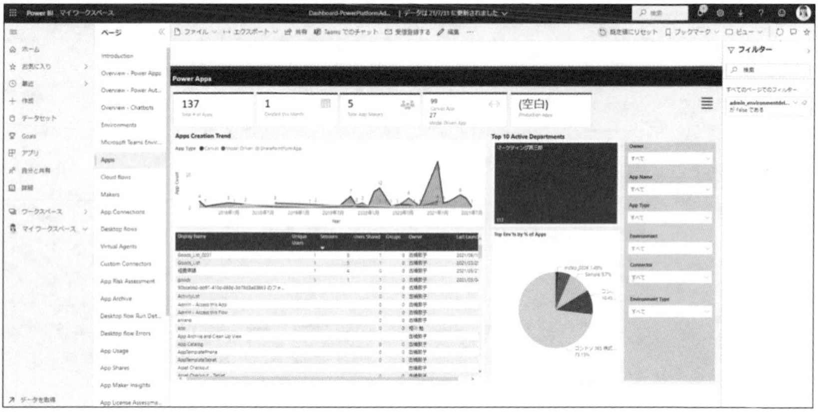

なお著者は、Power Automateのことを、業務プロセスを見直すきっかけとするサービスだと考えています。まずは今ある複雑な業務プロセスを改善しシンプルにする。その上でPower Automateを利用することで、飛躍的に生産性が高まるのではないでしょうか。

3-12 専門家でなくともビジネス分析する

企業活動の中では、さまざまなデータが生み出されます。確かなデータに基づいた経営を行っていくことは、DXやSDGsを推進していくために不可欠となっています。

さまざまなデータソースからデータを取得し、ビジネス分析できるサービスがPower BIです。Power BIではPower BI Desktopというデスクトップクライアントアプリが無償提供され、自分のPCにインストールして誰でも使うことができます。

Power BI Desktop

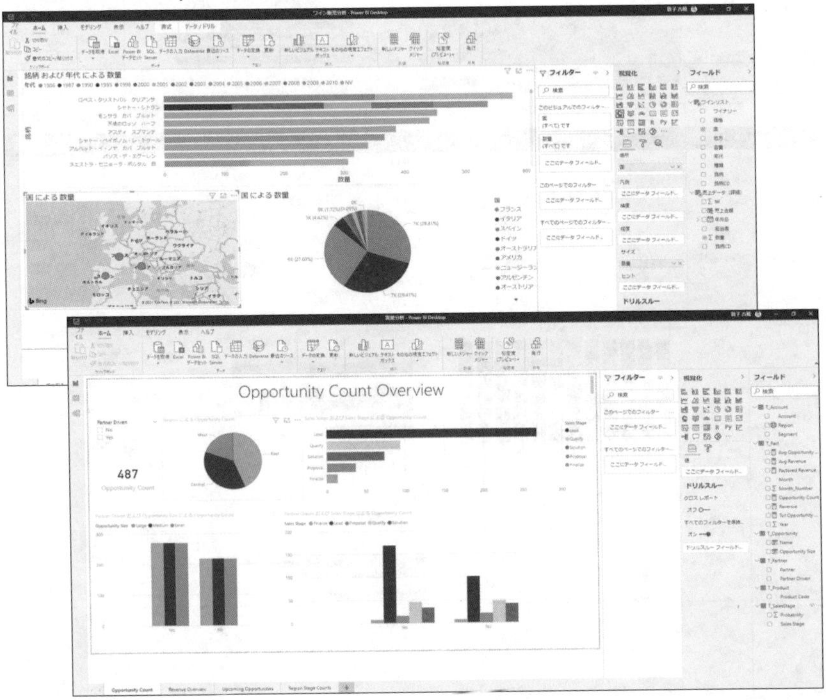

また 、Power BI Desktopでの分析結果をPower BIサービスに発行することで、クラウド上でレポートやダッシュボードとして確認できます。それらを共有する場合にはPower BI Proと呼ばれる有償プランが必要となります。そのほか、AIの活用やビッグデータの分析のためにPower BI Premiumという有償プランも用意されています。

クラウド上でレポートやダッシュボードとして確認

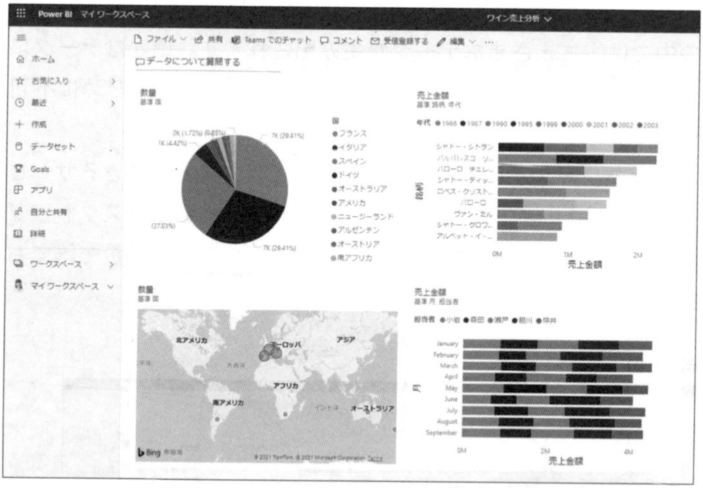

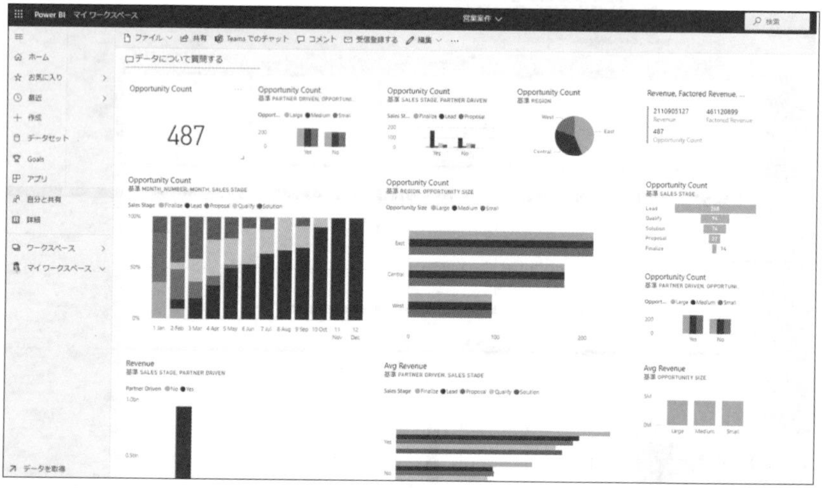

そしてPower BI Mobileというアプリから、スマートフォンなどのモバイルデバイスで確認することができます。

Power BI Mobile

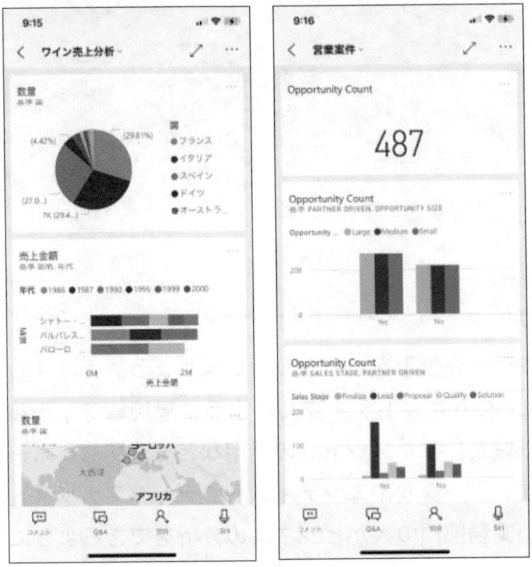

Power BIを学習するに当たって、まずは自分でPower BI DesktopをExcelのように使ってみるのがよいでしょう。Power BIにはさまざまなビジュアルが準備されていて、Power BIを使うとそれを目にする人には的確に分析されている、という印象を持たれます。

ただ、データモデルの考え方を含むデータ取得やデータ整形がうまくできていないことがあります。本来ならメジャーというものを活用して簡単に集計できるところを、高度で難しい計算列やDAX関数を利用している場合があります。前年度の金額を求めたり、前年比を算出したりする場合に、一般には[日付]テーブルというものを作成しますが、リレーションシップがうまくできていないために上手に算出できない場合があります。

データのリレーションシップ

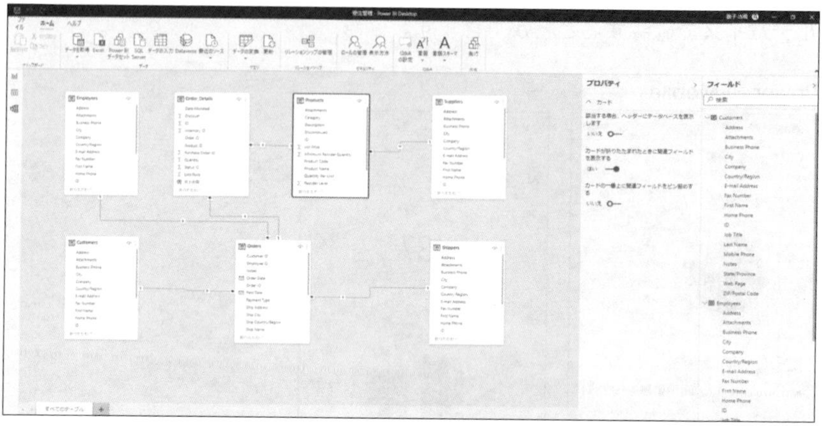

よって最初はデータ取得やデータ整形をしっかり行いましょう。そうすることで、視覚化の部分はExcelのピボットテーブルのように単純にフィールドやビジュアルの選択と書式設定、またメジャーの活用などで適切なレポートに仕上げることができます。データサイエンティストやデータアナリストではない人や、専門家でない業務部門の人がビジネスの分析をできるようになります。

Microsoft 365やPower Platformでは、より多くのことを達成できるように、最初から便利な機能が実装されていたり、サンプルが準備されていたり、パターンに当てはめると初心者でも簡単に目的を実現できるようになっていたりします。

Power BI Desktopでは、Power Queryと呼ばれる強力なデータ選択取得機能が使えます。組織のデータは膨大であり、分析に全てのデータが必要とは限りません。従って、まずはPower Queryを使って必要なデータ（必要なフィールド、必要なレコード）を選択して、Power BI Desktop上に取得すれば、効率的に分析を行うことが可能です。

Power Query

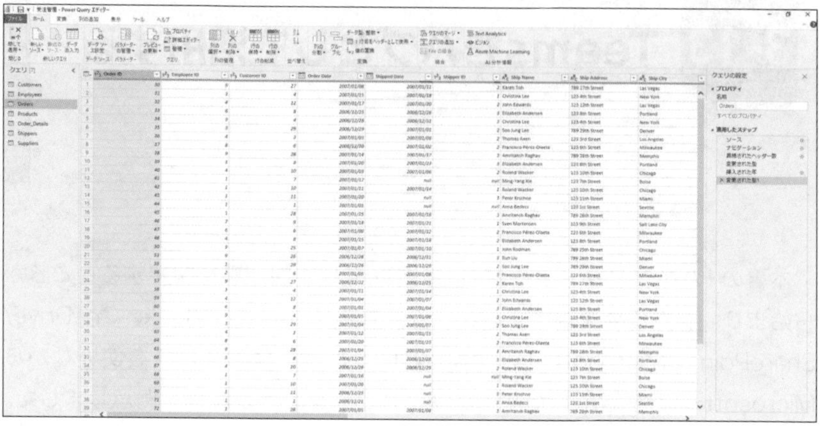

もちろんTeamsのアプリとしてのPower BIは準備されており、Teamsとの連携機能もあります。

TeamsでPower BIを活用

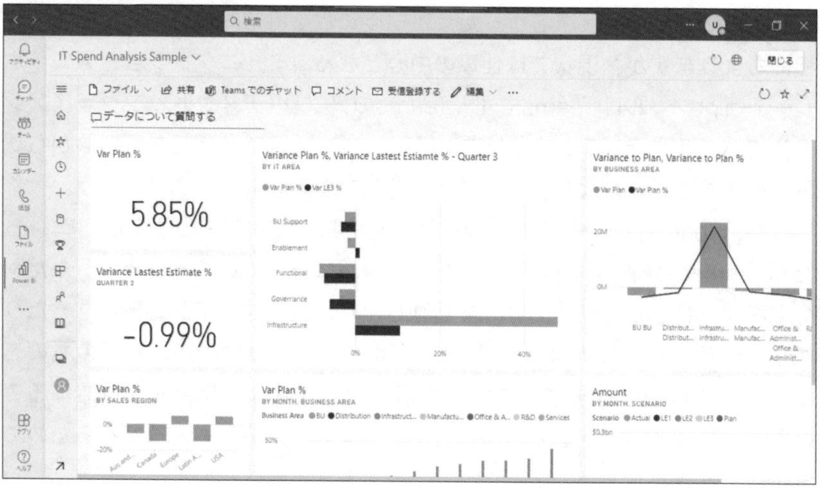

3-13 Teamsをハブとして活用する

本書の「ハイブリッドワーク(日常編)」では、朝仕事を開始するところから始まり、夕方仕事を終了するところまでをTeamsやOutlook、OneDrive/SharePoint、Microsoft 365 Appsといったコアなサービスを使いながらMicrosoft 365を活用したハイブリッドワークを行う流れを例示しました。また、「ハイブリッドワーク(活用編)」では、自分が環境を準備する立場になった場合やMicrosoft 365をより活用するために、コアサービスと呼ばれる以外の関連サービスについても簡単に紹介しています。

私たちは、Teamsのチームのチャネルで会話したり、ファイル共有をしたり、ハイブリッド会議を行ったりということを日常的に行っています。職種にもよりますが、現状では仕事の中心となるコミュニケーション/コラボレーションツールはTeamsです。Teamsのアプリ(デスクトップクライアントやモバイルクライアント)が常に起動された状態で、会話を行いながら課題を解決することがより多くのことを達成できる一助となるでしょう。

また、Teamsはチームワークの「ハブ」です。ハブ空港と同じように、いったんTeamsに到着し、そこからまた別の場所に飛んでいくわけです。ただ別の場所が、わざわざ別のアプリを起動したり、特別な準備が必要になったりすると生産性は低下します。Teamsでは、Teamsの中にほとんどのものを準備することができます。これまで紹介した内容は、Teamsから離れることなく使うことができるものがほとんどです。一部追加も含めてあらためて例示しておきましょう。

電話

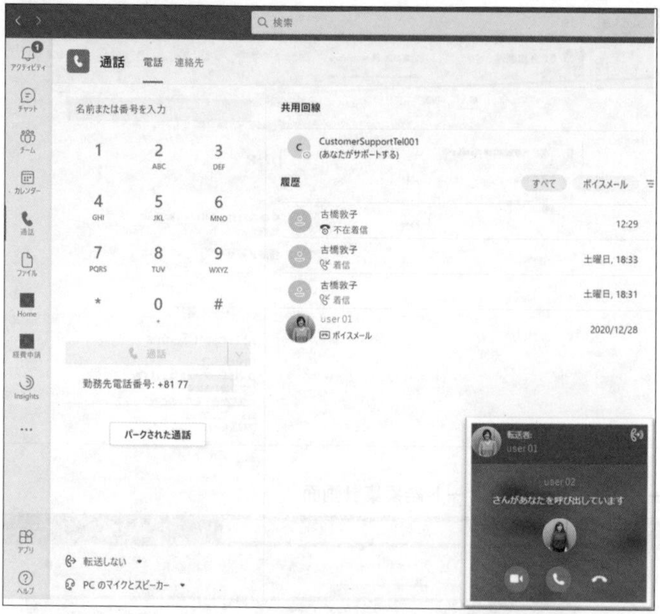

Webサイトをタブに追加

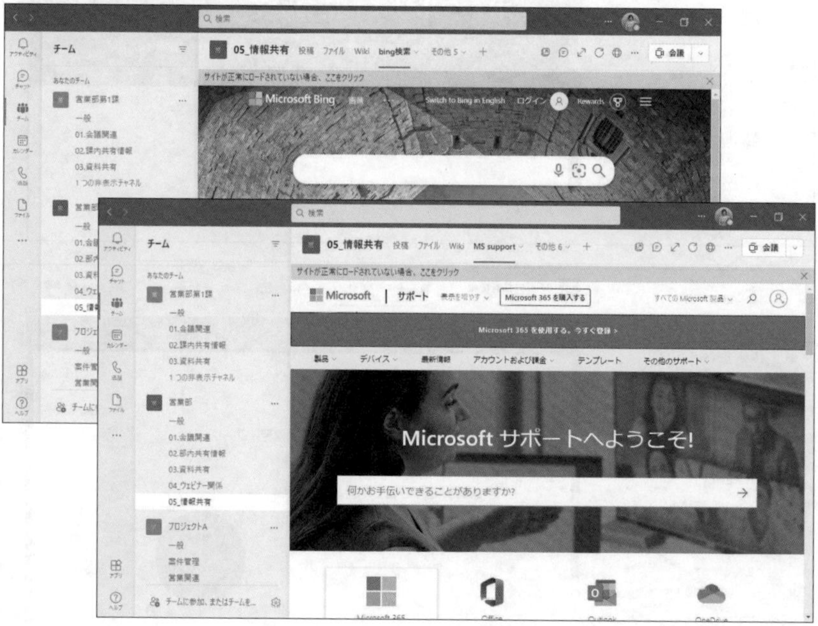

OneNoteの議事録をタブに追加

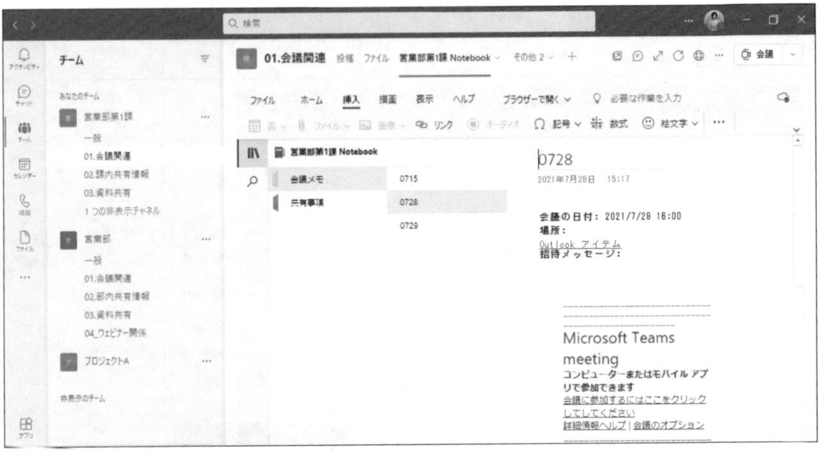

Formsのアンケート収集画面とアンケート結果集計画面

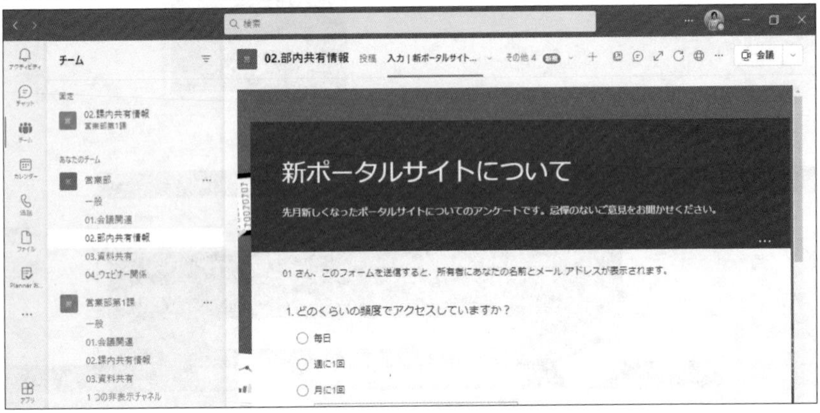

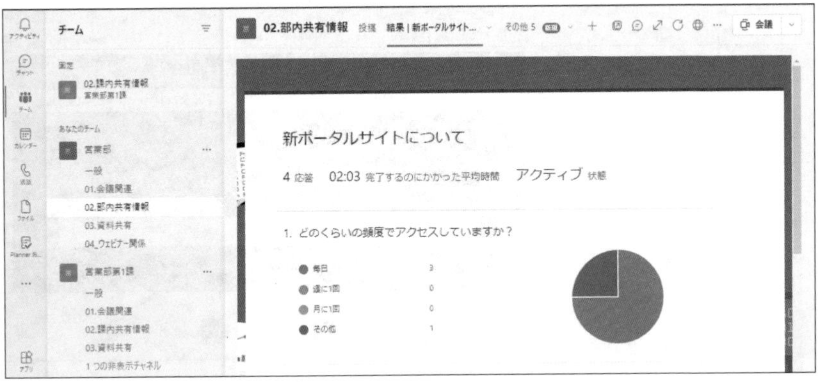

Stream（チャネル、動画）をタブに追加

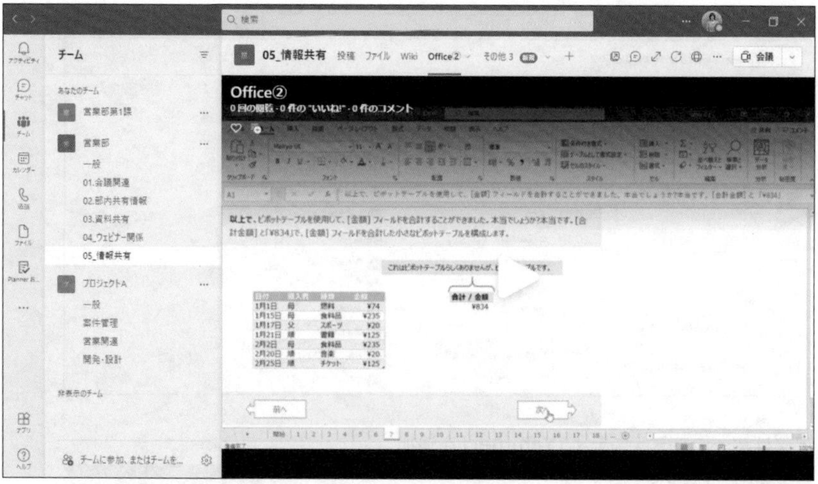

Listsをタブに追加

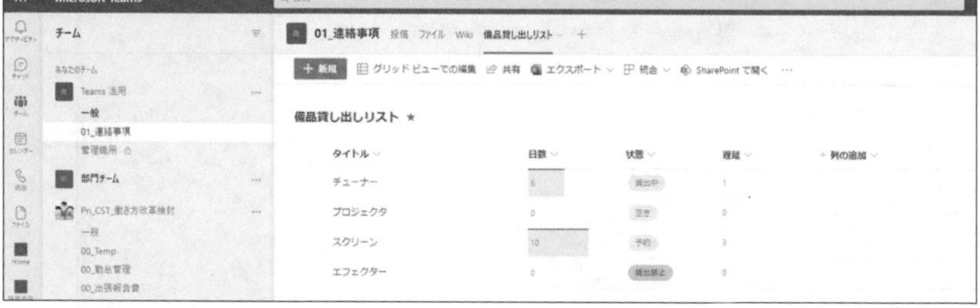

PlannerおよびTo DoによるTasksをタブに追加

アプリバーにPlannerおよびTo DoによるTasksを追加

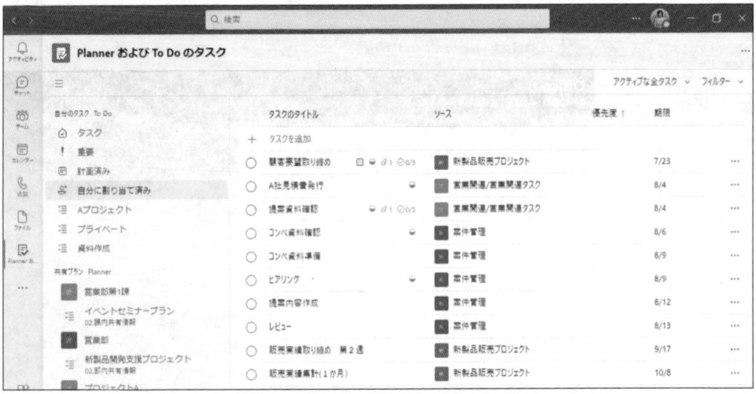

アプリバーにコミュニティ（Yammer）を追加

アプリバーにPower Appsを追加

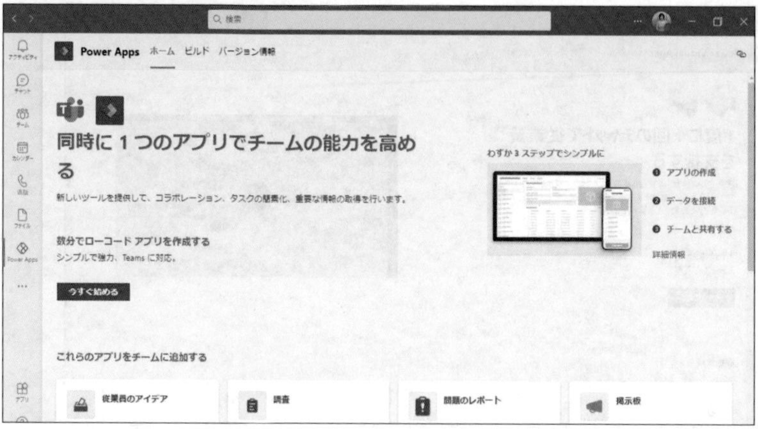

アプリバーにPower Automateを追加

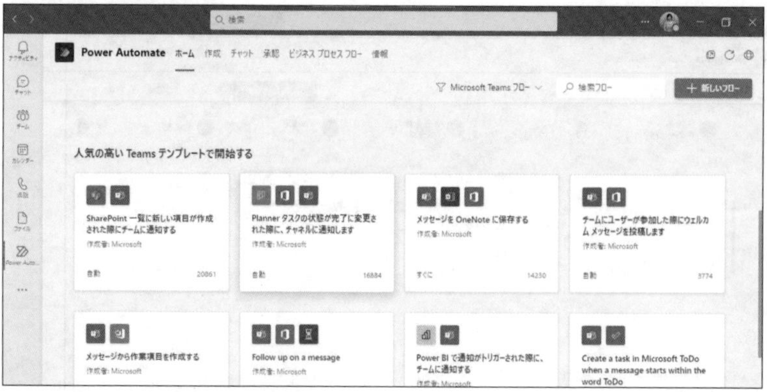

アプリバーにPower BIを追加

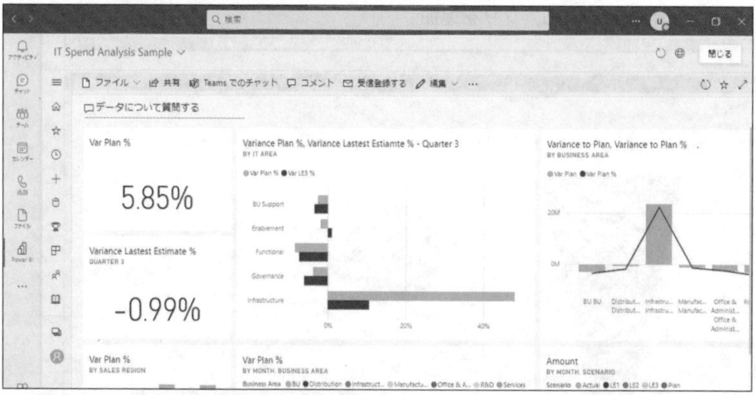

アプリバーにPower Virtual Agentsを追加

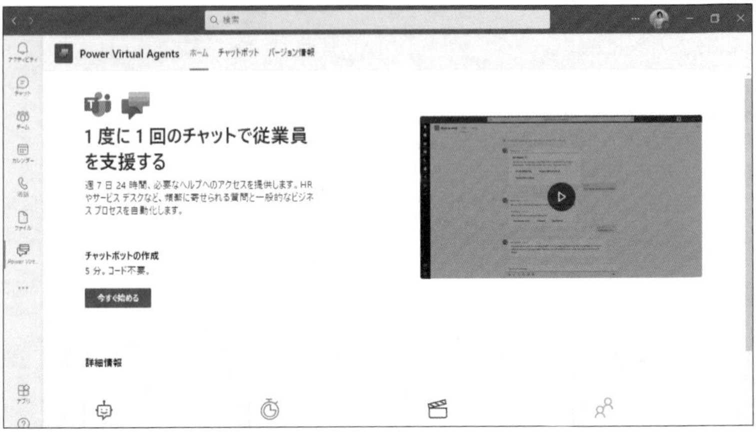

アプリバーに予約アプリを追加

アプリバーにDynamics 365アプリを追加

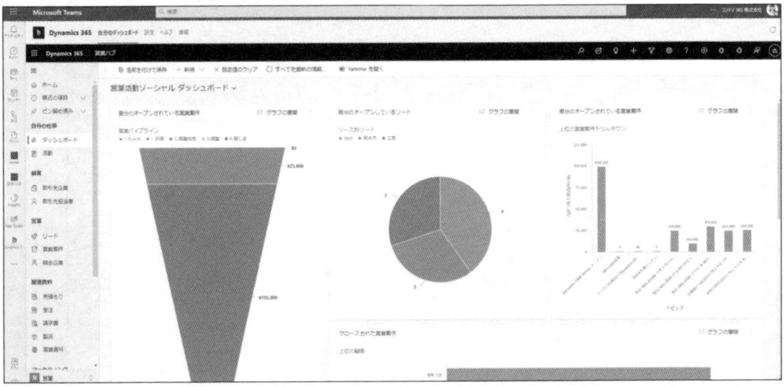

アプリバーにVivaを追加

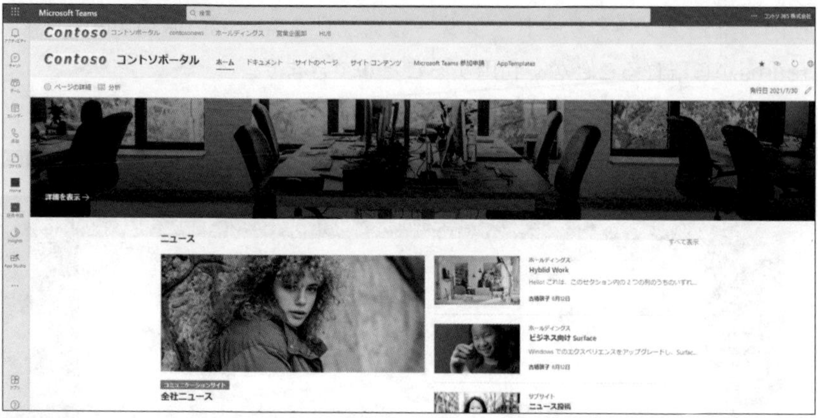

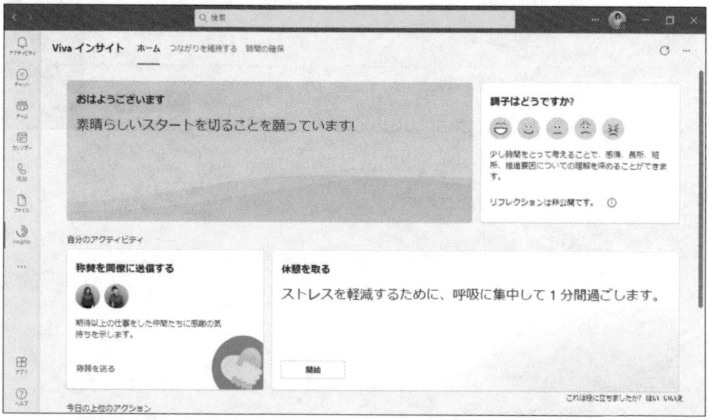

(画像提供：日本マイクロソフト)

(画像提供：日本マイクロソフト)

　このように、標準的なアプリを含め、Power Appsで作成されたアプリや社内の業務アプリ、サードベンダーのアプリをTeamsに追加することで、Teamsから離れることなく利用することができます。

アプリバーに業務アプリを追加

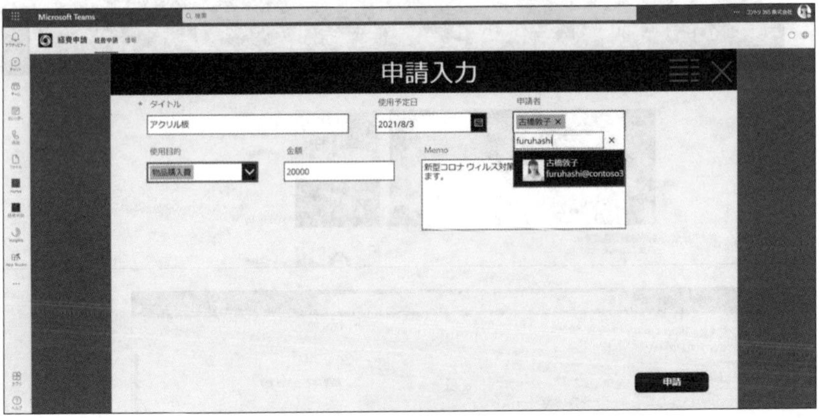

3-14 データを安全に保護して仕事をする

「データを安全に保護して仕事をする」ということは、どのようなことでしょうか。

例えば、社内のデータを一切、社外に持ち出してはいけないというのは、難しいことだと思います。取引先とのファイル共有などは少なからず存在するからです。また、自社のホームページに記載してある内容をたまたまメモして、そのファイルをUSBメモリーに保存し、競合他社の人に手渡ししたら情報漏洩でしょうか？　自社の顧客情報が保管されているディスクを紛失したが暗号化されているので、ファイルは開けない場合などは問題ないのでしょうか？　このように、データを安全に保護する意味は曖昧な場合も多く、各企業のポリシーにも依存します。目的やポリシーにより導入するソリューションも変わってきます。各企業では国や業界のガイドラインなどに沿いつつ自社のポリシーを決定していると思います。

例えば情報漏洩と言っても、何を持って情報漏洩といえるのかは、非常に難しい問題です。

よくあるのは、情報に公開可能、社外秘などのラベルを付けて情報やファイルを分類する方法です。すなわち公開可能ラベルが付いたものは社外に出ても問題ないが、社外秘ラベルが付いたものが社外に出た場合には情報漏洩と定義できます。

Microsoft 365では、秘密度ラベルという機能を利用することで上記のようなことが可能です。データ損失防止という機能により情報が洩れることを防止する仕組みなど、セキュリティ／コンプライアンスの仕組みは数多く提供されています。

セキュリティ／コンプライアンスについては、次の節で触れていきます。ここでは、リモートワークなどでデータを安全に保護して仕事をする仕組みとして人気のあるAzure Virtual Desktopについて簡単に紹介しましょう。

Azureという冠が付くのでお分かりの通り、Azureの技術ですが、Microsoft 365 E3/E5やMicrosoft 365 Business Premiumなどのプランではライセンスが提供されており、利用することができます。仮想マシンの稼働時間に応じたAzureサブスクリプションの料金は必要です。

これまでも遠隔地にあるコンピューターをリモートデスクトップで接続して使うなどの技術はありましたが、オンプレミスにサーバーを準備して維持管理するなど相応にコストや手間は伴っていました。もちろんサードパーティーのソリューションもありましたが、Azure Virtual Desktopは、マイクロソフト社が提供するAzure上の仮想マシンをどこからでも安全に手ごろな価格で利用できるサービスです。Windows 10マルチセッションに対応しているため、例えば1台のコンピューターを複数名で利用することができます。

マルチセッションで何台かの仮想マシンを運用する場合を考えてみましょう。仮想マシンですから、次回接続したときに接続される仮想マシンが異なる可能性があります。しかし、ある仮想マシン内にデータを保存したら、そのデータは次回接続した際にも使えるようになっていなければなりません。FSLogixという技術が用意されており、このユーザープロファイルの問題を解決してくれます。

仮想マシンのデスクトップでExcelを起動して作業することもできますし、直接Excelを起動してあたかもローカルのPCで使っているようなイメージで仕事をすることができます。もちろんTeamsの音声・ビデオ通話・オンライン会議に対応します。ファイルはTeamsやSharePoint、OneDriveに保存することが望ましいですが、たとえ仮想マシン内に保存しても、ローカルのPCにはコピーできないようにすることもできます。リモートデスクトップアプリからでもWebブラウザーからでもワンクリックで起動でき、非常に使いやすいサービスです。

なお、本書執筆中にWindows 11やWindows 365が発表されました。Windows 365はCloud PCとしてクラウドに配置されたWindows 10またはWindows 11をハイブリッドワークで利用できます。企業のニーズにより、どちらも有益のため、導入の場合はAzure Virtual DesktopとWindows 365を比較して検討するのがよいでしょう。

Windows 365とAzure Virtual Desktopの利用イメージ

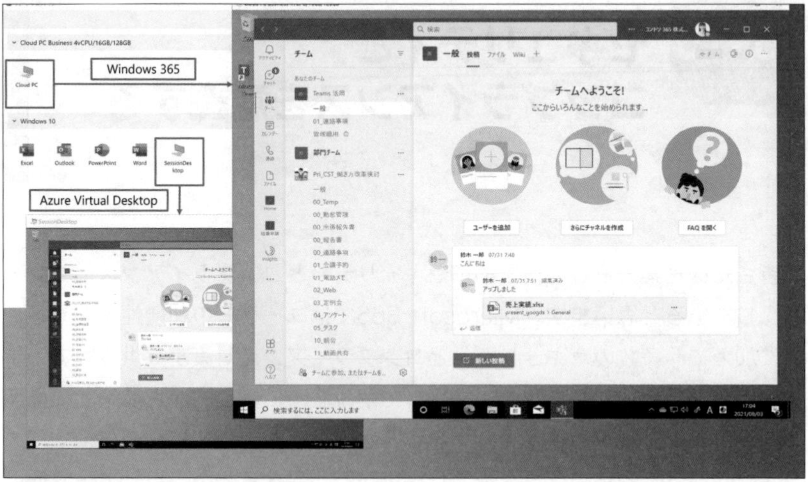

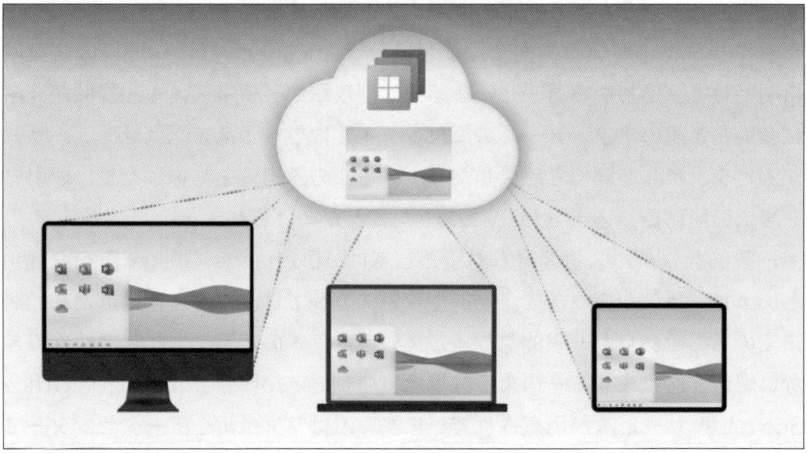

（画像提供：日本マイクロソフト）

3-15 セキュリティとコンプライアンスを意識する

皆さんは企業人として日常的にセキュリティとコンプライアンスについて意識していると思います。Microsoft 365ではユーザーの利便性を高めることに加えて、多数のセキュリティとコンプライアンス対策が提供されています。非常に多岐にわたるため、網羅して解説するには目的から体系的に伝える必要があり、本書の範囲を超えることから一部を抜粋して紹介します。また、Microsoft 365のプランにより提供範囲が異なるため、自社で当該機能が提供されているかどうかは、組織内で確認してください。

セキュリティという側面では、ゼロトラストなど今日のIT環境の構築は自明として、いわゆるメールによる標的型攻撃やビジネスメール詐欺が非常に多いかと思います。メールの添付ファイルにウイルスを忍ばせ、ユーザーが添付ファイルを開くと感染したり、メールの差出人を詐称したり、取引先を装い口座に振り込ませたり、といったことが挙げられます。

一般的なウイルス・スパム対策としては、Exchange Online Protectionというサービスがあります。標的型攻撃については、ウイルスはほとんどが未知のものであり、一般的なウイルス対策ソフトの定義ファイルで検出できない場合があります。そのような場合でもMicrosoft Defender for Office 365というサービスが用意されています。添付ファイルをデータセンターで実行して動きを確認し、不審と判断された場合は削除する、というような処理を行うものです。時には本文や添付ファイルに危険なWebサイトへのURLが記載されており、クリックすることで感染したり、マルウェアをダウンロードさせたりといった手口もあります。Microsoft Defender for Office 365では、いったん安全なURLに置き換えてユーザーに届けて、ユーザーがクリックしたときに危険なWebサイトであればアクセスさせないというような安全なリンク機能も提供されています。メールやOfficeファイルに加えて、Teamsに危険なURLが投稿された場合にも機能させることができます。

ビジネスメール詐欺によくある手口としては、差出人のドメインを実際のドメインと似ているものを利用し、本人と思いこませた上で詐欺行為を働くというものですが、そういったドメインから送信された場合に検疫するなどの対策も可能です。

さまざまな対策が施されているため、PCが危険な状態になることは少ないとは思いますが、それでもウイルス感染などが起こった場合に、Microsoft Defender for Endpointではあらゆる端末の情報を集約し、感染のプロセスや経路を明らかにして自動調査や修復を行います。管理者に対してアラートやインシデント情報を提供して、遠隔からネットワークを切断するといった対策を行うことができます。

コンプライアンスという側面でも体系的なコンプライアンス、およびリスクマネジメントソリューションが提供されています。監査やデータの保護などはもちろんですが、最近は外部からのリスクに加えて内部リスク管理やいわゆるハラスメントに対する対応が企業に求められています。内部リスク管理では、例えば退職前の従業員がSharePointから大量のファイルや機密情報を含むファイルをダウンロードしている、といった状況を匿名で検出し、法務担当など専門チームで分析することが可能です。

内部リスク管理の画面

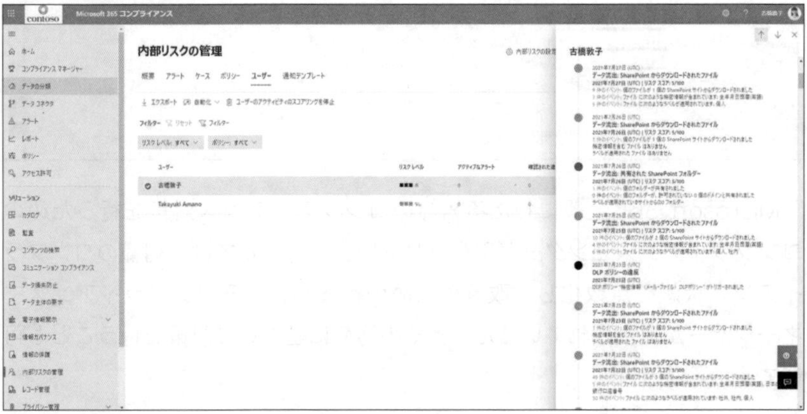

また、メールやチャット内容にハラスメントの疑いがあるような会話や、不快な言葉が含まれているかどうかなどを検出してアクションを起こす仕組みも提供されています。そのほか、ファンド運用部門・M&A部門や、秘匿性の高い研究・開発部門と、その他の部門とのTeamsのコミュニケーションを制限して、インサイダー取引や利益相反取引、守秘義務違反を抑止する情報バリアなど、企業のニーズに合わせて対策を実施することが可能です。

セキュリティとコンプライアンスは多岐にわたるため、関連部門の有識者が参加したプロジェクトチームなどで、目的に合わせた実装を行う必要があります。Microsoft 365では組織のセキュリティ状態をセキュアスコアという形で点数化し、なされていない対策を明示して改善の措置から設定の画面に導くような機能が、サーバー脅威の対策を行うための Microsoft 365 Defender に提供されています。

セキュアスコアで点数化

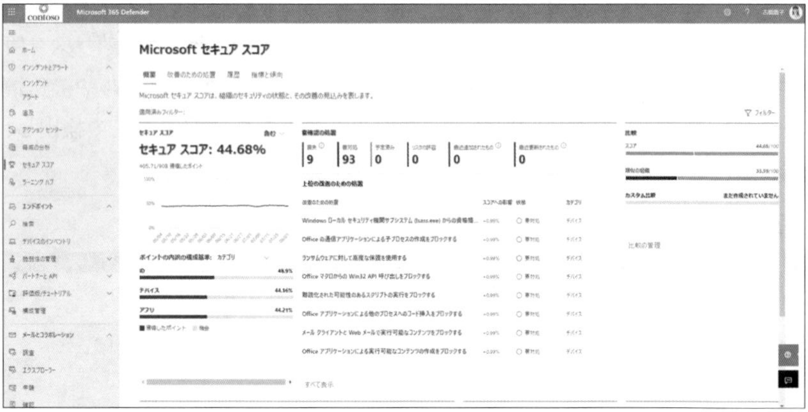

Microsoft 365全般にわたる組織のコンプライアンス対策を行うためのコンプライアンスセンターが用意されています。ここでは、組織のコンプライアンス状態を点数化し、改善のための措置が行えるコンプライアンスマネージャーが提供されているため、その情報に基づいて対策を行うことも可能です。

コンプライアンスマネージャー

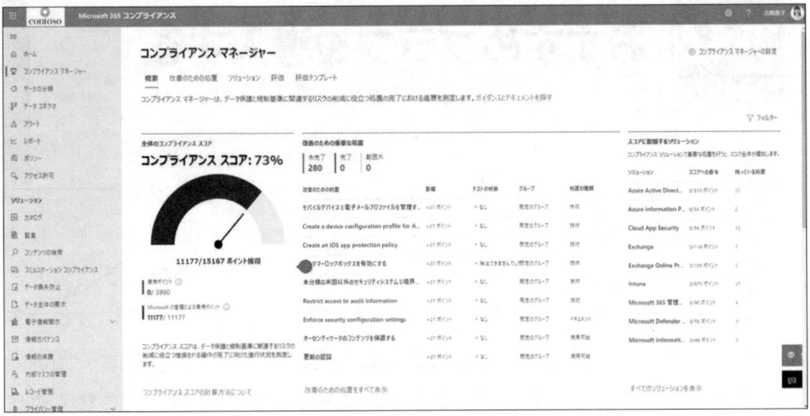

本節の見出しは、「セキュリティとコンプライアンスを意識する」としています。しかし、万が一セキュリティとコンプライアンスが意識されなかったとしても、対策を施すことができる、それがMicrosoft 365ともいえます。

3-16 おすすめプランを導入する

本書ではMicrosoft 365を活用してハイブリッドワークを行うためのさまざまな例を紹介しました。Microsoft 365では、企業のニーズに合わせてさまざまなプランが用意されています。また特定のニーズに合わせて個別のサービスをアドオンとして追加できます。各従業員の働き方に合わせて複数のプランを組み合わせて導入することができます。月額もしくは年額の手ごろな利用料金であるため、従業員の増減にも対応しやすくなっています。主なプランについては以下のWebサイトをご覧ください。

https://www.microsoft.com/ja-jp/microsoft-365/business/compare-all-microsoft-365-business-products

https://www.microsoft.com/ja-jp/microsoft-365/compare-microsoft-365-enterprise-plans

もしこれからMicrosoft 365を導入する、もしくは本書を読んでプランのアップグレードを検討するという場合は、マイクロソフト社またはマイクロソフト社のパートナー企業に相談することができます。マイクロソフト社は専門部署を中心に、グローバルでほかに類を見ないパートナーエコシステムを構築しています。著者もパートナー企業の皆さんとお話しする機会がありますが、マイクロソフト社のソリューション専門に対応する部署を持っているパートナー企業も数多くあります。そうしたパートナー企業は、たとえ営業の方でも技術やソリューションに非常に詳しいという印象があります。技術営業やソリューション営業という肩書きを持っている人も多いかと思います。

それぞれの企業の業態や事情、ニーズ、費用対効果などにもよりますが、本書のこれまでの内容を踏まえた上で、書籍執筆時点で著者がお薦めするプランを以下に記載します。

- 中堅中小企業向け：Microsoft 365 Business Premium
- 大手企業向け：Microsoft 365 E5

中堅中小企業向けとしてMicrosoft 365 Business Premiumを薦める最大の理由は、クラウドサービス全般とMicrosoft 365 Appsというクラウド版のOfficeが含まれていることに加えて、ゼロトラストを実装できるAzure AD Premiumとデバイス管理のMicrosoft Intuneが含まれていることです。

ゼロトラストは、既に2010年にForester社が提唱しており、グーグル社、シスコシステムズ社などほとんどのITベンダーの製品やサービスの前提となっています。ゼロトラストという言葉は「何も信頼しない」ということですが、アクセス元の正当性を毎回確認して、正当であるときのみ、企業リソースすなわちMicrosoft 365にアクセスできるということです。もちろん、その企業でほかのクラウドサービスを利用していたとしてもAzure ADにアカウントを統合できるため、一つのアカウントでシングルサインインはもちろん、他クラウドサービスなどに対してもゼロトラストでアクセスすることが可能です。

それ以外にもMicrosoft 365 Business Premiumでは、標的型攻撃メール対策やメールやファイルの暗号化、シャドーITの見える化など数多くのセキュリティ／コンプライアンスにも対応しています。Azure Virtual Desktopも使えます。Windows AutopilotによりPC展開が大幅に簡素化されます。大手企業向けのプランにOffice 365 E1というのがありますが、それよりもはるかに機能が充実しています。Microsoft 365 Business PremiumにクラウドMicrosoft Business Voiceを組み合わせれば、DXやSDGsの推進の大きな力となることでしょう。

一方、大手企業向けとしてMicrosoft 365 E5をお薦めする理由は、やはりセキュリティ／コンプライアンス対策が充実しているからです。大手企業は社員数が多いため、システム的な検出や対策が不可欠となります。また、Azure AD PremiumはP2が含まれているため、機械学習を利用した不正アクセスの検出や、管理者権限の時限化によるリスク低減、使われていないアカウントのレビューや停止など、より高度な認証管理も可能です。

もちろん業態により、Microsoft 365 F3を組み合わせるパターンも考えられます。Power BI Proや電話システムを利用しないのでMicrosoft 365 E3の導入を検討している場合は、セキュリティ／コンプライアンス対策を充実させるためにMicrosoft 365 SecurityやMicrosoft 365 Complianceというサブスクリプションと組み合わせるのもよいでしょう。

またAzure分野となりますが、Azure Sentinelを合わせてご利用いただくことをお薦めします。

Azure Sentinelは、あらゆる場所で発生するログを一元的に収集し、インシデントなどに対応するサービスです。世の中ではSIEM（Security Information and Event Management）、およびSOAR（Security Orchestration Automation and Response）といわれるサービス群に入ります。マイクロソフト社が提供するクラウドネイティブなSIEM & SOARと考えると分かりやすいかもしれません。UEBA（User and Entity Behavior Analytics）の機能も持ち合わせています。クラウド規模でデータを収集し、過去に検出されたことのない脅威も検出します。AIを使用して脅威を調査しインシデントに迅速に対応します。さまざまなデータコネクタがありますが、Microsoft 365やAzure ADのログを収集し、インシデント情報やアラートを発信します。

Azure Sentinel

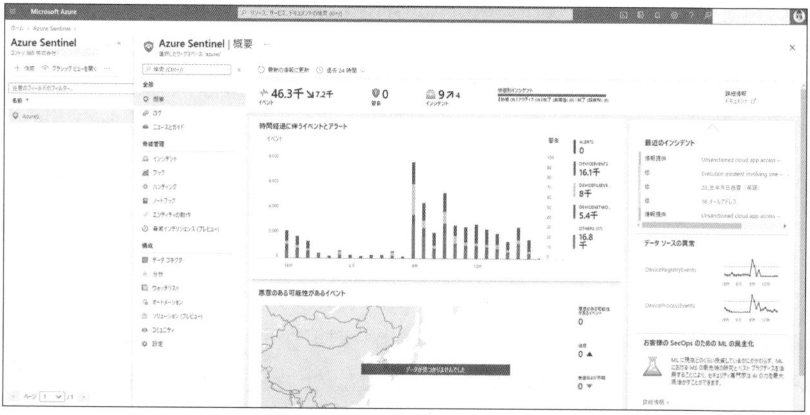

なお、企業によっては、Azureを利用している場合もあるため、Azure Security CenterやAzure Defender などのAzure環境も含めた保護や、マルチクラウド環境の保護を進めることが必要になることでしょう。

おわりに ～Microsoft 365の進化は続く～

本書は、2021年6月下旬から8月下旬にかけて執筆しました。その間、東京では緊急事態宣言がずっと発出された状態でした。また、東京オリンピック・パラリンピックが開催されました。ほかの仕事と並行となる執筆中も、より多くのことを達成するためには、どうすればよいかを常に考え、仕事の工夫を模索し続けておりました。それを支えてくれたのが、ほかならぬMicrosoft 365です。

本書、特に活用編では、一部ITの専門用語やMicrosoft 365の裏の仕組みなども記載があって、少し難しいと感じられた方もいらっしゃるかもしれません。一方、IT担当者の方など、Microsoft 365を普段から運用している方にとっては簡単過ぎたかもしれません。少し難しいと感じた方には、Microsoft 365の全体像をご理解いただくという視点で本書をお読みいただき、日々の仕事やハイブリッドワークを推進するための道しるべとしてご活用いただけたらと思います。簡単過ぎた方には、ご自身の深いMicrosoft 365の知識をあらためて評価していただいて、さらにより多くのことを達成できる活用法を見い出していただければ幸いです。

さて、アフターコロナはどのような世界になっているのでしょうか？　ウィズ コロナでしょうか？　少なくともMicrosoft 365は、今よりさらに進化していることでしょう。さらに便利に、さらにセキュアになることは間違いないはずです。進化したMicrosoft 365に、より多くの人が触れる機会を持ち、その利便性・先進性をご理解いただけたら、仕事のしかたや生活、社会も変わっていくものと思います。

●著者紹介

一般社団法人プロトレ 理事　天野 貴之
マイクロソフト 認定トレーナー
Microsoft Teamsをはじめとした Microsoft 365の研修を担当中

一般社団法人プロトレ ラーニングファシリテーター　清水 香里
マイクロソフト 認定トレーナー
Microsoft Teamsをはじめとした Microsoft 365の研修を担当中

■本書についての最新情報、訂正、重要なお知らせについては下記Webページを開き、書名もしくはISBNで検索してください。ISBNで検索する際は－（ハイフン）を抜いて入力してください。

https://bookplus.nikkei.com/catalog/

■本書に掲載した内容についてのお問い合わせは、下記Webページのお問い合わせフォームからお送りください。電話およびファクシミリによるご質問には一切応じておりません。なお、本書の範囲を超えるご質問にはお答えできませんので、あらかじめご了承ください。ご質問の内容によっては、回答に日数を要する場合があります。

https://nkbp.jp/booksQA

Microsoft 365&Teams徹底活用ガイド

2021年 9月27日 初版第1刷発行
2022年11月24日 初版第2刷発行

著者 一般社団法人プロトレ 天野 貴之／清水 香里
発行者 村上 広樹
発行 日経BP
〒105-8308 東京都港区虎ノ門4-3-12
発売 日経BP マーケティング
〒105-8308 東京都港区虎ノ門4-3-12
装丁 松岡 青子（Club Advance）
制作 クニメディア株式会社
印刷 大日本印刷株式会社

ISBN978-4-296-08006-9 Printed in Japan